팀 개발을 위한
Git, GitHub
시작하기 개정판

팀 개발을 위한 Git, GitHub 시작하기(개정판)

소스 코드 버전 관리를 위한 깃 · 깃허브, 오픈 소스 참여

초판 1쇄 발행 2020년 1월 6일
개정판 1쇄 발행 2023년 5월 12일
개정판 2쇄 발행 2023년 11월 27일

지은이 정호영, 진유림 / **펴낸이** 전태호
펴낸곳 한빛미디어(주) / **주소** 서울시 서대문구 연희로2길 62 한빛미디어(주) IT출판1부
전화 02-325-5544 / **팩스** 02-336-7124
등록 1999년 6월 24일 제25100-2017-000058호 / **ISBN** 979-11-6921-060-7 93000

총괄 배윤미 / **책임편집 · 기획** 이미향 / **편집** 김선우 / **교정** 신꽃다미 / **진행** 최승헌
디자인 표지 최연희 내지 윤혜원 / **전산편집** 강민철
영업 김형진, 장경환, 조유미 / **마케팅** 박상용, 한종진, 이행은, 김선아, 고광일, 성화정, 김한솔 / **제작** 박성우, 김정우

이 책에 대한 의견이나 오탈자 및 잘못된 내용에 대한 수정 정보는 한빛미디어(주)의 홈페이지나 아래 이메일로
알려주십시오. 잘못된 책은 구입하신 서점에서 교환해 드립니다. 책값은 뒤표지에 표시되어 있습니다.

한빛미디어 홈페이지 www.hanbit.co.kr / 이메일 ask@hanbit.co.kr
Q&A github.com/Cat-Hanbit/README

지금 하지 않으면 할 수 없는 일이 있습니다.
책으로 펴내고 싶은 아이디어나 원고를 메일(writer@hanbit.co.kr)로 보내주세요.
한빛미디어(주)는 여러분의 소중한 경험과 지식을 기다리고 있습니다.

팀 개발을 위한
Git, GitHub
시작하기 개정판

정호영, 진유림 지음

한빛미디어
Hanbit Media, Inc.

책을 읽었다면 이제 Git을 열심히 사용할 차례입니다

10여 년 전 리눅스 관련 업무 때문에 어쩔 수 없이 Git을 처음 접하게 되었습니다. 전에도 SVN 같은 버전 관리 시스템을 사용하고 있었음에도 Git은 정말 생소하고 어려웠습니다. 다행히도 당시 LG전자에 근무하던 리눅스 커널 컨트리뷰터인 김남형 님께 직접 Git 강의를 들으면서 조금이나마 Git의 매력을 알 수 있었습니다.

Git은 쓸수록 매력적이었습니다. 분산 버전 관리 시스템이 주는 장점, 빠른 응답성, 브랜치 관리의 편리함 등으로 협업뿐만 아니라 개인 작업 시에도 강력한 힘을 발휘했습니다. 또한 GitHub의 등장으로 Git은 더욱 유명해졌고 이제 개발자의 필수 도구가 되었습니다.

Git은 유명한 리눅스 창시자 리누스 토발즈가 리눅스의 소스 코드를 관리하기 위해 만들었습니다. 그래서인지 어딘가 리눅스를 닮았고 리눅스의 철학을 가지고 있습니다. 강력하고 편리하지만 아쉽게도 쉽지는 않더군요. 요즘은 예전에 비해 좋은 학습 자료들이 많지만, 여전히 입문자에게 Git은 어려운 도구 같습니다. 그간의 교육 경험을 통해 아직 Git 사용에 부담을 느끼는 개발자도 많다는 사실을 알게 되었습니다.

때마침 공동 저자이신 진유림 님이 Git 책을 쓰신다는 소식을 SNS를 통해 들었습니다. 다재다능한 유림 님은 입문자의 눈높이를 맞춘 교육이 특기 중 하나입니다. 유림 님이 책을 쓰면 입문자를 위한 쉽고 좋은 책이 나올 것이라는 생각이 들었습니다. 그 책에 제가 평소 강의를 통해 좋은 호응을 얻고 있는 Git의 동작 원리와 팁을 곁들이면 좋겠다는 생각에 유림 님에게 공동 집필 제안을 했는데 흔쾌히 수락하셔서 이 책이 나오게 되었습니다. 유림 님도 개발을 시작했을 무렵 "교수님, Git이 너무 어려워요. 왜 써야 해요?"라고 저에게 물어보던 시절이 있었는데 어느덧 Git 책을 같이 쓰고 있으니 감개무량합니다.

이 책은 앞에서 언급한 것처럼 개발도 아직 서투르고 Git을 처음 사용하는 입문자를 위한 책입니다. 최대한 쉽게 설명하려고 애를 썼습니다. 제 생각에는 지금까지 나온 Git 책 중에는 가장 쉬운 것 같습니다.

1부에서는 GUI, 2부에서는 CLI를 사용하여 Git의 사용법을 설명합니다. 입문자는 1부 GUI 부분만 익혀 Git과 GitHub을 사용해도 큰 무리가 없을 것입니다. 좀 더 익숙하게 CLI를 쓰고 싶다면 2부를 공부하면 됩니다. 이미 Git을 사용하는 개발자라면 가벼운 마음으로 1부를 훑어보고 2부를 보면 됩니다. 2부에는 Git의 동작 원리도 다루는데 그 부분을 꼭 읽어 보시길 권합니다.

Git은 도구입니다. 공부만으로는 늘지 않습니다. 다이어트 책을 아무리 열심히 읽어도 살이 빠지지 않는 것과 비슷합니다. 책을 읽었다면 이제 Git을 열심히 사용할 차례입니다. 여러 가지 명령어를 사용해서 다양한 문제 해결을 하다 보면 저절로 Git 실력이 향상될 것입니다.

2부 CLI 파트는 평소 Git을 사용하면서 궁금했던 내용을 공식 문서를 참고해 직접 실험을 하면서 작성했습니다. 아마 이전에 제가 공부했던 『Pro Git 2판』(https://git-scm.com/book/ko/v2)에는 이 책에 있는 모든 내용이 들어 있을 가능성이 높습니다. 또한 나중에 알게 된 John Wigley의 『Git from the Bottom-up』(https://jwiegley.github.io/git-from-the-bottom-up)에는 이 책보다 훨씬 더 자세한 Git의 동작 원리가 들어 있습니다. 이 책을 다 읽은 후에는 위의 두 자료도 꼭 보시길 권합니다.

이 서문을 빌려 두 자료를 작성하신 분들과 그 외에도 Git에 대한 노하우를 공유해 주신 많은 분에게 감사의 마음을 전합니다. 여러분들 덕분에 이 책이 나올 수 있었습니다. 이 책을 통해 많은 입문자가 Git에 대한 오해와 어려움을 해소하면 좋겠습니다. 처음 책이 나올 때는 우려가 많았는데 다시 개정판이 나올 수 있게 되어 무척 기쁘게 생각합니다.

이 책이 나오는 데 많은 도움을 주신 한빛미디어 직원들과 처음 책을 시작한 계기가 된 송찬수 님, 꼼꼼하게 작업을 해 주신 송성근, 김선우 편집자님, 항상 여러 가지 좋은 아이디어를 제공해 주시는 생활코딩의 이고잉 님, 동고동락한 대학원 원우들, 많은 것을 가르쳐 주신 차재혁 교수님과 한양대학교 교수님들, 첫 직장 LG전자 SW플랫폼연구소 동료들, 공동 저자이신 유림 님, 항상 유쾌하고 끈끈한 NHN NEXT 교직원과 제자들, 즐겁게 체력을 길러 준 수지 고릴라주짓수 관원들, 함께 일하는 코드스쿼드 직원들, 마지막으로 사랑하는 가족들, 특히 이 세상에서 가장 예쁜 아내 수아와 딸 예진에게 깊은 감사의 마음을 전합니다.

2023년 봄, 정호영

무조건 쉽게 쓰자. 단, 제대로!

이번 책을 집필할 때 잡은 목표입니다. 지식의 공유를 즐기는 사람이기에 다양한 사람들에게(오프라인 강의 다수, 온라인 강의 촬영) Git을 전도하곤 했는데요, 수강생들과 꾸준히 상호작용하며 강의를 다듬어 나름의 'Git을 이해하기 위한 베스트 시나리오'를 만들었습니다.

① 실제 협업 시나리오로 스토리텔링 하면서 Git의 필요성과 CLI 명령어를 소개한다.

② GUI로 작업 그래프를 보여 주면서 1번의 실습 과정을 GUI로 실습한다.

③ 복잡한 명령어를 실습하기 전에 Git의 원리를 그림으로 쉽게 설명한다.

④ 실무에서 많이 쓰는 응용 명령어를 실무 사례와 함께 알려준다.

3번 단계에 Git의 원리가 들어간 이유는 기술적 결벽 때문이 아닙니다(파이썬처럼 쉬운 언어로 코딩을 배우고 개발자라고 할 수 있나~? 나 때는 말이야…). 원리를 이해하면 Git 사용에 실질적으로 도움이 되기 때문입니다. 그래서 이 책에서는 1부에서도, 2부에서도 반복해서 설명합니다. 쉽게 설명해 놓았으니 부담 없이 읽어주세요.

책의 1부는 위의 시나리오대로 진행됩니다. 0장에서 여러분은 간단한 CLI 명령어를 통해 Git, GitHub로 버전 관리하는 하나의 사이클을 실습합니다. 고작 8개의 CLI 명령어를 사용하지만 이것은 여러분이 실무에서 사용할 거의 모든 것이라는 것이 재미있는 사실이죠. 그리고 1부에서는 GUI를 통해 0장에서 실습했던 명령어를 그래픽과 함께 원리를 파악하며 다시 실습합니다. 후에 2부에서는 CLI를 통해 어떤 환경에서도 빠르고 편안하게 Git을 사용할 수 있도록 훈련합니다. 한빛미디어 편집자와 정호영 저자님, 그리고 제가 머리를 맞대고 설계한 이 구성이 여러분의 이해를 매끄럽게 도와주길 바랍니다.

제가 Git을 처음 접한 건 스무살 시절이었습니다. 이 책의 공동 저자이신 정호영 교수님이 제게 Git을 가르쳐 주셨죠. 당시에 프로그래밍과 친하지 못했던 저는 명령어를 익히는 데 난항을 겪었습니다. 매번 쓰는 명령어만 메모장에 적어둔 뒤 복사&붙여넣기를 하며 팀원들과 협업했죠. 협업자가 늘어나면 자연스레 코드 충돌도 자주 발생하게 되는데, 그때마다 등줄기에 식은땀이 흘렀습니다. 말 그대로 '이해를 못한 채' 사용하고 있었으니 시나리오에서 조금만 벗어나도 버전 히스토리가 미궁으로 빠졌습니다.

깃포자(Git을 포기한 자)였던 저를 구해준 앱은 소스트리였습니다. 이때부터 제가 만든 버전 히스토리가 눈에, 또 머리에 그려지기 시작했고 Git의 원리도 자연스럽게 익히게 되더군요. 원리를 이해하니 CLI 명령어를 통한 Git 사용도 부담이 없어졌고, 드디어 Git이 날 괴롭히는 존재가 아닌 없으면 안 될 필수 도구가 되었습니다. 그 후 저처럼 시각적인 설명이 필요한 입문자를 위해 토끼와 거북이 그림을 그려 간단한 Git, GitHub 사용 튜토리얼을 블로그에 올렸는데 그것이 바로 이 책의 시초가 되었습니다. 저처럼 Git을 어려워하던 독자님도 이 책을 읽고 Git을 가장 사랑하는 도구로 꼽을 수 있다면 좋겠습니다.

책이 나오는 계기가 되어 주신 송찬수 편집자님께 먼저 감사의 인사를 드립니다. 또한 끝까지 꼼꼼하게 챙겨 주신 송성근, 김선우 편집자님, 오류 없는 원고를 위해 웃는 얼굴로 신랄히 교정해 주신 정호영 은사님, 서로를 아끼는 소중한 친구들 덕에 좋은 책을 만들 수 있었습니다.

그리고 제가 슬플 때나 기쁠 때나 가리지 않고 고기를 사 주신 장기효 님, 가장 가까운 친구가 되어 준 엄마 김은숙 님, 그리고 하늘에 계신 아빠 진경철 님께 이 책을 바칩니다.

2023년 봄. **진유림**

1 **이 책의 주요 실습을 빠르게 살펴봅니다.** 이 책에서 무엇을 배울 수 있는지 알 수 있어요!

CHAPTER 0	빠른 실습으로 Git, GitHub 감 익히기	GitHub에 가입하기, Git을 설치하고 로컬 저장소에서 커밋 관리하기, GitHub 원격 저장소에 커밋 올리기

2 **PART 1에서는 GUI 환경에서 비주얼하게 Git을 배웁니다.** 사실, 여기서 다루는 내용이 개발 현장에서 사용하는 Git, GitHub의 대부분입니다. 개발 현장의 실제 협업 시나리오로 스토리텔링하면서 실습을 할 수 있어 지루하지 않고 재미있게 공부할 수 있어요.

CHAPTER 1	GUI를 위한 버전 관리 환경 구축하기	소스트리와 비주얼 스튜디오 코드 설치하기, GitHub 둘러보기
CHAPTER 2	혼자서 Git으로 버전 관리하기	소스트리에 로컬 저장소를 불러와 커밋(commit)을 만들고 푸시(push)하기, 그림으로 Git 뜯어보기
CHAPTER 3	여러 명이 함께 Git으로 협업하기	Git이 커밋을 관리하는 방식을 알아보고 소스트리에서 실습하기: 브랜치 생성(branch), 체크아웃(checkout), 병합(merge), 충돌 해결, 풀 리퀘스트(pull request), 릴리즈(release)
CHAPTER 4	둘 이상의 원격 저장소로 협업하기	원본 저장소를 복사해서 원격 저장소 만들고 소스트리를 통해 로컬 저장소로 가져오기, 원격 저장소에서 원본 저장소로 풀 리퀘스트 요청, 승인하고, 커밋을 재배치해 병합하기
CHAPTER 5	실무 사례와 함께 Git 다루기	Git 응용 명령어를 소스트리에서 실습하기: 어멘드(amend), 체리 픽(cherry-pick), 리셋(reset), 리버트(revert), 스태시(stash)
CHAPTER 6	GitHub 100% 활용하기	GitHub 프로필 꾸미기, 더 좋은 풀 리퀘스트 만들기, 브랜치 보호하기

3 **PART 2에서는 CLI 환경에서 Git을 배웁니다.** PART 2의 목표는 Git, GitHub를 숙달하는 것입니다. 7~9장에서는 PART 1에서 수행했던 사항을 CLI 환경에서 반복합니다. 이 과정을 거치면 여러분은 숙달에 이를 수 있습니다.

CHAPTER 7	CLI 환경에서 Git 명령어 살펴보기	Git Bash를 사용하는 데 필요한 기본 CLI 명령어, 원격 저장소 관련 Git 명령어 살펴보기
CHAPTER 8	CLI 환경에서 브랜치 생성 및 조작하기	CLI 환경에서 branch, switch, merge, reset, tag, rebase 명령어 실습하기
CHAPTER 9	Git 내부 동작 원리	git add, git commit 명령의 동작 원리와 커밋 객체, 브랜치 이해하기
CHAPTER 10	인증 기능 살펴보기	작업 증명 관리자와 SSH 프로토콜 사용하기

날짜			학습 범위	학습 목표
1일차)	월	일	CHAPTER 0, 1, 2	Git, GitHub를 빠르게 실습해 보고 감을 익힙니다. GUI 실습 환경을 설치합니다. 내 컴퓨터에서 버전 관리를 해 봅니다.
2일차)	월	일	CHAPTER 3	여러 명이 함께 Git, GitHub로 협업하고, 버전 관리를 하는 방법을 배웁니다. Git에서 가장 중요한 브랜치를 배웁니다.
3일차)	월	일	CHAPTER 4	원격 저장소를 복사해서 또 다른 원격 저장소를 만들고 둘 이상의 원격 저장소에서 버전 관리를 하는 방법을 배웁니다.
4일차)	월	일	CHAPTER 5, 6	개발 현장에서 유용하게 사용하는 다섯 가지 편리한 기능을 배웁니다. 또한 GitHub의 부가 기능을 활용해 더 쉽고 편리하게 작업하는 방법을 배웁니다.
5일차)	월	일	CHAPTER 7	PART 1 소스트리에서 실습했던 기본 기능을 CLI 환경에서 복습합니다. CLI 환경에서 Git 명령이 소스트리와 어떻게 연계되는지 알 수 있습니다.
6일차)	월	일	CHAPTER 8	PART 1 소스트리에서 실습했던 내용 중 브랜치와 관련된 핵심 기능을 Git 명령어로 복습합니다. 여기까지 학습을 마치면 소스트리에서 했던 모든 작업을 CLI 환경에서 수행할 수 있습니다.
7일차)	월	일	CHAPTER 9, 10	Git의 동작 원리를 살펴봅니다. 또한 업무용, 개인용 등으로 여러 계정을 사용하다 보면 인증 오류가 발생할 때가 있습니다. Git과 GitHub에서 활용하는 다양한 인증 기능을 알아봅니다.

Q&A는 아래 GitHub 저장소를 이용해 주세요

 https://github.com/Cat-Hanbit/README

□ URL은 대소문자를 구분해서 입력하세요.

□ 위 저장소의 [Issues] 탭으로 들어갑니다.

□ 나와 같은 질문이 있는지 먼저 검색해 봅니다.

□ 원하는 대답을 찾지 못하였다면 [New issue] 버튼을 클릭하고 질문을 작성합니다.

PART 1 기본편 GUI 환경에서 버전 관리 시작하기

PART 2 　심화편 **CLI 환경에서 버전 관리 시작하기**

중급 사용자를 위한 무료 특별판 제공

본 책에서는 Git, GitHub 입문 사용자에게 유용한 기본 내용을 다룹니다. 동작 원리까지 충분히
이해한 중급 사용자로 발돋움하고 싶은 분들을 위해 다음 전자책을 무료로 제공합니다.

☐ CHAPTER 1 중급 Git 명령어1

☐ CHAPTER 2 중급 Git 명령어2

☐ CHAPTER 3 기타 Git 명령어

빠른 실습으로
Git, GitHub 감 익히기

이 장의 목표는 Git, GitHub를 빠르게 실습해 보고 감을 익히는 것입니다. 차근차근 따라서 실습을 해 보면 Git, GitHub에 대한 감을 잡을 수 있을 겁니다. 이 장에서는 빠른 실습을 위해 CLI(Command Line Interface) 환경에서 실습을 진행하고, 이후 1장부터는 GUI(Graphical User Interface) 환경에서 실습을 진행하겠습니다.

이 장의 **To Do List**

개발자인 고양이와 문어는 티셔츠 쇼핑몰을 만들기로 했습니다. 고양이는 서버 개발을, 문어는 화면 개발을 하기로 역할을 분담했지요. 이들은 소스 코드 협업을 위해 Git과 GitHub를 사용하기로 했습니다.

문어야, 우리가 분담해서 개발한 소스 코드를 어떻게 공유할까? 주중에는 각자 개발하고, 주말에 메일로 주고받을까? 주말에 네가 내 코드를 내려받아서 네 코드와 잘 연동되는지 확인해 보면 어때?

그런데, 만약 네가 보내 준 소스 코드를 고치고 싶으면 어떻게 하지? 메일 회신할 때 따로 적어 주면 될까?
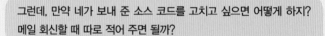

그래. 네가 고치고 싶은 내용을 적어서 보내면 내가 검토하고 소스 코드에 반영해서 다시 보낼게.

아, 그런데 너무 복잡하다. 자동으로 해 주는 툴은 없나?

Git이라는 툴이 있는데 한번 써 볼래?

아, 그래! Git, 들어 봤어. 이참에 배워 보자. 잘 가르쳐 줘.

그럼, 내가 기초적인 Git, GitHub 사용법을 빠르게 알려줄 테니 잘 따라와.

01 Git 그리고 GitHub

고양이와 문어는 소스 코드 협업을 위해 Git과 GitHub를 사용하기로 했습니다. 이것이 무엇인지 알아볼까요?

버전 관리란 무엇인가요?

먼저 버전 관리가 무엇인지 알아보겠습니다. 낯선 단어의 조합처럼 들리지만 사실 우리는 이미 버전 관리를 하고 있습니다. RPG 게임할 때를 떠올려 보세요. 한 캐릭터로 게임을 진행하다가 게임을 종료하기 전에 지금까지 진행한 게임 데이터를 저장합니다. 다시 게임을 시작할 때는 이전에 저장한 데이터를 불러와서 이어서 게임을 할 수가 있죠.

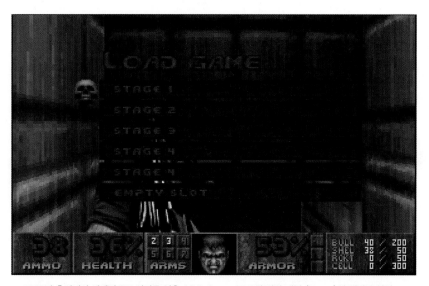

▲ 1993년 출시되어 세계적으로 인기를 얻은 id Software LLC의 명작 게임 〈Doom〉의 세이브 화면

그림판이나 포토샵으로 이미지를 작업할 때도 생각해 봅시다. 실수한 부분이 있다면 Ctrl+Z 키를 눌러서 한 단계씩 뒤로 갈 수 있죠? 이렇게 내가 원하는 시점(버전)으로 이동할 수 있게 해 주는 것이 **버전 관리**이며, 이를 도와주는 툴이 버전 관리 시스템입니다.

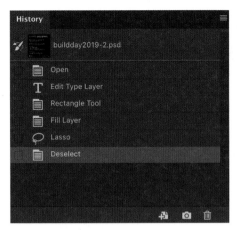

▲ 포토샵의 히스토리 팔레트

앞에서 사례로 든 게임이나 포토샵처럼 개인 컴퓨터에서 혼자 사용하고 변경하는 프로그램이라면 버전 관리 시스템이 없어도 버전 관리를 할 수 있습니다. 그런데 여러 사람이 함께 만드는 프로그램에서는 어떻게 해야 할까요?

팀 프로젝트에서 사용할 공용 폴더를 만들고 그곳에 **소스 코드**를 올려 놓는다고 가정하겠습니다. 이곳에 올려진 최초의 소스 코드를 '00 버전'이라고 합시다. 팀원 A가 '00 버전'의 소스 코드를 수정해서 '01 버전'으로 저장하고, 팀원 B가 '01 버전'을 수정해서 '02 버전'으로 저장할 수 있을 겁니다. 이렇게 최종 버전을 기준으로 수정하고 순차적으로 번호를 붙여서 저장하면 버전 관리가 됩니다. 그런데 팀원 B와 팀원 C가 동시에 '01 버전'을 수정해서 '02 버전'으로 저장한다면 어떻게 될까요?

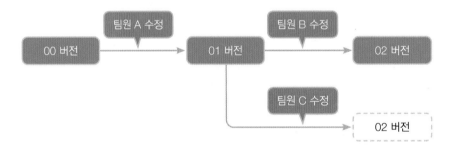

팀 프로젝트에 참여하는 인원이 많을수록, 또 프로젝트 기간이 길수록 어느 파일이 최종 업데이트 파일인지 확인할 길이 막막해집니다. 그래서 여럿이 함께 작업하는 협업 프로젝트에서는 버전 관리를 해야 합니다.

Git, GitHub란 무엇인가요?

Ctrl + Z 키를 사용해서 이전 단계로 되돌리는 기능에서 더 나아가 내가 원하는 시점마다 깃발을 꽂고, 깃발이 꽂힌 시점으로 자유롭게 이동할 수 있다면 편안하게 새로운 소스 코드를 추가하거나 삭제할 수 있을 겁니다. 소스 코드 오류가 발생한다면 바로 전에 깃발을 꽂은 시점으로 돌아가면 되니까요. 이를 가능하게 해 주는 소스 코드 버전 관리 시스템이 바로 **Git**입니다. Git은 소스 코드 버전 사이를 오가는 시간 여행 이상의 기능을 제공합니다.

Git은 데이터를 저장할 공간만 있다면 어디서나 사용할 수 있습니다. 개인 컴퓨터에만 저장한다면 나 혼자 사용할 수 있겠죠? USB에 저장한다면 휴대하면서 어디서든 내가 작업하던 프로젝트를 사용할 수 있을 것입니다. 만약 드롭박스, 구글 드라이브와 같은 클라우드 서버에 올려둔다면 어떨까요? 팀 프로젝트를 진행하는 다른 팀원과 함께 인터넷을 통해 버전 관리를 할 수 있을 겁니다. 이처럼 언제 어디서든 버전 관리를 할 수 있다는 장점은 전 세계의 수많은 개발자가 Git으로 협업하는 이유이기도 합니다.

이렇게 Git으로 관리하는 프로젝트를 올려둘 수 있는 대표적인 Git 호스팅 사이트 중 하나가 바로 **GitHub**입니다. 블로그를 만들 수 있는 곳이 네이버, 다음, 워드프레스 등 다양한 것처럼 Git으로 관리하는 프로젝트를 올릴 수 있는 사이트도 GitHub뿐 아니라 GitLab, BitBucket 등 다양합니다. 우리는 GitHub를 호스팅 사이트로 사용합니다.

▼ 클라우드 서버 서비스

Git 호스팅 사이트	모기업	특징	가격 정책
GitHub.com	GitHub Inc (Microsoft 에서 인수)	사용자 1억 명 이상. 세계 최대 규모의 Git 호스팅 사이트	공개 저장소 생성 무료, 비공개 저장소는 작업자 3인 이하인 경우에 무료. 설치형 버전인 Enterprise를 월 21달러에 사용할 수 있다.
GitLab.com	GitLab Inc	GitHub에 뒤지지 않는다. NASA, Sony 등 10만 개 이상의 조직에서 사용하고 있다. GitLab 프로젝트 자체가 오픈 소스여서 직접 서비스 발전에 기여할 수 있다.	공개 저장소 및 비공개 저장소 생성 무료. 소스 코드 빌드에 유용한 도구 지원 성능에 따라 월 19~99달러 부담
BitBucket.org	Atlassian	사용자 1000만 명. 이슈 관리 시스템인 지라(Jira)를 만든 Atlassian이 모기업이어서 지라와 연동이 쉽다.	5명 이하 팀이면 공개 저장소 및 비공개 저장소 생성 무료. 그 이상이면 월 3~6달러 부담

GitHub에 소스 코드를 올려 두면 시간, 공간의 제약 없이 협업할 수 있습니다. 또한 프로젝트를 공개 저장소로 만들면 이름도, 얼굴도 모르는 전 세계 개발자와 협업할 수 있죠. 이렇게 누구든지 기여할 수 있는 공개 저장소 프로젝트를 **오픈 소스**라고 합니다.

2023년 기준으로 GitHub에는 3억 7000만 개의 공개 저장소가 있으며, 구글이 만드는 기계학습 라이브러리인 텐서플로^{Tensorflow}, 애플이 만든 개발 언어 스위프트^{Swift}, 그리고 10만 개가 넘는 별 (GitHub의 좋아요 기능)을 받은 뷰$^{Vue.js}$까지 다양한 오픈 소스가 활발하게 운영되고 있습니다. 오픈 소스는 개발의 꽃이며, Git은 오픈 소스 활동을 전 세계로 확장시킨 일등공신입니다.

TIP 클라우드 서비스는 내 하드디스크가 아닌 인터넷에서 파일을 저장하고 이용할 수 있는 서비스로, 드롭박스나 구글 드라이브가 대표적입니다. 이러한 서비스를 이용하면 어디서나 내가 올린 파일에 접근할 수 있습니다. 클라우드 컴퓨팅은 데이터 처리 혹은 데이터 저장을 내 컴퓨터가 아닌 외부의 다른 컴퓨터로 하는 것을 의미합니다.

GitHub 가입하기

그럼 바로 GitHub에 가입해 볼까요? 네이버나 구글에 가입하는 과정과 비슷합니다.

01 GitHub 사이트(https://github.com)에 접속해서 오른쪽 상단의 [Sign up] 버튼을 클릭합니다.

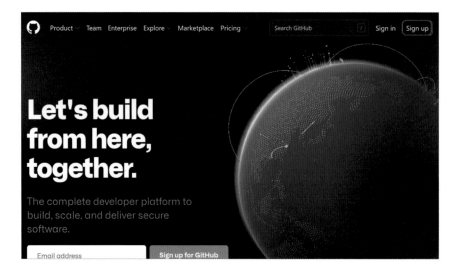

02 [Enter your email]에 이메일 주소를 입력하고 [Continue] 버튼을 클릭합니다.

TIP 다른 GitHub 유저가 사용 중인 이메일은 사용할 수 없고, 이후에 해당 주소로 인증번호가 발송되기 때문에 반드시 실제 사용 가능한 이메일 주소를 기입해야 합니다.

03 [Create a password]에 패스워드를 입력하고 [Continue] 버튼을 클릭합니다. 그다음 [Enter a username]에 다른 유저와 중복되지 않는 이름을 입력하고 [Continue] 버튼을 클릭합니다. 마지막으로 공지를 이메일로 받을지 물어보면 'y'를 입력하고 [Continue] 버튼을 클릭합니다.

TIP 패스워드는 8자 이상으로 숫자와 소문자를 포함해서 구성하는 것이 좋습니다.

04 이어서 사람임을 인증하는 단계로 다음과 같은 화면이 나옵니다. 문제의 답을 두 번 정도 선택하면 V 모양이 표시되고 인증이 완료됩니다. 마지막으로 [Create account] 버튼을 클릭합니다.

05 처음 입력했던 이메일의 메일함을 열어 보면 GitHub에서 보낸 코드를 확인할 수 있습니다. [Enter code]에 해당 코드를 입력합니다. 추가로 설문을 위한 화면이 나타나면 하단의 [Skip personalization] 텍스트를 클릭합니다.

06 화려한 애니메이션이 지나가고 다음과 같은 화면이 나타나면 가입이 완료된 것입니다.

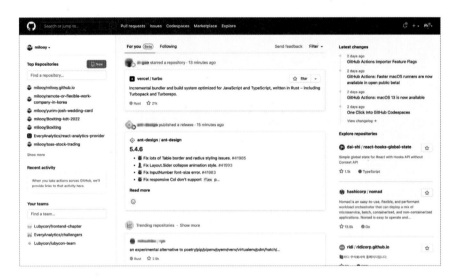

더욱 안전한 비밀번호, 토큰 만들기

GitHub는 보안을 위해 GitHub 사이트 외부에서 로그인할 때는 비밀번호 대신 **토큰**^{token}을 사용합니다(원래는 비밀번호로도 로그인할 수 있었지만, 보안을 위해 2021년 8월부터 토큰을 반드시 사용하도록 업데이트되었습니다). 토큰은 '필요에 따라 여러 벌 만들 수 있는 비밀번호'라고 생각하면 됩니다. 직접 만들어 볼까요?

01 GitHub에 로그인한 후 오른쪽 상단의 프로필을 클릭하면 나타나는 드롭메뉴에서 [Settings]를 선택합니다.

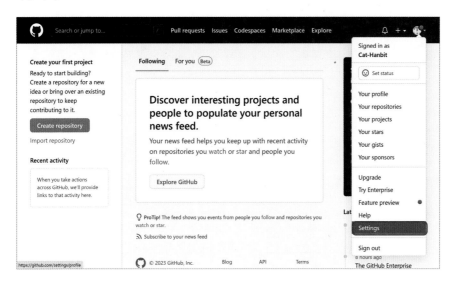

02 왼쪽 메뉴 목록 가장 아래에 있는 [Developer settings]를 선택합니다. 화면이 이동되면 다시 왼쪽 메뉴 가장 아래에 있는 [Personal access tokens]−[Tokens (classic)]을 선택합니다. 그리고 화면 오른쪽에 있는 [Generate new token] 버튼을 클릭하고 [Generate new token (classic)]을 선택합니다.

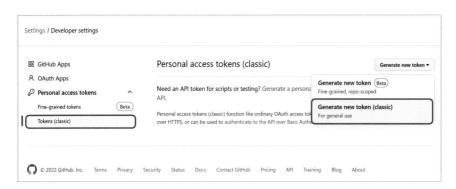

03 [Note]에는 이 토큰을 구분할 수 있는 내용을 적습니다. 여기서는 'My first access token'이라고 입력했습니다. [Expiration]은 [No expiration]으로 설정해서 만료일 때문에 토큰이 파기되지 않도록 합니다. 토큰 사용에 익숙해지면 토큰별로 필요한 기간을 지정하는 것을 추천합니다. 만료일이 짧을수록 유출 걱정을 덜고 더 안전하게 관리할 수 있겠죠?

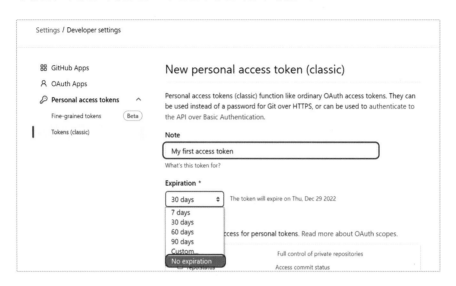

04 아래의 [Select scopes] 항목은 토큰으로 로그인했을 때의 접근 권한을 설정할 수 있는 옵션입니다. 예를 들어 [Notifications]만 체크했다면 코드 푸시나 저장소 삭제는 못하고 알람만 볼 수 있습니다. 일단 모든 박스를 체크하고 [Generate token] 버튼을 클릭합니다.

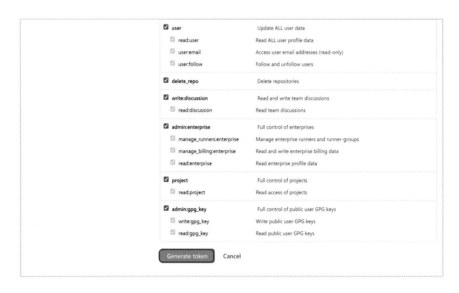

05 토큰이 만들어졌습니다! 토큰 이름 맨 뒤에 있는 복사(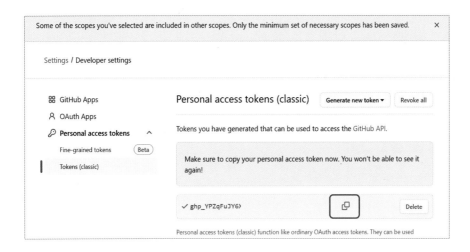)아이콘을 클릭해 복사한 후 나만 볼 수 있는 메모장에 저장해 두세요. 만약 유출되면 비밀번호가 유출된 것과 같으니 잘 관리해야 합니다. 이 토큰은 이후 학습할 CLI와 GUI에서 모두 사용할 것입니다. 새로고침을 하면 다시 볼 수 없으니 **지금 꼭 복사하세요.**

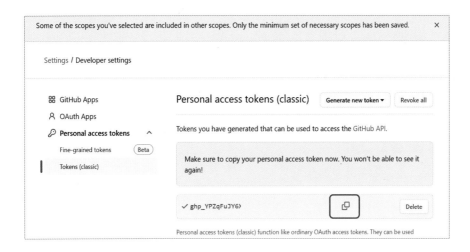

실습을 위한 기본 준비는 마쳤습니다. 이제 빠른 실습을 해 보겠습니다. 실습은 2~4절까지 이어지는데요, 전체 실습 과정은 다음과 같습니다. 어떤 실습이 이뤄지는지 먼저 눈으로 살펴보세요.

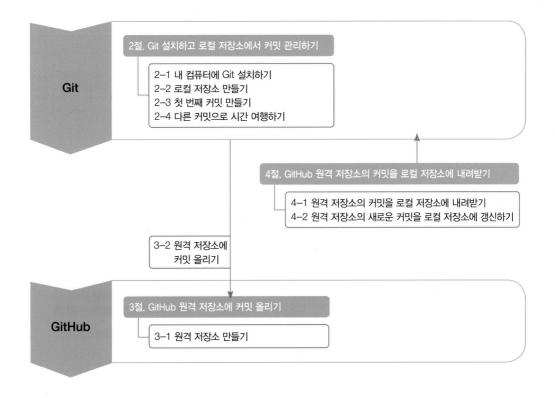

Git 설치하고 로컬 저장소에서 커밋 관리하기

이번 절에서는 내 컴퓨터에서만 버전 관리를 해 보겠습니다. 다른 사람과 협업 없이 혼자서 개발하고, 혼자서 소스 코드 버전 관리를 할 때는 이 방법만으로도 충분합니다.

내 컴퓨터에 Git 설치하기

먼저 내 컴퓨터에 Git을 설치해 보겠습니다.

01 무언가가 필요하다면 바로 구글에 검색하는 것이 1단계죠? 구글 검색창에서 'git 다운로드'를 검색하고 https://git-scm.com/downloads 링크로 접속합니다.

02 Git 다운로드 페이지에 접속해서 Downloads 항목에서 본인의 운영체제에 맞는 링크를 클릭합니다. 이 책의 환경은 윈도우이므로 오른쪽 모니터 이미지에 있는 [Download for Windows] 버튼을 클릭했습니다. 맥OS 또는 리눅스, 유닉스에서 설치하는 방법은 16쪽을 참고하세요.

🔆 **TIP** 2.39.1 버전은 2022.12.31일자 버전입니다. 독자 여러분이 설치할 때는 업그레이드되었을 수 있는데, 업그레이드된 버전을 다운로드해도 이 책의 실습에는 영향이 없습니다. 설치하는 시점에서의 최신 버전을 다운로드하세요.

03 이동한 화면에서 [Click here to download] 링크를 클릭하면 설치 파일이 다운로드됩니다.

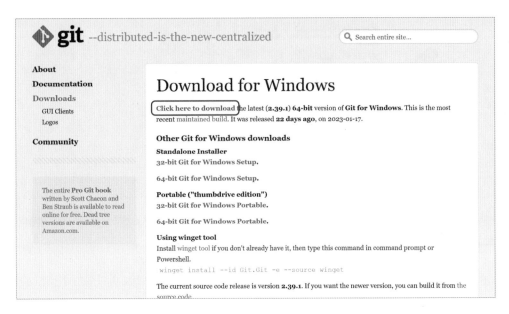

🔆 **TIP** 설치하려는 윈도우 시스템이 32비트인 경우에는 [32-bit Git for Windows Setup] 링크를 클릭해 다운로드하세요.

04 다운로드한 Git 설치 파일을 실행하면 다음과 같은 창이 나타납니다. 기본 설정을 유지한 채 [Next] 버튼 및 [Install] 버튼을 계속 클릭해서 마지막 설치 화면까지 진행하세요.

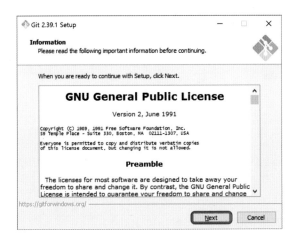

05 이제 마지막 화면이네요. 여기서는 기본 설정값인 [View Release Notes]의 체크를 해제하고 [Finish] 버튼을 클릭해서 설치를 완료합니다.

💡**TIP** [View Release Notes]가 체크되어 있다면 Git의 최근 업데이트 내역을 소개하는 웹 페이지가 열립니다. 읽을 필요 없으니 웹 페이지가 열리면 닫으세요.

06 Git이 잘 설치되었는지 보기 위해 Git Bash를 실행해 보겠습니다. 윈도우 작업표시줄의 [시작] 버튼 옆에 있는 검색 창에 'Git Bash'를 입력하고 검색 목록에서 [Git Bash] 프로그램을 클릭합니다.

💡**TIP** Git Bash는 Git을 설치하면 기본으로 제공되는 커맨드라인 인터페이스(CLI)입니다.

07 검은색 화면이 열리면 당황하지 말고 $ 기호 옆에 'git'을 입력한 후 Enter 키를 누릅니다.

```
song@DESKTOP - 3HONHJE MINGW64 ~
$ git
```

> ! 여기서
> ○ 잠깐!   **Git Bash 창**
>
> Git Bash 창은 08단계와 같이 흰색 글자가 있는 검은색 화면입니다. 그런데, 검은색 화면을 책에 수록하면 글자를 식별하기 어렵기 때문에 07단계에서는 흰색 바탕으로 표시했습니다.
>
> **$ 기호**는 명령 입력을 기다리는 커서입니다. 여러분은 실습할 때 $ 기호 다음에 명령을 입력하면 됩니다. 이 책에서는 명령에 노란색 음영을 넣어 표시합니다.

08 아래처럼 Git 기본 명령어에 대한 안내가 나오면 Git이 제대로 설치된 것입니다.

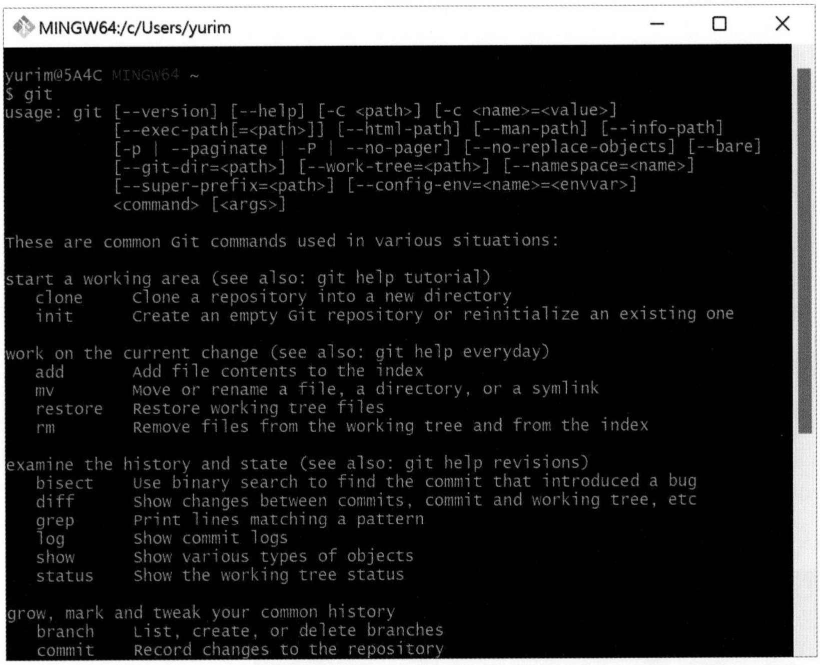

다른 운영체제에서도 동일한 방법으로 https://git-scm.com/downloads에 접속해 본인 운영체제에 해당하는 Git을 설치하면 됩니다. 윈도우보다 간편한 점은 Git Bash라는 프로그램을 설치하지 않고도 운영체제 기본 터미널(검은 바탕에 흰색 글자로 명령을 입력할 수 있는 도구)에서 CLI를 사용해 Git을 다룰 수 있다는 것입니다. 물론 윈도우에서도 기본 터미널로 Git을 사용할 수 있지만, 리눅스 계열이 아닌 윈도우 명령어를 사용해야 합니다. 이 책에서는 운영체제 간 통일성을 유지하기 위해 리눅스 기반인 Git Bash라는 터미널을 사용합니다.

맥OS 운영체제에서 Git 설치 확인하기

01 맥OS의 상단 바에서 돋보기 아이콘을 클릭한 후 스포트라이트 검색 필드에 'terminal'을 입력하고 검색하여 실행합니다.

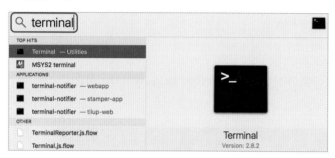

02 터미널이 실행되면 git 명령어를 실행하여 명령어에 대한 안내가 나오는지 확인합니다.

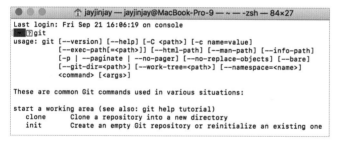

리눅스 운영체제에서 Git 설치 확인하기

01 윈도우 키를 눌러 검색 창을 열고 'terminal'을 입력하고 검색하여 실행합니다.

02 터미널에서 git 명령어를 실행하여 명령어에 대한 안내가 나오는지 확인합니다.

```
                          csk746@csk746-MS-7A69: ~
파일(F)  편집(E)  보기(V)  검색(S)  터미널(T)  도움말(H)
csk746@csk746-MS-7A69:~$ git
usage: git [--version] [--help] [-C <path>] [-c <name>=<value>]
           [--exec-path[=<path>]] [--html-path] [--man-path] [--info-path]
           [-p | --paginate | --no-pager] [--no-replace-objects] [--bare]
           [--git-dir=<path>] [--work-tree=<path>] [--namespace=<name>]
           <command> [<args>]

다음은 여러가지 상황에서 자주 사용하는 깃 명령입니다:

작업 공간 시작 (참고: git help tutorial)
   clone       저장소를 복제해 새 디렉터리로 가져 옵니다
   init        빈 깃 저장소를 만들거나 기존 저장소를 다시 초기화합니다

변경 사항에 대한 작업 (참고: git help everyday)
   add         파일 내용을 인덱스에 추가합니다
   mv          파일, 디렉터리, 심볼릭 링크를 옮기거나 이름을 바꿉니다
   reset       현재 HEAD를 지정한 상태로 재설정합니다
   rm          파일을 작업 폴더에서 제거하고 인덱스에서도 제거합니다
```

로컬 저장소 만들기

이제 내 컴퓨터에 설치한 Git과 연결할 로컬 저장소를 만들겠습니다. 로컬 저장소는 실제로 Git을 통해 버전 관리가 이뤄질 내 컴퓨터에 있는 폴더입니다.

01 아래 경로로 이름이 [iTshirt-cat]인 폴더를 내 컴퓨터에 만듭니다. 이 폴더에서 개발자 고양이가 코딩을 할 예정입니다.

> 내 컴퓨터 ▶ 바탕 화면 ▶ Programming ▶ iTshirt-cat

02 [iTshirt-cat] 폴더 안에 프로젝트에 대한 설명을 담을 텍스트 파일을 하나 만들겠습니다. [iTshirt-cat] 폴더에서 마우스 오른쪽 버튼을 클릭하고 [새로 만들기]-[텍스트 문서]를 클릭합니다. 파일 이름은 'README'로 설정합니다.

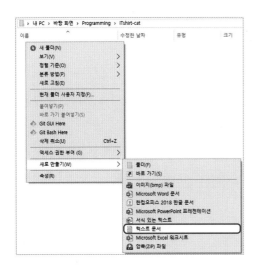

💡 **TIP** 윈도우의 메모장이나 맥OS의 TextEdit 앱을 열어 새 파일을 만들고 'README' 이름으로 저장해도 상관 없습니다.

03 [README.txt] 파일을 열고 '개발자 티셔츠 쇼핑몰 오픈 소스'라고 입력한 후 저장합니다. 오른쪽 상단의 ⓧ 버튼을 클릭해서 메모장을 닫습니다.

04 [iTshirt-cat] 폴더에서 마우스 오른쪽 버튼을 클릭하고 [Git Bash Here]를 선택합니다. 메뉴가 보이지 않으면 [더 많은 옵션 표시]를 선택하면 메뉴가 나타납니다.

> 💡**TIP** Git Bash가 아닌 기본 Terminal을 사용한다면 Terminal 앱을 열고 'cd ~/Desktop/Programming/iTshirt-cat'(cd 다음에 본인의 폴더 경로를 입력하세요) 명령을 입력한 후 Enter 키를 누르면 해당 폴더로 이동할 수 있습니다. CLI 명령어가 더 궁금하다면 7장의 'Git Bash 시작하기' 절을 참고하세요.

05 Git Bash 창이 열립니다. $ 기호 옆에 Git 명령을 입력합니다. 여기에서는 **git init**이라는 명령을 사용해 보겠습니다. Enter 키를 누르면 명령이 실행됩니다. 'Initialized empty Git repository'라는 텍스트가 나오면 성공입니다. 처음 만들었으니까 당연히 비어 있겠죠?

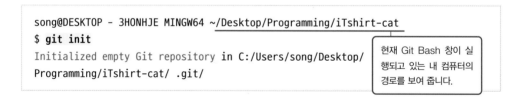

```
song@DESKTOP - 3HONHJE MINGW64 ~/Desktop/Programming/iTshirt-cat
$ git init
Initialized empty Git repository in C:/Users/song/Desktop/
Programming/iTshirt-cat/ .git/
```

> 현재 Git Bash 창이 실행되고 있는 내 컴퓨터의 경로를 보여 줍니다.

git init 명령을 실행하면 [iTshirt-cat] 폴더에 [.git] 폴더가 생성됩니다. [.git] 폴더에는 Git으로 생성한 버전들의 정보와 원격 저장소 주소 등이 들어 있는데요, [.git] 폴더를 우리는 **로컬 저장소** local repository라고 부릅니다.

정리하자면 일반 프로젝트 폴더에 git init 명령(Git 초기화 과정이라고 합니다)을 통해 로컬 저장소를 만들면 그때부터 이 폴더에서 버전 관리를 할 수 있는 것이죠.

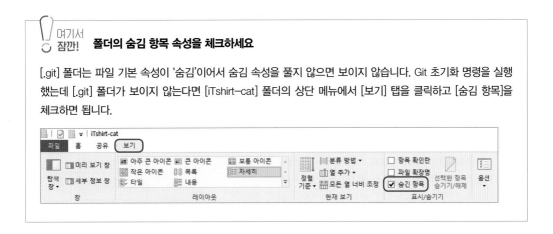
첫 번째 커밋 만들기

앞에서 생성한 README.txt 파일을 하나의 버전으로 만들어 보겠습니다. RPG 게임에서의 저장이라고 생각하면 됩니다. Git에서는 이렇게 생성된 각 버전을 **커밋**commit이라고 부르고, 이를 '커밋한다'라고 표현하기도 합니다. 그럼 첫 번째 커밋을 만들어 볼까요?

01 먼저 버전 관리를 위해 내 정보를 등록해야 합니다. 각 버전을 누가 만들었는지 알아야 협업하기 편하겠죠?

[iTshirt-cat] 폴더에서 마우스 오른쪽 버튼을 클릭하고 [Git Bash Here]를 선택합니다. Git Bash 창이 열리면 다음 명령어 두 개를 차례로 입력합니다. 앞에서 GitHub에 등록한 이메일 주소와 username을 각각 큰따옴표로 묶어 입력합니다.

```
song@DESKTOP - 3HONHJE MINGW64 ~/Desktop/Programming/iTshirt-cat (master)
$ git config --global user.email "hello.git.GitHub@gmail.com"
                                                              └─ 명령을 입력하고 Enter 키를 누릅니다.

song@DESKTOP - 3HONHJE MINGW64 ~/Desktop/Programming/iTshirt-cat (master)
$ git config --global user.name "Cat-Hanbit"──── 명령을 입력하고 Enter 키를 누릅니다.
```

TIP user.email과 user.name에는 7쪽에서 설정한 여러분의 GitHub 계정 정보와 동일하게 입력하세요.

02 그다음에는 버전으로 만들 파일을 선택합니다. 조금 전 만들어 놓은 README.txt 파일로 해 보겠습니다. 다음과 같이 **git add** 명령을 입력합니다.

```
song@DESKTOP - 3HONHJE MINGW64 ~/Desktop/Programming/iTshirt-cat (master)
$ git add README.txt
```

03 커밋에는 상세 설명을 적을 수 있습니다. 설명을 잘 적어 놓으면 내가 이 파일을 왜 만들었는지, 왜 수정했는지 알 수 있고, 해당 버전을 찾아 그 버전으로 코드를 바꿔 시간 여행을 하기도 수월합니다. 우리는 '사이트 설명 추가'라는 설명을 붙여서 첫 번째 커밋을 만들어 보겠습니다. **git commit** 명령을 입력합니다. '1 file changed, 1 insertion(+)' 메시지가 보이면 성공입니다. 축하합니다. 우리는 방금 첫 번째 버전을 만들었습니다.

```
song@DESKTOP - 3HONHJE MINGW64 ~/Desktop/Programming/iTshirt-cat (master)
$ git commit -m "사이트 설명 추가"
[master (root-commit) a0e7f76] 사이트 설명 추가
 1 file changed, 1 insertion(+)
 create mode 100644 README.txt
```

> 메시지는 큰따옴표로 묶어 입력해야 합니다.

💡 **TIP** [-m]은 'message'의 약자입니다.

04 이번에는 README.txt 파일을 수정하고 두 번째 커밋을 만들어 볼까요? 파일을 열어 맨 뒤에 '짱' 이라고 입력한 후 그대로 저장합니다. 오른쪽 상단의 ☒ 버튼을 클릭해서 메모장을 닫습니다.

05 git add 명령으로 README.txt를 다시 추가하고, '설명 업데이트'라는 설명을 붙여서 git commit 명령을 실행하면 커밋이 만들어집니다. '1 file changed, 1 insertion(+), 1 deletion(-)' 메시지 가 보이면 성공입니다. 우리는 두 번째 버전을 만들었습니다.

```
song@DESKTOP - 3HONHJE MINGW64 ~/Desktop/Programming/iTshirt-cat (master)
$ git add README.txt

song@DESKTOP - 3HONHJE MINGW64 ~/Desktop/Programming/iTshirt-cat (master)
$ git commit -m "설명 업데이트"
[master 63605bb] 설명 업데이트
 1 file changed, 1 insertion(+), 1 deletion(-)
```

💡 **TIP** git add RE까지만 입력하고 Tab 키를 누르면 README.txt를 자동 완성할 수 있습니다.

다른 커밋으로 시간 여행하기

이렇게 만들어 둔 커밋으로 우리는 언제든 시간 여행을 할 수 있습니다. 개발을 하다가 요구 사항이 바뀌어서 이전 커밋부터 다시 개발하고 싶다면 Git을 사용해 그 커밋으로 돌아가면 되겠죠? 한번 해 보겠습니다.

01 현재 README.txt 파일의 내용은 두 번째 만들었던 '설명 업데이트' 커밋이고 텍스트 문서의 내용은 '개발자 티셔츠 쇼핑몰 오픈 소스 짱'입니다. 조금 전에 실습을 했으니 기억이 날 겁니다.

이것을 제일 처음 만든 커밋 버전인 '사이트 설명 추가'로 돌려 보겠습니다. 첫 번째 버전으로 돌아가면 텍스트 파일의 내용은 '짱' 단어가 없는, '개발자 티셔츠 쇼핑몰 오픈 소스'가 되겠죠. 먼저 **git log** 명령으로 지금까지 만든 커밋을 확인합니다.

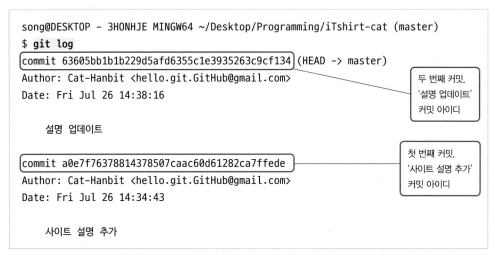

💡**TIP** git log 명령은 최신 커밋부터 보여 줍니다.

02 우리가 되돌리려는 커밋은 첫 번째 커밋이니 커밋 아이디의 앞 7자리를 복사하고 **git checkout** 명령으로 해당 커밋으로 코드를 되돌립니다.

> commit 63605bb ~ : 설명 업데이트 / 14:38:16 / 두 번째 커밋
>
> commit a0e7f76 ~ : 사이트 설명 추가 / 14:34:43 / 첫 번째 커밋

마지막 라인에 'HEAD is now at a0e7f76 사이트 설명 추가'라는 메시지가 보이면 성공입니다. 첫 번째 커밋으로 돌아갔습니다!

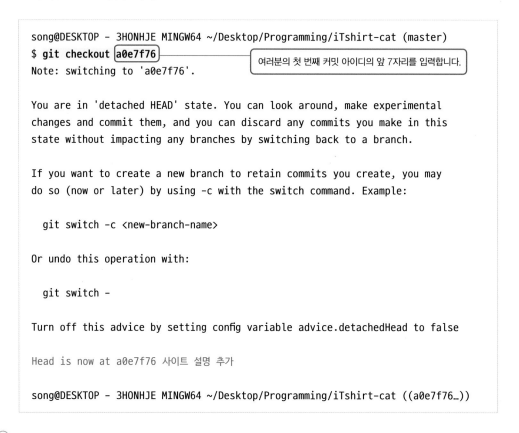

```
song@DESKTOP - 3HONHJE MINGW64 ~/Desktop/Programming/iTshirt-cat (master)
$ git checkout a0e7f76          여러분의 첫 번째 커밋 아이디의 앞 7자리를 입력합니다.
Note: switching to 'a0e7f76'.

You are in 'detached HEAD' state. You can look around, make experimental
changes and commit them, and you can discard any commits you make in this
state without impacting any branches by switching back to a branch.

If you want to create a new branch to retain commits you create, you may
do so (now or later) by using -c with the switch command. Example:

  git switch -c <new-branch-name>

Or undo this operation with:

  git switch -

Turn off this advice by setting config variable advice.detachedHead to false

Head is now at a0e7f76 사이트 설명 추가

song@DESKTOP - 3HONHJE MINGW64 ~/Desktop/Programming/iTshirt-cat ((a0e7f76…))
```

TIP 당연히 아이디 전체를 복사해도 되지만, 간편하게 앞 7자리만 복사하는 것입니다. 예시 화면에 보이는 커밋 아이디가 아니라 여러분의 커밋 아이디를 복사해야 합니다. 복사하지 않고 직접 입력해도 됩니다.

03 README.txt 파일을 열어 보면 '짱'이 사라진, 첫 번째 커밋으로 돌아간 걸 확인할 수 있습니다. 오른쪽 상단의 ⊠ 버튼을 클릭해서 메모장을 닫습니다.

04 다시 git checkout 명령으로 최신 커밋인 두 번째 커밋으로 돌아가겠습니다. 02단계에서와 같은 방법으로 두 번째 커밋 아이디인 'git checkout 63605bb'를 입력해도 되지만, 간략하게 '-'만 입력해도 됩니다.

```
song@DESKTOP - 3HONHJE MINGW64 ~/Desktop/Programming/iTshirt-cat ((a0e7f76…))
$ git checkout -
Previous HEAD position was a0e7f76 사이트 설명 추가
Switched to branch 'master'
```

05 README.txt 파일을 다시 열어보면 '짱'이 붙어 있는 두 번째 커밋으로 돌아간 걸 확인할 수 있습니다.

이처럼 checkout 명령어를 사용해서 원하는 시점(커밋)으로 파일을 되돌릴 수 있습니다. 이 책에서는 이를 '체크아웃한다'라고 표현합니다.

> **여기서 잠깐! checkout 명령어는 주의해서 사용하세요**
>
> checkout 명령어는 Git에서 오래 전부터 지원하던 명령어인데, 너무 많은 기능을 포함하고 있습니다. 그래서 최근 checkout 명령어의 주요 기능이 **switch** 명령어와 **restore** 명령어로 나누어졌습니다. switch는 브랜치 간 이동하는 명령어이고, restore는 커밋에서 파일들을 복구하는 명령어입니다.
>
> checkout 명령어처럼 커밋 아이디(체크섬)를 지정해서 되돌아가는 명령어는 다소 위험하므로 실무에서는 잘 사용하지 않습니다. 실습에서는 checkout 명령어를 간단하게 맛보기 정도로 사용해 보았습니다.
>
> 한 가지 재밌는 사실은 checkout 명령어에서는 커밋 아이디를 지정해서 되돌아갈 수 있지만, switch 명령어에는 해당 기능 자체가 없어졌다는 것입니다.
>
> switch와 restore 명령어는 2부에서 자세하게 살펴보겠습니다.

03 GitHub 원격 저장소에 커밋 올리기

지금까지 배운 내용으로는 내 컴퓨터에서 혼자 버전 관리를 할 수 있습니다. 그러나 다른 개발자와 함께 버전을 관리하고 싶다면 원격 저장소를 이용해야 합니다.

원격 저장소 만들기

이번에는 GitHub에 협업할 공간인 원격 저장소를 만들겠습니다. 쉽게 설명하면 GitHub 웹사이트에 프로젝트를 위한 공용 폴더를 만드는 것인데요, 로컬 저장소와 구분하는 개념으로 원격 저장소라고 합니다. GitHub에서는 원격 저장소를 **레포지토리**repository라고 부릅니다.

01 GitHub(https://github.com)에 접속하고 로그인을 합니다. 상단 메뉴 오른쪽에 있는 █ 버튼을 클릭한 후 [New repository]를 선택합니다.

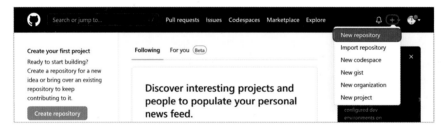

> **TIP** 화면 왼쪽의 [Create repository] 버튼을 클릭해도 됩니다.

02 어떤 저장소를 만들지 세부 항목을 작성하는 페이지로 이동합니다. [Repository name]에 'iTshirt'라고 입력하겠습니다. 이 이름의 원격 저장소를 만들겠다는 의미입니다. [Description]에는 생성할 원격 저장소에 대한 간단한 설명을 입력합니다. 나머지 옵션은 변경하지 않고 [Create repository] 버튼을 클릭합니다.

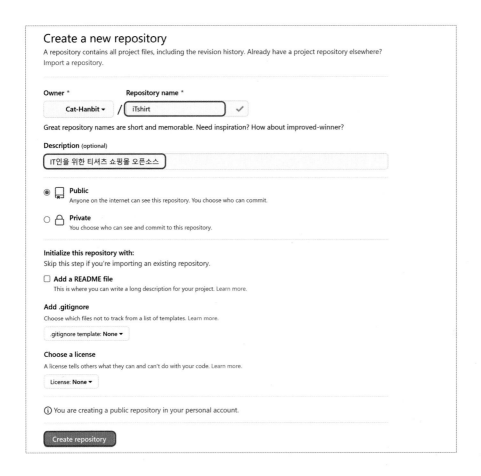

03 [iTshirt]라는 이름의 원격 저장소를 만들었습니다. 필자의 원격 저장소 주소는 아래와 같습니다. Cat-Hanbit 위치에는 여러분의 username이 들어갑니다. 앞으로 아래 주소를 통해 원격 저장소에 접속할 수 있습니다. 다른 개발자와 함께 작업하고 싶다면 이 주소를 알려 주면 됩니다. 또한 내 컴퓨터의 로컬 저장소와 연결할 때에도 사용합니다.

https://github.com/Cat-Hanbit/iTshirt.git

원격 저장소에 커밋 올리기

이제 GitHub에서 만든 [iTshirt] 원격 저장소 주소를 내 컴퓨터의 [iTshirt-cat] 로컬 저장소에 알려 주고, 로컬 저장소에 만들었던 커밋들을 원격 저장소에 올려 보겠습니다.

01 [iTshirt-cat] 폴더에서 Git Bash 창을 엽니다. **git remote add origin** 명령으로 로컬 저장소에 연결할 원격 저장소 주소를 알려 줍니다. 이때 여러분의 원격 저장소 주소를 입력해야 한다는 점 주의하세요. 25쪽에서 복사한 주소를 붙여넣기해도 됩니다.

```
song@DESKTOP - 3HONHJE MINGW64 ~/Desktop/Programming/iTshirt-cat (master)
$ git remote add origin https://GitHub.com/Cat-Hanbit/iTshirt.git
```

여러분의 원격 저장소 주소를 입력하세요.

🔔 **여기서 잠깐! Git Bash 창에 주소 붙여넣기는 어떻게 하나요?**

25쪽 03단계에서 원격 저장소 주소를 복사했다면 Git Bash 창으로 돌아가서 git remote add origin 명령 뒤에서 마우스 오른쪽 버튼을 클릭하고 [Paste]를 선택하면 붙여넣을 수 있습니다.

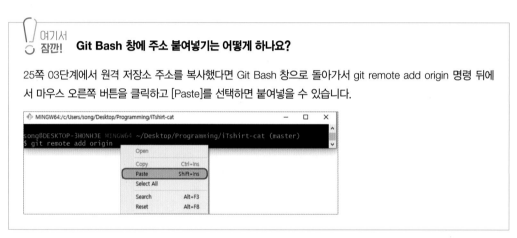

---

02 지금까지 만든 커밋을 둘 장소 이름을 짓겠습니다. 저장소 안에 **main**이라는 이름의 방을 만듭니다. 이 방은 **브랜치**branch라고 하는데요. 엄밀히 말하면 방은 아니지만 지금은 이 정도로 이해해도 충분합니다. 다음처럼 **git branch** 명령을 입력합니다.

```
song@DESKTOP - 3HONHJE MINGW64 ~/Desktop/Programming/iTshirt-cat (master)
$ git branch -M main
```

03 이제 로컬 저장소에 있는 커밋들을 **git push** 명령으로 원격 저장소에 올려 보겠습니다. 다음 명령은 '원격 저장소(origin)의 main이라는 방에 내 커밋들을 올려라(push)'라는 뜻입니다. 명령을 입력한 후 Enter 키를 누르세요. 조금 기다리면 GitHub의 로그인 창이 뜹니다. [Sign in with your browser]를 클릭해 여러분의 GitHub 계정 정보를 입력하고 로그인합니다.

```
song@DESKTOP - 3HONHJE MINGW64 ~/Desktop/Programming/iTshirt-cat (main)
$ git push origin main
```

04 로그인에 성공하면 입력했던 명령이 실행되는데 100% 완료 메시지가 나오면 성공입니다.

```
Enumerating objects: 6, done.
Counting objects: 100% (6/6), done.
Delta compression using up to 8 threads
Compressing objects: 100% (2/2), done.
Writing objects: 100% (6/6), 587 bytes ¦ 293.00 KiB/s, done.
Total 6 (delta 0), reused 0 (delta 0)
To https://GitHub.com/Cat-Hanbit/iTshirt.git
    [new branch]    main -> main
```

🔅 **TIP** 만약 오류가 발생한다면 인증 관련 오류일 수 있습니다. 오류 해결 방법은 263쪽을 참고해 주세요.

05 GitHub의 [iTshirt] 원격 저장소에서 확인하면 커밋과 README.txt 파일이 잘 올라온 것은 물론, README.txt 파일의 내용도 확인할 수 있습니다.

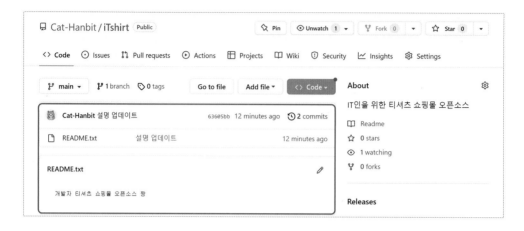

우리는 로컬 저장소에서 만들었던 커밋들을 원격 저장소에 성공적으로 올렸습니다. 이렇게 로컬 저장소의 커밋을 원격 저장소로 push 명령어를 사용해서 올리는 일을 '푸시한다'라고 합니다. 다음 절에서는 반대로 원격 저장소의 커밋을 로컬 저장소로 내려받는 실습을 해 보겠습니다.

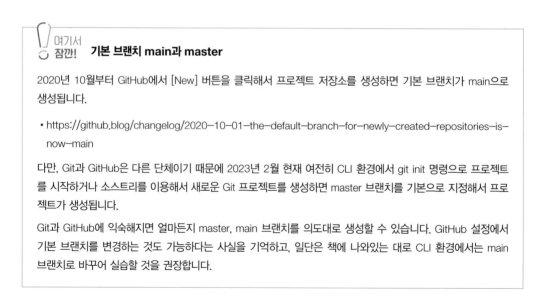

> **여기서 잠깐!** **기본 브랜치 main과 master**
>
> 2020년 10월부터 GitHub에서 [New] 버튼을 클릭해서 프로젝트 저장소를 생성하면 기본 브랜치가 main으로 생성됩니다.
>
> • https://github.blog/changelog/2020-10-01-the-default-branch-for-newly-created-repositories-is-now-main
>
> 다만, Git과 GitHub은 다른 단체이기 때문에 2023년 2월 현재 여전히 CLI 환경에서 git init 명령으로 프로젝트를 시작하거나 소스트리를 이용해서 새로운 Git 프로젝트를 생성하면 master 브랜치를 기본으로 지정해서 프로젝트가 생성됩니다.
>
> Git과 GitHub에 익숙해지면 얼마든지 master, main 브랜치를 의도대로 생성할 수 있습니다. GitHub 설정에서 기본 브랜치를 변경하는 것도 가능하다는 사실을 기억하고, 일단은 책에 나와있는 대로 CLI 환경에서는 main 브랜치로 바꾸어 실습할 것을 권장합니다.

GitHub 원격 저장소의 커밋을 로컬 저장소에 내려받기

로컬 저장소의 커밋을 원격 저장소로 올릴 수 있다면, 반대로 원격 저장소의 커밋을 로컬 저장소로 내려받을 수도 있겠죠? 다른 개발자가 올린 커밋을 내 컴퓨터에 받아오는 겁니다. 이 실습을 해 보겠습니다.

원격 저장소의 커밋을 로컬 저장소에 내려받기

원격 저장소의 코드와 버전 전체를 내 컴퓨터로 내려받는 것을 **클론**clone이라고 합니다. 한마디로 원격 저장소를 복제하는 것이죠. 클론하면 최신 버전뿐만 아니라 이전 버전들과 원격 저장소 주소 등이 로컬 저장소에 저장됩니다.

01 먼저 아래 경로로 내 컴퓨터에 [iTshirt-oct] 폴더를 만듭니다. 이 폴더를 문어의 로컬 저장소로 삼 겠습니다. 그리고 고양이가 원격 저장소에 올렸던 커밋을 이곳으로 내려받아 보겠습니다.

> 내 컴퓨터 ▶ 바탕 화면 ▶ Programming ▶ iTshirt-oct

02 방금 폴더를 만들었으니 여기에는 아무것도 들어있지 않겠죠? [iTshirt-oct] 폴더에서 마우스 오른쪽 버튼을 클릭하고 [Git Bash Here]를 선택합니다.

💡**TIP** [iTshirt-cat] 폴더에서 하면 안 됩니다. 주의하세요.

03 git clone 명령 뒤에 **원격 저장소 주소**를 입력하면 어느 원격 저장소든 내 컴퓨터의 로컬 저장소 에 내려받을 수 있습니다. GitHub의 [Cat-Hanbit/iTshirt] 원격 저장소에 들어가서 [Code] 버튼 을 클릭하고, 원격 저장소 주소 오른쪽에 있는 복사 아이콘을 클릭해서 원격 저장소 주소를 복사합 니다.

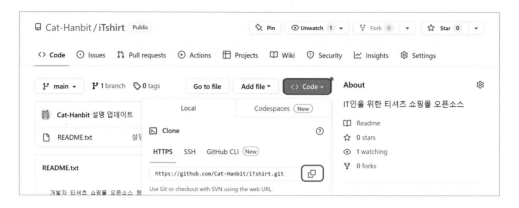

> **TIP** [Download ZIP]으로 받으면 원격 저장소와 버전 정보가 제외되니 꼭 클론 기능을 통해 받아야 합니다.

04 git clone 명령 뒤에 복사한 원격 저장소 주소를 붙여넣거나 입력한 후 **한 칸 띄고 마침표**를 찍습니다.

```
song@DESKTOP - 3HONHJE MINGW64 ~/Desktop/Programming/iTshirt-oct
$ git clone https://GitHub.com/Cat-Hanbit/iTshirt.git .
cloning into '.' …
remote: Enumerating objects: 6, done.
remote: Counting objects:100% (6/6), done.
remote: compressing objects:100% (2/2), done.
remote: Total 6 (delta 0), reused 6 (delta 0), pack-reused 0
unpacking objects: 100% (6/6), done.
```

주소 뒤에 한 칸 띄고 마침표

여기서 잠깐! **git clone 명령 마지막에는 마침표(.)를 넣어 주세요**

앞서 실습한 clone 명령어 뒤에 '.'을 붙이지 않으면 [iTshirt-oct] 폴더 안에 [iTshirt]라는 새로운 폴더가 생기고 그 폴더 안에 README.txt 파일과 [.git] 폴더가 생성됩니다. 딱히 상관은 없지만 폴더 구조가 복잡하죠. 만약 실수를 했다면 새로 생긴 폴더에서 실습을 진행하세요.

---

05 [iTshirt-oct] 폴더에 README.txt 파일과 [.git] 폴더(로컬 저장소의 숨겨진 폴더)가 보이면 성공입니다. 원격 저장소를 내 컴퓨터로 클론하면 이렇게 로컬 저장소가 자동으로 생깁니다. 고양이가 Git 초기화를 해서 만들었던 로컬 저장소를 받아온 겁니다.

06 [iTshirt-oct] 폴더에 있는 README.txt 파일을 열어 보면 우리가 27쪽에서 원격 저장소에 커밋했던 것과 동일합니다.

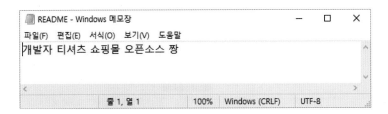

07 여기서 새로 커밋을 만들어 올려 보겠습니다. README.txt 파일을 다음처럼 수정하고 저장합니다. 오른쪽 상단의 ⊠ 버튼을 클릭해서 메모장을 닫습니다.

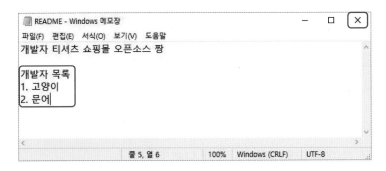

08 Git bash 창에서 아래 세 개의 명령을 실행합니다. 세 번째 명령 실행 후에 100% 메시지가 나오면 성공입니다.

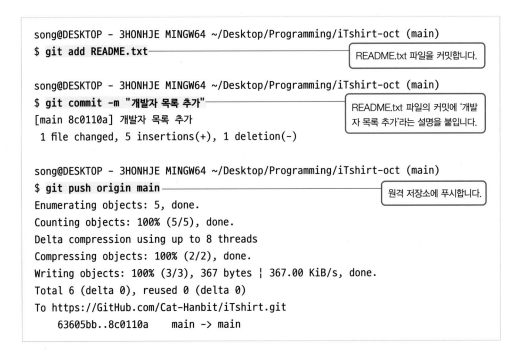

09 GitHub의 원격 저장소에 들어가서 새로고침을 해 보면 우리가 푸시한 '개발자 목록 추가' 커밋이 올라가 있는 것을 확인할 수 있습니다. 변경된 README.txt 파일의 내용도 확인할 수 있습니다.

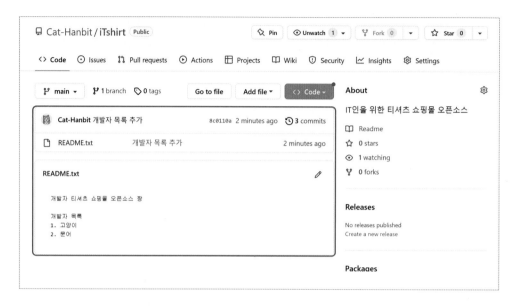

원격 저장소의 새로운 커밋을 로컬 저장소에 갱신하기

앞서 [iTshirt-oct] 폴더에서 문어가 새로운 커밋을 만들어서 원격 저장소에 올렸습니다. 따라서 [iTshirt-oct] 폴더에 있는 텍스트 파일에는 '개발자 목록 추가' 커밋이 반영되어 있습니다. 그러나 [iTshirt-cat] 폴더에 있는 텍스트 파일은 그렇지 않습니다. [iTshirt-cat] 폴더로 이동해서 확인해 볼까요?

01 [iTshirt-cat] 폴더에 있는 README.txt 파일을 엽니다. 세 번째 커밋이 반영되지 않은 두 번째 '설명 업데이트' 커밋의 상태에 머물러 있음을 알 수 있습니다. 파일 내용을 확인하고 메모장의 ⊠ 버튼을 클릭해서 닫습니다.

02 이제 [iTshirt-oct] 폴더에서 원격 저장소에 올렸던 새로운 커밋을 [iTshirt-cat] 로컬 저장소에 내려받아서 현재 상태를 갱신해 보겠습니다. [iTshirt-cat] 폴더에서 마우스 오른쪽 버튼을 클릭하고 [Git Bash Here]를 선택합니다.

03 다음과 같이 **git pull origin main** 명령을 입력합니다. 원격 저장소에 새로운 커밋이 있다면 그걸 내 로컬 저장소에 받아오라는 명령입니다. '1 file changed' 메시지가 나오면 성공입니다. [iTshirt-oct]에서 바꾼 파일이 1개니까 이게 업데이트되었다는 말이겠죠?

```
song@DESKTOP - 3HONHJE MINGW64 ~/Desktop/Programming/iTshirt-cat (main)
$ git pull origin main
remote: Enumerating objects: 5, done.
remote: Counting objects:100% (5/5), done.
remote: compressing objects:100% (2/2), done.
remote: Total 3 (delta 0), reused 3 (delta 0), pack-reused 0
unpacking objects: 100% (3/3), done.
From https://GitHub.com/Cat-Hanbit/iTshirt
   branch                      main                -> FETCH_HEAD
   63605bb..8c0110a      main              -> origin/main
updating 63605bb..8c0110a
Fast-forward
   README.txt    ¦   6    +++++-
   1 file changed, 5 insertions(+), 1 deletion(-)
```

05 다시 [iTshirt-cat] 폴더에서 README.txt 파일을 다시 열어서 확인해 보겠습니다. 개발자 목록이 잘 추가되었네요. '개발자 목록 추가' 커밋의 상태로 파일이 갱신된 것입니다.

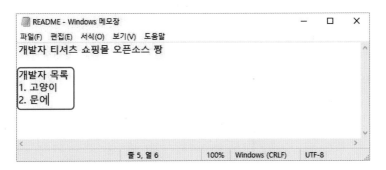

고생하셨어요. 이것으로 우리는 내 컴퓨터에 로컬 저장소를 만들고, 커밋을 생성하고, 커밋을 원격 저장소로 올리고 또 내려받는 실습을 마쳤습니다. 어떤가요, 생각보다 쉽지 않았나요? 간단한 실습이었지만 Git과 GitHub를 이해하는 데는 매우 도움이 될 것입니다.

1장부터 본격적으로 Git, GitHub를 살펴봅니다. PART 1에서는 GUI 환경에서, PART 2에서는 CLI 환경에서 실습을 진행합니다.

GUI 환경의 가장 큰 장점은 파일을 선택하고, 커밋을 만들고, 만든 커밋을 확인하는 모든 과정을 시각적으로 확인할 수 있다는 것입니다. Git에 숙련된 개발자도 상황에 따라 GUI를 사용할 때가 있습니다. 다만 CLI를 사용해야만 하는 경우가 있습니다. 서버에 접속하는 등의 특정 상황에서 Git은 CLI만 지원합니다. 그래서 이 책은 여러분이 모든 환경에서 익숙하게 Git을 사용할 수 있도록 기본적인 버전 관리는 GUI 환경에서, 중/고급 기능은 CLI 환경에서 실습하는 것으로 구성했습니다.

- PART 1(1 ~ 6장): GUI 환경에서 비주얼하게 Git을 학습합니다.
- PART 2(7 ~ 10장): CLI 환경에서 명령어를 학습하면서 Git을 정복합니다.
- 팀 개발을 위한 Git, GitHub 시작하기(무료 특별판): 이 책을 읽은 중고급자에게 필요한 내용을 정리해 온라인 서점에서 무료 전자책으로 배포하고 있습니다.

잠시만요! 복습 좀 하고 가죠

1장으로 가기 전에 0장에서 배운 용어 몇 가지를 다시 복습하고 가는 게 좋겠습니다. 새로운 것을 익힐 때 낯선 용어가 가장 큰 장벽이니까요.

- **Git(깃)**: 버전 관리 시스템입니다.
- **GitHub(깃허브)**: Git으로 관리하는 프로젝트를 올려둘 수 있는 사이트입니다.
- **GUI**: 그래픽 유저 인터페이스로 마우스로 클릭해서 사용하는 방식입니다.
- **CLI**: 커맨드라인 인터페이스로 명령어를 하나씩 입력하는 방식입니다.
- **Git Bash**: CLI 방식으로 Git을 사용할 수 있는 환경입니다.

- **commit(커밋):** 버전 관리를 통해 생성된 파일, 혹은 그 행위를 의미합니다.

- **log(로그):** 지금까지 만든 커밋을 모두 확인합니다.

- **checkout(체크아웃):** 원하는 지점으로 파일을 되돌릴 수 있습니다. 타임머신 기능이라고 생각하면 됩니다.

- **로컬 저장소:** Git으로 버전 관리하는 내 컴퓨터 안의 폴더를 의미합니다.

- **원격 저장소:** GitHub에서 협업하는 공간(폴더)를 의미합니다.

- **repository(레포지토리):** 저장소를 의미합니다(좀 더 멋있어 보이는 용어입니다).

- **push(푸시):** 로컬 저장소의 커밋(버전 관리한 파일)을 원격 저장소에 올리는 것입니다.

- **pull(풀):** 원격 저장소의 커밋을 로컬 저장소에 내려받는 것입니다.

자 모두 이해했나요? 아직 용어들을 외울 필요는 없어요. 다음 장부터 반복 학습 들어갑니다. 이제 1장을 읽기 시작해도 좋습니다!

PART

1

GUI 환경에서 버전 관리 시작하기

CHAPTER 1

GUI를 위한
버전 관리 환경 구축하기

0장에서 우리는 몇 가지 Git 명령어를 통해 커밋을 만들고 원격 저장소에 올렸습니다. 명령어를 정확하게 입력해야 했지만 그리 어렵지는 않았을 겁니다. 그러나 입력할 때 오타도 부담스럽고, 명령을 실행한 커밋이 바로 보이지 않아서 내가 실습을 제대로 한 것인지 불안하기도 했을 겁니다.

1장부터는 버튼을 클릭하고 그래프를 볼 수 있는 GUI 환경에서 실습을 진행합니다. 자, 시작해 볼까요?

이 장의 **To Do List**

고양이와 문어는 각자의 컴퓨터에 로컬 저장소를 만들고 이를 원격 저장소에 올리고 내려받는 데 성공했습니다. 그런데 앞으로 원격 저장소에 소스 코드를 올리고 내려받는 것을 CLI 환경에서 할 것을 생각하니 걱정이 앞섭니다. 그래서 GUI 환경을 구축하기로 했습니다.

고양이야, Git과 GitHub를 알려 줘서 고마워. 실제로 해 보니 대략 감을 잡았어.

생각보다 쉬웠지? 이제 너랑 나랑 같은 소스 코드로 작업할 수 있어.

그런데 검은색 화면의 CLI 환경은 아무래도 적응하기 쉽지 않네. 오타도 자꾸 나고.

일일이 입력하지 않아도 되는 시각적인 환경이었으면 좋겠다는 거지?

맞아. 윈도우와 같은 GUI 환경에서 작업할 수 있으면 좋겠어.

이제부터는 Git Bash 대신에 소스트리를 쓰고, 메모장 대신에 비주얼 스튜디오 코드를 사용할 건데, 네가 딱 원하는 환경일 거야.

오오~ 그래? 지금까지 배운 걸 훨씬 쉽게 펼쳐 볼 수 있겠네!

01 소스트리 설치하기

1~6장에서는 소스트리를 사용합니다. 그리고 메모장을 대신할 코드 에디터로 비주얼 스튜디오 코드를 사용합니다. 이 책에서 실습에 사용하는 운영체제는 Windows 10입니다. 그러나 어느 운영체제에서도 동일하게 따라할 수 있습니다. 상이한 내용이 있다면 [Tip]으로 소개하겠습니다.

소스트리 설치하기

소스트리^{Sourcetree}는 Git 사용을 도와주는 GUI 프로그램입니다. 버튼을 클릭하는 방식으로 필요한 명령을 실행할 수 있도록 도와주기 때문에 편리합니다. 또한 Git의 핵심인 **커밋**^{commit}, **푸시**^{push}, **브 랜치**^{branch} 등을 눈으로 쉽게 확인할 수 있어서 개념을 이해하는 데도 도움이 됩니다. 소스트리는 종종 업데이트되기 때문에 설치 과정 화면이 다소 다를 수 있으니 책과 다른 점이 있다면 유튜브에 서 최근에 업데이트된 '소스트리 설치' 영상을 찾아 참고하세요.

01 역시 새로운 도구 설치의 시작은 구글 검색이죠. 구글에서 'sourcetree 다운로드'를 검색합니다. 검색 결과에서 https://www.sourcetreeapp.com 링크로 접속합니다.

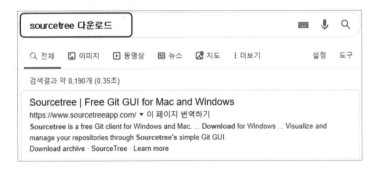

02 여러분의 컴퓨터 운영체제에 맞는 버튼을 클릭하세요. 저는 윈도우 환경이므로 [Download for Windows] 버튼을 클릭하겠습니다.

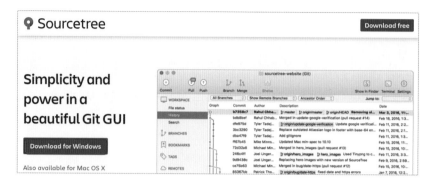

03 [Atlassian 소프트웨어 라이선스 계약 및 개인정보 보호 정책]에 체크하고 [Download] 버튼을 클릭합니다. 그러면 설치 파일(SourceTreeSetup)이 다운로드됩니다. 설치 파일을 더블클릭해서 설치를 시작합니다.

04 소스트리를 사용하려면 비트버킷^{BitBucket}에 로그인하라는 화면이 나타납니다. 비트버킷은 GitHub과 비슷한 Git 호스팅 사이트입니다. 우리는 GitHub 계정을 사용하므로 [건너뛰기] 버튼을 클릭합니다.

05 버전 관리 GUI인 소스트리를 사용하려면 버전 관리 툴 설치가 필수겠죠? Git과 같은 버전 관리 도구인 머큐리얼^{Mercurial}을 함께 설치할 수 있는 체크 박스가 보입니다. 우리는 Git만 사용할 것이므로 머큐리얼의 체크는 해제합니다. [다음] 버튼을 클릭합니다.

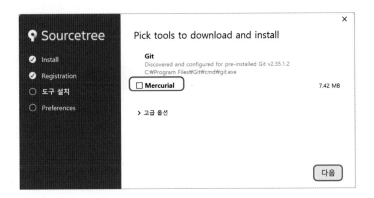

06 GitHub 닉네임과 이메일을 입력하고 [다음] 버튼을 클릭합니다.

💡 **TIP** 닉네임이 기억나지 않으면 GitHub 사이트의 자신의 [iTshirt] 원격 저장소에 들어가서 iTshirt 앞에 어떤 닉네임이 적혀 있는지 확인하세요.

07 SSH 키를 불러올 것인지를 묻는 대화 상자가 열립니다. 당장은 필요 없으니 [아니오] 버튼을 클릭합니다. 이것으로 소스트리 설치가 완료되었고, 소스트리 메인 화면이 나옵니다.

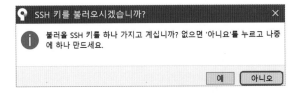

💡 **TIP** SSH 키는 더 안전하게 로그인할 수 있는 열쇠같은 것입니다. 출입구에 도어락 외에 물리적인 잠금 장치를 추가로 설치해서 열쇠로 출입을 통제하는 경우처럼 말입니다. SSH 키 설정에 관련해서는 10장 2절을 참고하세요.

소스트리에서 GitHub 로그인하기

소스트리에서 GitHub 저장소를 사용할 수 있도록 연결해 보겠습니다.

01 소스트리 메인 화면에서 [Remote] 아이콘을 클릭하면 원격 저장소 추가 화면이 나타납니다. [계정 추가] 버튼을 클릭합니다.

02 [호스팅 계정 편집] 대화 상자가 열리면 [호스팅 서비스]를 GitHub로 바꾸고, 하단의 [OAuth 토큰 새로고침] 버튼을 클릭합니다.

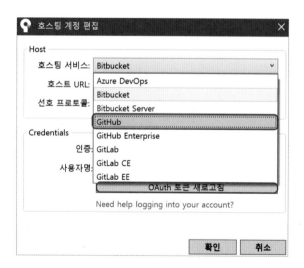

03 웹 브라우저에 GitHub 로그인 상태가 아니라면 GitHub 계정으로 로그인합니다. 로그인되어 있다면 다음 단계로 넘어 가세요.

04 로그인이 완료되면 [호스팅 계정 편집]으로 돌아와 [확인] 버튼을 클릭합니다.

05 GitHub에 등록한 원격 저장소 목록이 보입니다. 보이지 않는다면 [새로고침]을 클릭해 보세요. 왠지 뿌듯하군요! 제가 실제로 사용하고 있는 원격 저장소여서 목록이 많습니다. 여러분도 앞으로 더 많은 원격 저장소를 등록해 보세요.

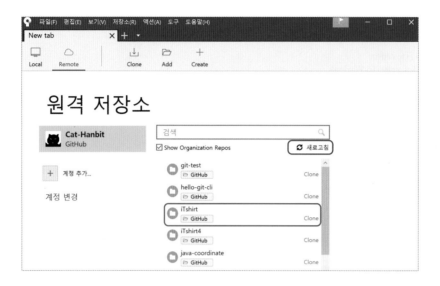

소스트리 화면 구성 둘러보기

소스트리를 설치했으니 소스트리의 각 부분의 명칭과 기능을 간단히 둘러 보겠습니다. 현재 화면은 [Local] 아이콘을 클릭한 화면입니다.

▼ 소스트리 화면 구성

옵션	기능	설명
❶ Local	로컬 저장소 목록	컴퓨터에 저장되어 있는 Git 로컬 저장소 목록을 보여 줍니다. Git으로 관리되는 모든 저장소가 자동으로 표시되는 것은 아니며, [Add] 아이콘을 클릭해 소스트리에 추가할 수 있습니다.
❷ Remote	원격 저장소 목록	원격 저장소 계정에 연결되어 있는 모든 원격 저장소를 볼 수 있습니다. 예를 들어 GitHub 계정을 소스트리에 추가하면 GitHub에서 등록한 원격 저장소 목록이 뜹니다. 비트버킷 계정을 추가한다면 비트버킷에 등록한 원격 저장소 목록이 뜨겠죠?
❸ Clone	원격 저장소 클론	원격 서버에 올라와 있는 Git 저장소를 내 로컬 컴퓨터에 다운로드 및 연동할 수 있습니다.
❹ Add	로컬 저장소 추가	내 컴퓨터에 만들어져 있는 로컬 저장소를 소스트리에서 관리할 수 있도록 추가합니다.
❺ Create	로컬 저장소 생성	내 컴퓨터에 있는 일반 폴더를 Git으로 버전 관리할 수 있도록 로컬 저장소를 생성합니다. 모든 폴더는 자동으로 Git으로 버전 관리되는 게 아닙니다. 해당 폴더 내에 로컬 저장소를 생성해야 그때부터 버전 관리를 할 수 있습니다.
❻ New tab	새 탭	새로운 탭을 열어 다른 저장소를 관리할 수 있습니다.

비주얼 스튜디오 코드 설치하기

비주얼 스튜디오 코드는 메모장을 대신할 텍스트 에디터입니다. 메모장으로도 코드를 작성하고, 수정하는 데는 기능적으로 문제가 없지만 웹사이트 전체를 메모장으로 만드는 건 굉장히 고된 일이겠죠? 비주얼 스튜디오 코드는 개발자에게 유용한 여러 기능을 제공하는 에디터인데, 게다가 무료입니다.

비주얼 스튜디오 코드 설치하기

비주얼 스튜디오 코드^{Visual Studio Code}는 코드 작성에 특화된 여러 장점이 있습니다. 문법 강조, 코드 자동 완성, 버그 추적, 그리고 Git 연동까지 유용한 기능이 많습니다.

01 구글에서 'Visual Studio Code'를 검색합니다. 검색 결과에서 https://code.visualstudio.com 링크를 클릭해 접속합니다.

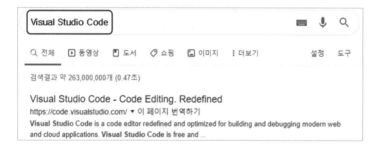

02 윈도우 환경이므로 [Download for Windows] 버튼을 클릭해서 설치 파일(VSCodeUser Setup)을 다운로드합니다. 그리고 설치 파일을 더블클릭해서 설치합니다.

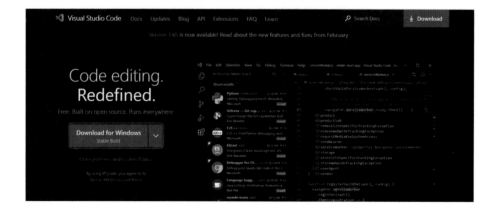

03 다운로드한 파일을 실행하면 다음과 같은 설치 대화 상자가 나타납니다. [사용권 계약] 항목에 [동의합니다]에 체크한 후 [다음] 버튼을 클릭합니다. 기본 설정을 유지한 채 계속해서 [다음] 버튼 및 [설치] 버튼을 클릭해서 마지막 설치 화면까지 진행하세요.

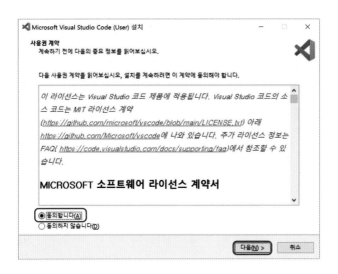

04 이제 마지막 화면이네요. [종료] 버튼을 클릭해서 설치를 완료합니다. 설치가 완료되면 비주얼 스튜디오 코드 메인 화면이 열립니다.

비주얼 스튜디오 코드 화면 구성 둘러보기

비주얼 스튜디오 코드의 화면 구성을 둘러 보겠습니다. 여기서는 전체적으로 간단히 훑어보고 자세한 사용법은 2장 실습에서 차근차근 알아보겠습니다. 아래 화면은 0장에서 만든 README.txt 파일을 연 것입니다.

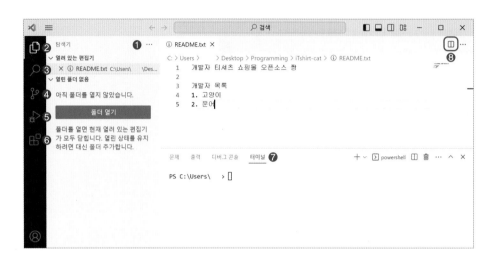

▼ 비주얼 스튜디오 코드 화면 구성

이름	설명
❶ 편집기	파일을 열어 코드를 추가 및 수정할 수 있습니다. 텍스트 에디터에서 가장 핵심적인 기능입니다.
❷ 탐색기	코딩 작업을 진행할 폴더 트리와 열려 있는 파일을 볼 수 있습니다. 필요한 파일을 하나씩 열지 말고 프로젝트 폴더를 열어 놓고 작업하면 편리합니다.
❸ 검색	열려 있는 폴더 대상으로 검색할 수 있습니다. 특정 폴더를 빼고 검색하거나, 특정 단어를 한 번에 수정하는 등 편리하게 사용할 수 있습니다. 단축키 Ctrl + Shift + F 로 접근할 수도 있으니 익혀 두면 편리합니다(맥OS에서는 Ctrl 대신 Command⌘ 키를 누릅니다).
❹ Git	반가운 단어가 나왔죠? 비주얼 스튜디오 코드에서는 기본적으로 Git GUI 플러그인을 제공하고 있어서 소스트리를 사용하지 않고도 간단한 버전 관리 작업을 완료할 수 있습니다.
❺ 디버그	코드를 돌려 보고 각 변수에 어떤 값이 담겨 있는지, 오류가 어디서 발생하는지 확인할 수 있습니다. 개발하는 언어에 따라 환경 설정이 필요합니다.
❻ 확장	코드 문법 검사, 자동 정렬 등 여러 가지 유용한 확장 플러그인을 설치할 수 있습니다. 직접 확장 프로그램을 만들어서 출시할 수도 있으니 개인 프로젝트로 개발해 보는 것도 재밌겠죠?
❼ 통합 터미널	컴퓨터에 텍스트로 명령을 내릴 수 있는 터미널을 비주얼 스튜디오 코드 내부에서 사용할 수 있는 기본 플러그인입니다. 상단 메뉴바에서 [보기]-[통합 터미널]을 선택하면 볼 수 있습니다. 통합 터미널을 사용하면 앱 사이를 전환하는 불편함을 줄일 수 있습니다.
❽ 편집기 분할	코드 편집기를 상하좌우로 분할해서 한 번에 여러 파일을 볼 수 있게 하는 유용한 기능입니다.

한국어 언어 설정하기

설치한 비주얼 스튜디오 코드를 실행했을 때 언어가 한국어로 나오는 분도 있지만, 영어로 나오는 분도 있을 것입니다. 이 책에서는 한국어 설정을 기준으로 설명합니다. 영어로 나오는 경우 한국어로 설정하고 싶다면 화면 왼쪽에서 [확장]([Ctrl]+[Shift]+[X]) 아이콘을 클릭하고 검색 창에 'korean'이라고 입력해 검색합니다. Korean Language Pack for Visual Studio Code 화면이 열리면 [Install] 버튼을 클릭해 설치합니다.

설치가 완료되면 화면 오른쪽 하단에 비주얼 스튜디오 코드를 새로 시작할 것인지 묻는 대화 상자가 나타납니다. [Change Language and Restart] 버튼을 클릭해 새로 시작하면 비주얼 스튜디오 코드가 한국어로 열립니다.

색 테마 바꾸기

비주얼 스튜디오 코드의 바탕색은 기본 설정값이 검은색입니다. 검은색이 눈의 피로도를 줄여 주기 때문에 그런 것인데요, 책에서는 코드를 알아보기 어렵기 때문에 흰색으로 변경했습니다. 바탕색을 흰색으로 바꾸려면 다음 과정을 참고합니다.

1. 화면 왼쪽의 [관리] 아이콘을 클릭해 [테마]–[색 테마]를 선택합니다.
2. 색 테마 목록에서 [밝게+(기본 밝게)] 또는 [Light+(default light)]를 선택합니다.

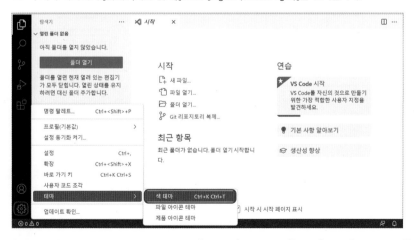

검은색으로 다시 돌아가려면 색 테마 목록에서 [어둡게+(기본 어둡게)] 또는 [Dark+(default dark)]를 선택합니다.

GitHub 둘러보기

0장에서 GitHub에 원격 저장소를 만들었는데 메인 화면을 살펴보지 못했네요. 이 절에서는 미처 살펴보지 못한 GitHub 메인 화면을 잠시 둘러보겠습니다.

GitHub 메인 화면

이번 기회에 GitHub에 처음 가입했다면 별 내용이 없겠지만, 저처럼 GitHub에서 코드를 꾸준히 관리해 왔다면 원격 저장소에 대한 최신 정보나 팔로우하는 다른 개발자가 별(Star)을 준 이력 등이 표시됩니다. 아래는 제가 사용하고 있는 GitHub 메인 화면입니다.

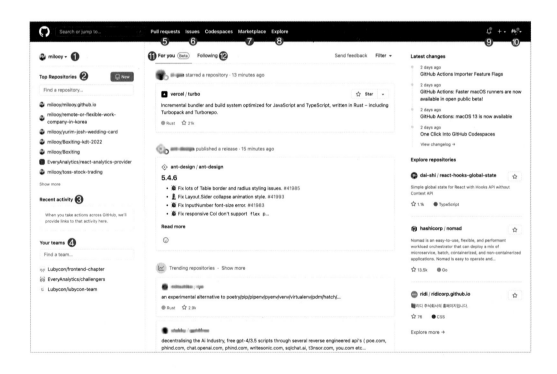

▼ GitHub 메인 화면 구성

메뉴	기능	설명
❶ Switch dashboard context	대시보드 컨텍스트 전환	원격 저장소를 개인 계정에만 속하도록 만들 수 있지만, 회사나 단체 이름으로 단체 계정을 만들어 관리할 수도 있습니다. 이 대시보드 컨텍스트 전환 버튼을 이용해 메인 화면을 어떤 계정 기준으로 표시할지 선택합니다.
❷ Top Repositories	저장소 목록	현재 기여하고 있는 모든 원격 저장소 목록이 표시되며, 최근에 코드를 올린 순서대로 정렬됩니다. 오른쪽의 [New] 버튼을 클릭하여 새 원격 저장소를 만들 수 있습니다.
❸ Recent activity	최근 활동	최근 활동한 작업에 대한 링크를 제공합니다.
❹ Your teams	팀 목록	단체 계정 안에 더 작은 분류인 팀(team)을 만들 수 있습니다. 내가 속한 팀 목록이 보입니다.
❺ Pull requests	풀 리퀘스트	관련된 모든 풀 리퀘스트를 볼 수 있습니다. 풀 리퀘스트는 체계적인 코드 협업을 도와주는 일등공신 기능입니다.
❻ Issues	이슈	각 저장소에서 해결해야 하는 일들을 이슈로 만들어 둘 수 있습니다. 이 페이지에서는 나와 관련된 모든 이슈를 볼 수 있습니다.
❼ Marketplace	마켓플레이스	코드를 GitHub에 올리면 자동으로 빌드해 주거나, 메신저와 연동할 수 있는 등의 플러그인을 구입할 수 있습니다.
❽ Explore	둘러보기	GitHub와 관련된 블로그 기사나 요즘 뜨는 저장소 등을 볼 수 있습니다.
❾ Notifications	알림	나와 관련된 모든 이슈, 풀 리퀘스트, 멘션(닉네임 태그) 등이 알림으로 오고, 목록으로 저장됩니다. 또한 마음에 드는 저장소의 소식을 받아볼 수 있는 Watch 기능으로 해당 저장소의 소식을 알림으로 받을 수 있습니다.
❿ menu	새로 만들기 메뉴	새 저장소나 단체, 혹은 gist(저장소보다 작은 코드를 올리고 싶을 때 유용합니다. 작은 코드 조각을 간편하게 올릴 수 있습니다)를 만들 수 있습니다.
⓫ For you	당신을 위한 피드	알림, 릴리즈, 인기 있는 레포지토리 등 사용자를 위한 피드를 제공합니다. 원하는 피드만 보고 싶다면 필터링을 걸 수도 있습니다.
⓬ Following	팔로잉	내가 팔로우하는 저장소, 팔로우하는 유저의 활동이 보입니다.

GitHub 원격 저장소 생성 화면

0장에서는 별다른 옵션 지정 없이 바로 원격 저장소를 만들었죠? 이제 원격 저장소 생성 화면에서 세부 옵션이 어떤 뜻인지 살펴보겠습니다.

Create a new repository

A repository contains all project files, including the revision history. Already have a project repository elsewhere? Import a repository.

Owner *		❶ Repository name *
Cat-Hanbit ▾	/	iTshirt ✓

Great repository names are short and memorable. Need inspiration? How about improved-winner?

❷ **Description** (optional)

> IT인을 위한 티셔츠 쇼핑몰 오픈소스

❸ ◉ ▭ **Public**
Anyone on the internet can see this repository. You choose who can commit.

○ 🔒 **Private**
You choose who can see and commit to this repository.

❹ **Initialize this repository with:**
Skip this step if you're importing an existing repository.

☐ **Add a README file**
This is where you can write a long description for your project. Learn more.

❺ **Add .gitignore**
Choose which files not to track from a list of templates. Learn more.

.gitignore template: **None** ▾

❻ **Choose a license**
A license tells others what they can and can't do with your code. Learn more.

License: **None** ▾

ⓘ You are creating a public repository in your personal account.

Create repository

▼ 원격 저장소 생성 화면에서의 옵션 항목

옵션	기능	설명
❶ Repository name	저장소 이름 [필수]	작업할 프로젝트 이름을 입력합니다. 이 이름에 따라 저장소 URL이 결정됩니다.
❷ Description	저장소 간단 설명	저장소 이름에 표시될 간단한 설명을 작성합니다.
❸ Public / Private	공개 / 비공개 설정 [필수]	이 저장소를 공개해서 누구나 코드를 볼 수 있도록 할지, 아니면 비공개로 만들어서 등록된 사람만 볼 수 있도록 할지를 선택합니다(비공개 저장소는 3인 이하의 공동 작업자에게만 무료입니다).
❹ Initialize this repository with: Add a README file	README 파일 추가하기	이 옵션에 체크하면 빈 저장소가 아니고 README.md 파일이 담긴 저장소가 생성됩니다. 저장소든, 폴더든, 코드로 공간을 만들 때는 코드에 대한 설명을 README.md라는 이름의 파일에 기록합니다. 이 문서에는 보통 저장소에 대한 설명 또는 설치 방법, 저장소에 기여한 사람 등 다양한 내용을 작성할 수 있습니다. GitHub에 접속한 후 저장소나 저장소 내부의 폴더에 들어오면 일부러 README.md 파일을 찾아 클릭하지 않아도 첫 화면에 바로 표시됩니다.
❺ Add .gitignore	.gitignore 파일 추가	작업을 할 때 굳이 GitHub에 올릴 필요가 없는 파일이 있습니다. 예를 들면 텍스트 에디터에서 자동으로 생성된 설정 파일이나, 보안 비밀번호여서 오픈 소스로 올리면 안 되는 파일 등이 있습니다. 이 옵션에서 선택한 항목에 따라 해당 프로젝트에서 GitHub에 올리지 않기를 바라는 파일이 자동으로 목록에 추가됩니다. 편하죠? 추후에도 언제든지 index.html 등 필요한 파일을 만드는 것처럼 .gitignore 파일을 만들 수 있습니다.
❻ Choose a licence	라이선스 파일 추가	공개적으로 사용하고, 다른 사용자도 참여하도록 만들어진 오픈 소스에도 지적 재산권을 부여할 수 있습니다. MIT, Apache 2.0, GPLv3 등의 라이선스 문서 파일을 추가할 수 있으며, 이들은 저작권 명시를 반드시 해야 한다든지, 상표권을 침해하지 말아야 한다든지 하는 차이가 있습니다. 원작자에게 맥주를 사달라는 Beerware라는 위트 있는 라이선스도 있죠. Choose an open source license(https://choosealicense.com)에서 프로젝트에 맞는 라이선스를 고를 수 있습니다. 이 또한 .gitignore처럼 추후에 변경할 수 있습니다.

GitHub의 다양한 활용법

GitHub가 재미있는 점은, 단순히 소스를 올리고 팀원들과 협업하는 것 이상으로 마치 개발자의 SNS^{Social Networking Service}처럼 사용할 수 있다는 점입니다. 마음에 드는 저장소에 별^{Star}로 호감을 표시하고, 요즘 떠오르는 오픈 소스 저장소를 Explore 탭(https://github.com/explore)에서 훑어볼 수 있습니다. 내가 좋아하는 서비스를 만든 엔지니어를 팔로우(Follow)해서 어떤 다른 개발 활동을 하고 있는지 보는 것도 흥미롭습니다.

새로운 회사에 지원했을 때 면접관이 나의 GitHub 계정을 보며 내가 회사 일 외에 어떤 개발 활동을 하고 있는지, 어떤 원격 저장소에 관심을 가져 별을 누르거나 복사해 왔는지 등을 볼 수도 있죠. 꾸준히 GitHub를 사용해서 내 코드 관리 및 오픈 소스 활동을 해 왔다면 그 자체로 의미있는 포트폴리오가 됩니다.

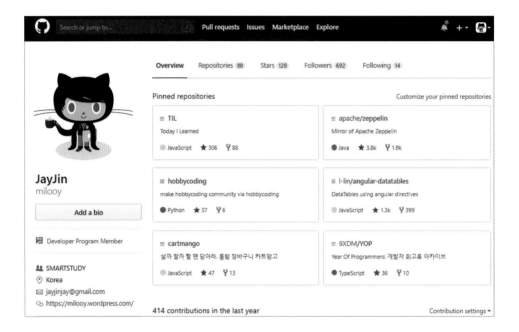

지금은 사라졌지만, GitHub의 예전 로고에는 Social Coding이라는 문구가 포함되어 있습니다. 커뮤니티로서 GitHub의 특성을 보여 주는 문장이네요.

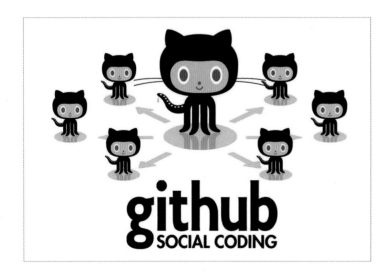

CHAPTER 2

혼자서 Git으로
버전 관리하기

이번 장에서는 1장에서 설치한 소스트리를 이용해 0장에서 Git Bash로 실습했던 버전 관리의 기본 실습을 다시 진행해 보겠습니다. 그래프와 그림을 통해서 Git의 원리에 대해 이해하는 시간이 될 것입니다.

이 장의 **To Do List**

고양이와 문어는 내 컴퓨터의 로컬 저장소를 1장에서 설치한 소스트리에 추가해 보려고 합니다. 소스트리에 로컬 저장소를 추가하면 그때부터 버튼 클릭으로 모든 Git 명령어를 사용할 수 있습니다.

고마워, 고양이야. 네가 알려 준 대로 소스트리와 비주얼 스튜디오 코드를 설치하니까 GUI로 버전 관리할 수 있게 되었어.

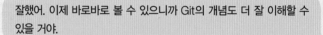
잘했어. 이제 바로바로 볼 수 있으니까 Git의 개념도 더 잘 이해할 수 있을 거야.

이제 어떻게 사용하면 될까? 우리가 만들었던 로컬 저장소를 소스트리에 불러올 수 있는 거야? 코드 수정도 할 수 있고?

맞아. 비주얼 스튜디오 코드를 이용해서 코드를 수정하고 소스트리에서 커밋으로 만드는 거지.

어서 해 보고 싶어. 설렌다!

01 로컬 저장소를 소스트리에 불러오기

1장에서 원격 저장소를 소스트리에 연결시켰습니다. 이번에는 0장에서 만든 로컬 저장소 [iTshirt-cat]을 소스트리에
불러오겠습니다.

로컬 저장소 추가하기

내 컴퓨터에 이미 생성해 둔 로컬 저장소를 소스트리에서도 볼 수 있도록 불러오겠습니다. 내 컴퓨
터에 이미 있는 소스 코드를 비주얼 스튜디오 코드와 같은 에디터에서 여는 것과 동일하다고 생각
하면 됩니다.

01 소스트리를 실행하고 [Add] 아이콘을 클릭한 후 작업 경로 오른쪽의 [탐색] 버튼을 클릭합니다.

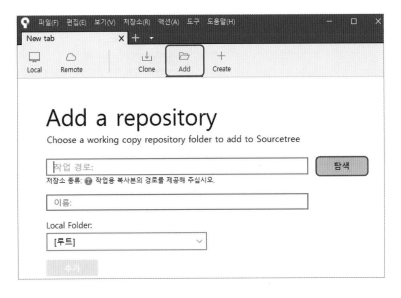

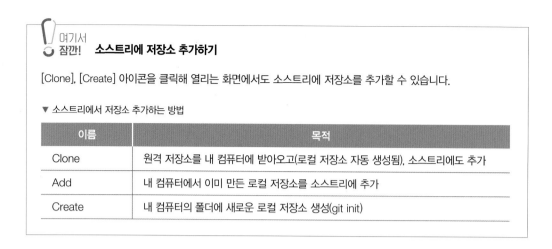

여기서
잠깐! **소스트리에 저장소 추가하기**

[Clone], [Create] 아이콘을 클릭해 열리는 화면에서도 소스트리에 저장소를 추가할 수 있습니다.

▼ 소스트리에서 저장소 추가하는 방법

이름	목적
Clone	원격 저장소를 내 컴퓨터에 받아오고(로컬 저장소 자동 생성됨), 소스트리에도 추가
Add	내 컴퓨터에서 이미 만든 로컬 저장소를 소스트리에 추가
Create	내 컴퓨터의 폴더에 새로운 로컬 저장소 생성(git init)

02 [폴더 열기] 대화 상자가 열리면 [iTshirt-cat] 폴더를 찾아 선택하고 [폴더 선택] 버튼을 클릭합니다.

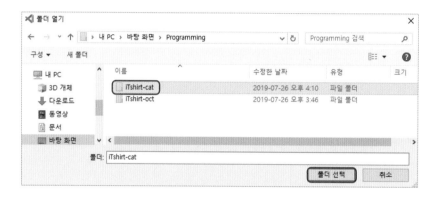

03 폴더가 잘 추가되었으면 [추가] 버튼을 클릭합니다.

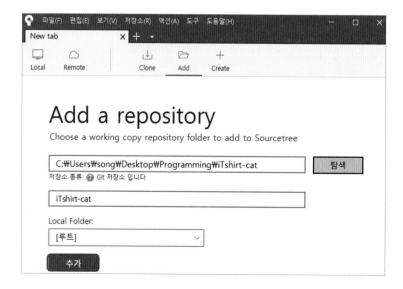

04 [iTshirt-cat] 로컬 저장소에서 버전 관리를 할 수 있는 새로운 탭이 열렸습니다. 사이드바에서 [History]를 선택하면 우리가 0장에서 만든 세 개의 커밋이 그래프로 보입니다.

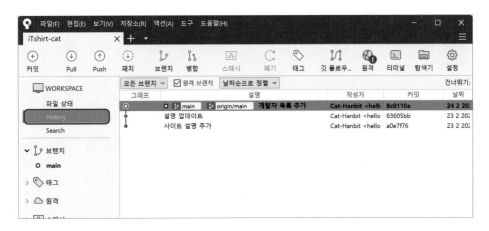

로컬 저장소의 정체는 [.git] 폴더

Git Bash 창에서 명령어로 수행했던 커밋들이 그래프로 보이니 신기하지 않나요? 이는 [iTshirt-cat] 폴더 내부의 숨겨진 또 하나의 폴더인 [.git]에 저장된 정보 덕분입니다. 이 폴더가 바로 로컬 저장소죠. CLI 환경에서는 git init 명령을 통해 만들어지고, GUI 환경에서는 [Create] 아이콘을 클릭하고 폴더를 선택하면 만들어집니다.

Git은 이 [.git] 폴더에 버전 관리한 데이터와 이를 올릴 원격 저장소의 주소(GitHub에서 만든 저장소 URL) 등 필요한 정보를 저장합니다.

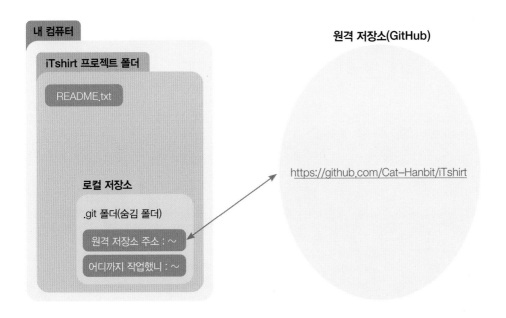

여기서 잠깐! **소스트리에서 Git 초기화하기(로컬 저장소 만들기)**

Git Bash 창에서 아래 명령을 입력했던 것을 기억하나요?

```
$ git init
```

소스트리에서는 [Create] 아이콘을 클릭해 로컬 저장소를 만들고 싶은 폴더를 선택하면 쉽게 Git을 초기화(로컬 저장소를 생성)할 수 있습니다([iTshirt-cat] 탭 오른쪽에 있는 ➕ 버튼을 클릭해 새 탭을 열고 [Create] 아이콘을 클릭하면 됩니다).

다만, 기존에 초기화되지 않은 순수한 폴더를 선택해야 합니다. 그렇지 않으면 또 [.git] 폴더를 만들려고 하니까 꼬이겠죠?

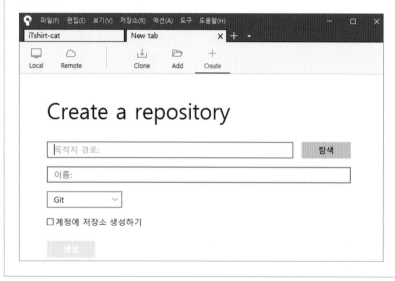

02 소스트리로 커밋 만들고 푸시하기

이번에는 Git의 핵심인 커밋을 소스트리를 통해 만들고 원격 저장소에 푸시해 보겠습니다. 0장에서는 git add README.txt처럼 git 명령으로 파일을 선택했지만, 소스트리에서는 체크 박스에 체크하는 것만으로 간단하게 파일을 선택할 수 있습니다. 같이 해 볼까요?

비주얼 스튜디오 코드로 파일 만들고 수정하기

이번 장부터는 메모장 대신 비주얼 스튜디오 코드를 통해 파일을 만들고 수정하겠습니다.

01 윈도우 작업표시줄에 있는 돋보기 모양의 검색 아이콘을 클릭해서 'Visual Studio Code'를 검색하고 실행합니다.

02 화면 왼쪽의 탐색기 패널에서 [폴더 열기] 버튼을 클릭합니다(메뉴(☰)에서 [파일]-[폴더 열기]를 선택해도 됩니다).

03 [iTshirt-cat] 폴더를 선택하고 [폴더 선택] 버튼을 클릭합니다. 만약 '이 폴더에 있는 파일의 작성자를 신뢰합니까?'라는 대화 상자가 열리면 [예] 버튼을 클릭하세요.

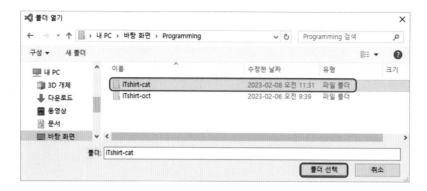

04 [iTshirt-cat] 폴더가 열렸습니다. 탐색기 패널 중간에 있는 [ITSHIRT-CAT]이라는 폴더 이름을 클릭하면 현재 폴더에 어떤 파일들이 있는지 볼 수 있습니다. 0장에서 만든 README.txt 파일이 보이네요.

05 이제 비주얼 스튜디오 코드에서 직접 파일을 만들어 보겠습니다. [iTshirt-cat] 폴더 옆에 있는 [새 파일(📄)] 아이콘을 클릭하면 새로운 파일을 만들 수 있습니다. 티셔츠 리스트가 담길 파일의 이름인 'tshirt-list.md'를 입력하고 Enter 키를 누릅니다.

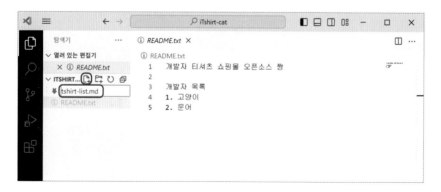

> 💡**TIP** 새 파일은 메뉴에서 [파일]-[새 파일]을 선택해 만들 수도 있습니다.

06 [tshirt-list.md] 탭이 새로 열립니다. 여기에 다음과 같은 내용을 입력하고 [Ctrl]+[S] 키를 눌러 저장합니다([파일]-[저장]). 이 파일은 'README.txt 파일이 저장되어 있는 [iTshirt-cat] 폴더에 저장됩니다. 파일이 저장되면 [tshirt-list.md] 탭에 있던 동그라미 아이콘이 ☒ 아이콘으로 바뀝니다.

> ! 여기서
> 잠깐! **md 확장자가 무엇인가요?**
>
> md 확장자도 txt 확장자와 동일하게 텍스트 파일을 나타냅니다. 이렇게 .md 확장자로 만든 파일은 **마크다운 문서**라고 부르죠. 마크다운 문서도 다른 프로그래밍 언어와 같은 간단한 문법이 있습니다. 예를 들어 텍스트 앞에 '#'을 붙이면 이를 문서의 제목으로 인식합니다. 이처럼 서식을 활용해 보기 편한 문서를 만들 수 있는 것이 마크다운 문법입니다. GitHub 등 마크다운 문법을 지원하는 사이트에 md 파일을 올리면 아래처럼 읽기 좋게 보입니다.

07 같은 방법으로 feature-list.md 파일을 만들어 동일한 폴더에 저장합니다. 이번에는 문서 제일 첫 번째 줄에 '# 기능 목록'이라고 제목도 입력합니다.

수정 파일 선택하고 커밋 만들기

소스트리에 돌아오면 아까와는 다르게 그래프 최상단에 '커밋하지 않은 변경 사항' 텍스트가 보입니다. 이 텍스트를 선택하면 소스트리 하단의 [스테이지에 올라가지 않은 파일] 섹션에 우리가 방금 새로 만든 feature-list.md와 tshirt-list.md 파일이 보입니다. README.txt 파일이 보이지 않는 이유는 직전에 만든 커밋과 비교했을 때 아무 변화가 없었기 때문입니다. 기존 커밋에 비해 새로 만들었거나 수정했거나 삭제한 파일은 모두 이곳에 보입니다.

01 본격적으로 커밋을 만들어 보겠습니다. 상단의 [커밋] 아이콘을 클릭하면 뷰가 바뀝니다. [스테이지에 올라가지 않은 파일] 섹션에서 feature-list.md 오른쪽에 있는 🛨 버튼을 클릭하세요.

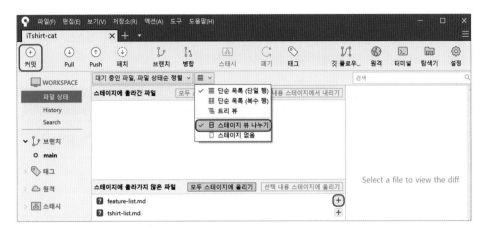

💡 **TIP** 소스트리의 스테이지가 위 그림처럼 보이지 않는다면 [대기 중인 파일, 파일 상태순 정렬] 버튼 옆의 ▤ 버튼을 클릭해서 [스테이지 뷰 나누기]를 선택합니다.

02 feature-list.md 파일이 위 섹션인 [스테이지에 올라간 파일]로 이동합니다. 이것은 Git Bash에서의 **git add feature-list.md** 명령과 동일합니다.

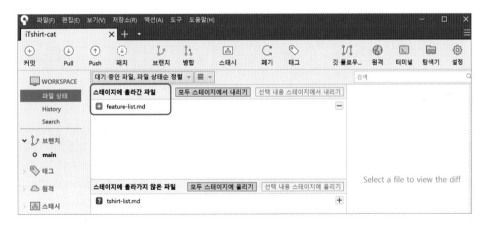

03 feature-list.md 파일이 커밋을 만들기 위한 후보로 선택되었습니다. 아직 [스테이지에 올라가지 않은 파일]에 있는 tshirt-list.md 파일도 ➕ 버튼을 클릭해 위로 올리고, 스테이지 섹션 아래의 커밋 메시지 입력란에 '티셔츠, 기능 리스트 추가'라고 입력한 후 화면 오른쪽 가장 아래의 [커밋] 버튼을 클릭합니다. 이 과정은 Git Bash에서의 **git commit -m "티셔츠, 기능 리스트 추가"** 명령과 동일합니다. 커밋을 설명하는 메시지를 추가하는 명령이었죠.

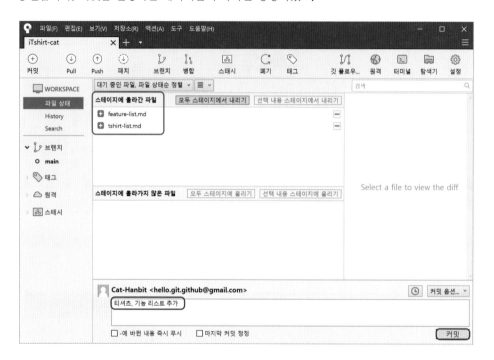

> **여기서 잠깐!** **커밋을 만들 때는 메시지를 구체적으로 입력하는 것이 좋습니다**
>
> 커밋 메시지 적는 것이 귀찮거나 익숙하지 않아서 '뭐가 안 되는 거지? 일단 백업 ㄱㄱ' 같이 대충 적는 분들이 종종 계시는데요, 어느 정도 공들여서 메시지를 작성하는 것을 추천합니다. 그래야 나중에 내가 이 파일을 왜 수정했는지 알기도 쉽고, 과거 커밋으로 돌아오는 일도 쉽기 때문입니다. 메시지는 다른 개발자에게 설명하기 위해 작성하는 것이기도 하지만 미래의 나를 위한 메모이기도 하니까요.

04 커밋에 성공하면 자동으로 [History] 화면으로 이동됩니다. 사이드바의 [파일 상태]를 클릭해 확인해 보면 작업 공간에 더 이상 수정할 파일이 없기 때문에 '커밋할 내용 없음'이라는 텍스트가 보입니다. 만약 비주얼 스튜디오 코드로 돌아가서 파일을 고치면 여기에 새로운 파일들이 보이겠죠?

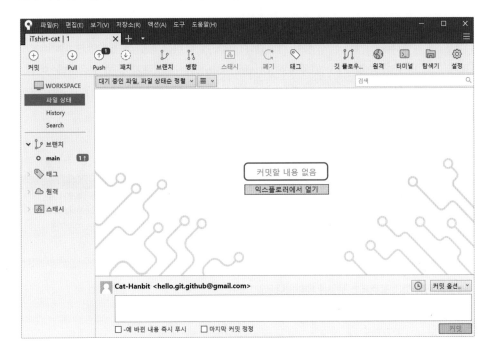

05 다시 [History] 화면으로 돌아가 커밋 그래프를 살펴보면 방금 만든 '티셔츠, 기능 리스트 추가' 커밋이 잘 추가되었습니다. 해당 커밋을 선택하니 아래에 커밋의 상세 설명이 나오는군요. feature-list.md 파일과 tshirt-list.md 파일에 어떤 변경이 일어났는지도 보입니다. GUI로 보니까 꽤 편하죠?

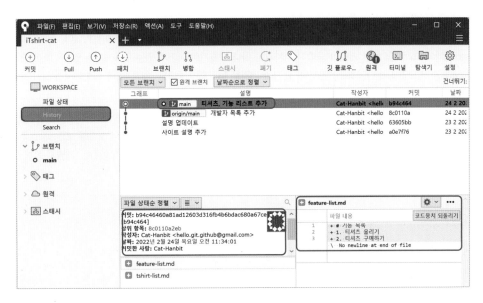

커밋을 원격 저장소에 푸시하기

방금 만든 커밋을 소스트리에서는 원격 저장소에 어떻게 푸시할까요? 우리는 짐작할 수 있습니다. 버튼 하나만 클릭하면 된다는 것을 말이죠. 그럼 따라 해 볼까요?

01 소스트리의 그래프를 자세히 보면 최신 커밋인 '티셔츠, 기능 리스트 추가' 왼쪽에는 [main]라는 꼬리표가, '개발자 목록 추가' 커밋 왼쪽에는 [origin/main]라는 꼬리표가 붙어 있습니다. 이는 매우 중요한 의미를 담고 있는데, 내 컴퓨터의 로컬 저장소의 버전은 '티셔츠, 기능 리스트 추가'이고, 원격 저장소의 버전은 한 단계 이전 버전인 '개발자 목록 추가' 상태라는 것입니다.

> **여기서 잠깐!** **커밋 옆의 꼬리표는 무엇을 의미하나요?**
>
> origin과 main이라는 단어가 생소하죠? origin은 우리가 연결한 GitHub 원격 저장소의 닉네임입니다. 0장에서 로컬 저장소에 원격 저장소 주소를 알려 주기 위해 수행했던 아래 명령을 기억하나요?
>
> ```
> $ git remote add origin https://github.com/Cat-Hanbit/iTshirt.git
> ```
>
> 위 명령은 origin이란 이름으로 원격 저장소를 추가하라는 뜻이었습니다. 만약 'git remote add myOrigin https://github.com/Cat-Hanbit/iTshirt.git'라고 입력했다면 위 소스트리에서는 [origin]이 아닌 [myOrigin]이라는 이름으로 원격 저장소의 닉네임이 보이겠죠. 정리하자면 [origin] 꼬리표는 원격 저장소의 현재 버전 상태를 가리키는 커밋에 붙어 있다고 할 수 있습니다.
>
> main은 처음에 저장소의 방이라고 설명했지만, 사실은 우리가 커밋을 올리는 '줄기'의 이름입니다. 소스트리의 [History]에서 그래프를 보면 커밋이 줄줄이 기차처럼 하나의 줄기로 이어져 있는 것을 볼 수 있죠? 따로 줄기를 생성하지 않으면 Git은 master라는 기본 줄기에 커밋을 올리지만, 우리는 처음 26쪽 실습에서 main이라는 브랜치를 만들어서 올렸습니다.
>
> 이를 종합해 보면 아무것도 붙지 않은 [main]은 내 컴퓨터 로컬 저장소의 버전을, 앞에 origin이 붙은 [origin/main]은 GitHub 원격 저장소의 버전을 가리키는 것입니다. 따라서, 위의 그래프를 다시 해석해 보면 내 컴퓨터의 로컬 저장소의 버전은 '티셔츠, 기능 리스트 추가'이고 원격 저장소의 버전은 한 단계 이전인 '개발자 목록 추가' 상태라는 것입니다.

02 그럼 새로 만든 커밋을 원격 저장소에도 업로드해 보겠습니다. 푸시해야겠죠? 소스트리 상단의 [Push] 아이콘을 클릭하면 [Push] 대화 상자가 나타납니다. 그다음 대화 상자의 [main]에 체크하고 [Push] 버튼을 클릭합니다. 그러면 업로드하는 과정이 잠시 이어지고 완료됩니다. 이 명령은 현재 줄기인 main의 모든 새로운 커밋을 원격 저장소에 올리겠다는 말입니다. 따라서 Git Bash에서의 **git push origin main** 명령과 동일합니다.

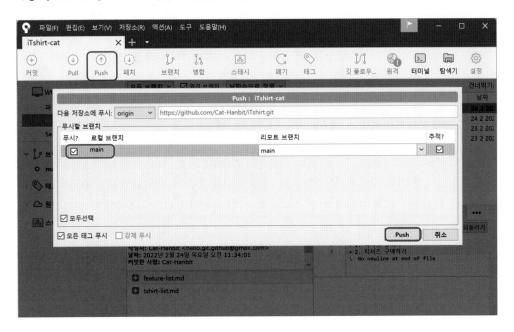

03 이제 로컬 저장소의 [main]과 원격 저장소의 [origin/main] 꼬리표가 모두 최신 커밋인 '티셔츠, 기능 리스트 추가'를 가리키고 있는 것을 확인할 수 있습니다. 푸시가 성공적으로 완료되었습니다. 이렇게 0장에서 CLI 환경에서 실습한 명령어를 비슷하게 GUI 환경에서 실습해 보았습니다.

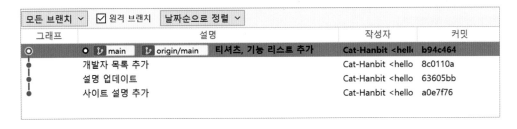

03 그림으로 Git 뜯어보기

우리는 하나의 버전을 만들기 위해 변경 사항을 선택하는 과정이 git add 명령이고, 그렇게 선택한 변경 사항을 하나로 묶어 버전으로 만든 것이 git commit 명령임을 알았습니다. 하지만 커밋 객체에 '변경 사항의 묶음'이 저장되어 있을 것이라고 생각하면 오산입니다. 사실은 변경 사항만 부분적으로 저장하는 게 아니라 변경된 파일이 **통째**로 저장되어 있습니다. 바뀐 것만 저장하면 될 것 같은데 왜 파일을 전부 저장할까요?

커밋은 델타가 아니라 스냅샷

한때 개발 업계를 평정했던 SubVersion(SVN)과 같은 버전 관리 시스템과 Git의 가장 큰 차이점은 Git이 커밋에 바뀐 것만 저장하는 것이 아니라 전체 코드를 저장한다는 것입니다. 예를 들어 README.txt의 세 번째 라인에 '안녕'을 추가한 커밋이 있다면 Git은 추가한 세 번째 라인뿐 아니라 첫 번째 라인부터 전체를 저장한다는 것이죠. 전자와 같이 차이점만 저장하는 방식을 **델타**^{delta}, 후자와 같이 변경된 파일 전체를 저장하는 방식을 **스냅샷**^{snapshot}이라고 합니다.

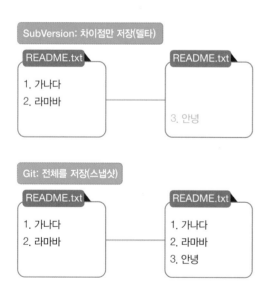

얼핏 보면 전체를 저장하는 Git보다 차이점만 저장하는 SubVersion이 훨씬 용량도 작고 빠를 것 같습니다. 하지만 조금만 더 생각해 보면 차이점만 저장하는 방식은 버전을 보여줄 때 파일이 만들어졌던 맨 처음까지 거슬러 올라가며 바뀐 점을 모두 반영하는 계산을 해야 한다는 걸 알 수 있습니다. 예를 들어 README.txt가 백 번 바뀌었다면 이 백 번의 계산을 모두 해야 하는 거죠. 하지만 파일의 스냅샷을 저장하는 Git은 계산이 필요 없습니다. 바로 앞에서 바뀐 커밋과 비교하는 연산 한 번만 하면 되죠. 그리고 바뀌지 않은 파일은 이전 파일의 링크만 저장하기 때문에 용량이 적고 계산도 하지 않아도 됩니다. Git의 이러한 특성은 앞으로 배울 여러 복잡한 명령을 빠르게 처리할 수 있게 합니다.

TIP 소스트리에서 커밋을 선택했을 때 기존 커밋과의 차이점만 보이는 이유는 Git이 자동으로 앞뒤 커밋의 차이점을 계산해서 보여 주기 때문입니다.

그럼 아이돌 데뷔조인 고양이, 문어, 너구리와 함께 Git이 어떤 방식으로 스냅샷을 만드는지 알아보겠습니다.

01 고양이와 문어는 Git 초기화 과정을 통해 아이돌 데뷔조가 되었습니다. 이들의 꿈은 데뷔를 하기 위해 스테이지로 올라가는 것입니다.

02 문어가 먼저 준비가 되어 스테이지로 올라갑니다(git add).

03 데뷔를 해서 스테이지의 사진(스냅샷)을 찍었습니다. 찍은 사진은 첫 번째 버전이 되어서 커밋으로
저장됩니다(git commit).

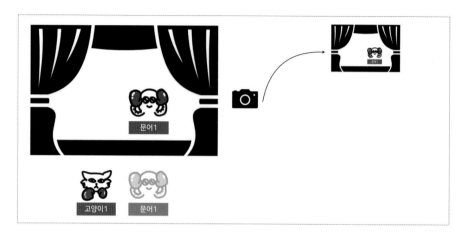

04 새로운 멤버 너구리가 들어옵니다.

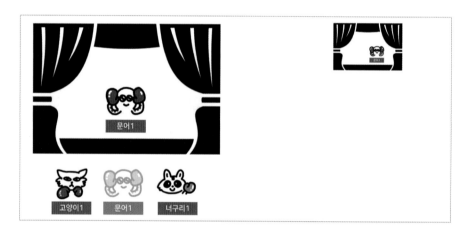

05 고양이와 너구리가 스테이지에 함께 올라갑니다.

06 준비가 끝나서 두 번째 데뷔 사진을 찍습니다. 여기서 주목해야 할 점은 방금 고양이와 너구리만 스테이지에 올라갔지만, 데뷔 사진에는 스테이지에 있던 문어도 함께 사진에 찍혔다는 것입니다.

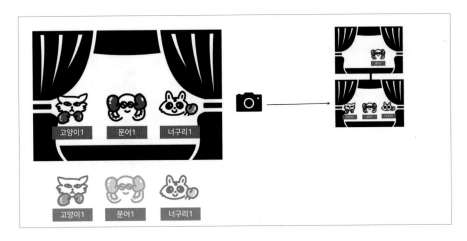

07 문어와 너구리가 춤 연습을 열심히 해서 더 잘 추게 되었습니다.

08 그리고 문어와 너구리가 스테이지로 다시 올라갔습니다.

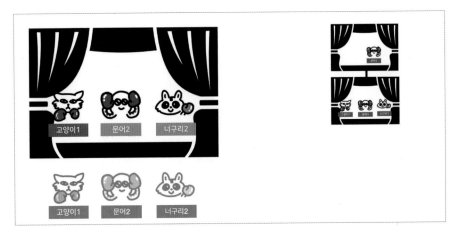

09 세 번째 데뷔 사진을 찍습니다. 세번째 데뷔 사진에는 고양이는 옛날 버전, 문어와 너구리는 최신 버전으로 업데이트되었습니다.

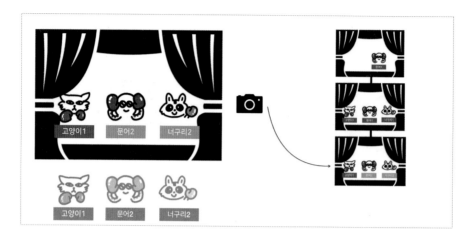

Git이 스냅샷을 만드는 과정을 무대(스테이지)와 데뷔 사진(스냅샷)이라는 비유를 통해 살펴보았습니다. 이제 Git이 파일을 스테이지에 올리고 커밋하는 게 어떻게 스냅샷이 되는지 이해되나요?

Git으로 관리하는 파일의 네 가지 상태

이번엔 Git이 파일을 어떻게 추적하고 **스테이지**stage에 올리는지 확인해 보겠습니다. 이 내용을 정확히 이해해야만 Git을 사용할 수 있는 건 아니지만, 다음 장에 나올 새로운 개념들을 이해하기에 유용한 초석이 될 것입니다. 그림과 함께 쉽게 설명했으니 부담 없이 읽어 보세요.

01 프로젝트 폴더를 Git 초기화하고 README.md 파일과 app.js 파일, 두 개를 만들었습니다. 모두 한 번도 커밋되지 않았으므로 (파일 상태)를 보면 **추적 안됨**untracked입니다.

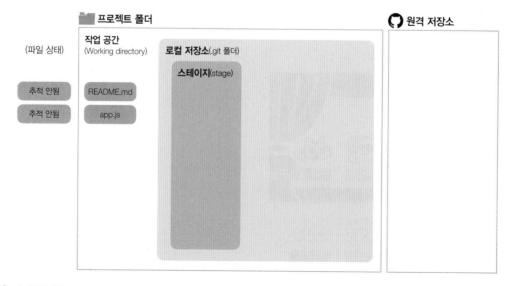

02 add 명령어를 통해 두 파일 모두 스테이지에 올립니다. (파일 상태)가 '추적 안됨'에서 **스테이지됨**staged으로 변경됩니다.

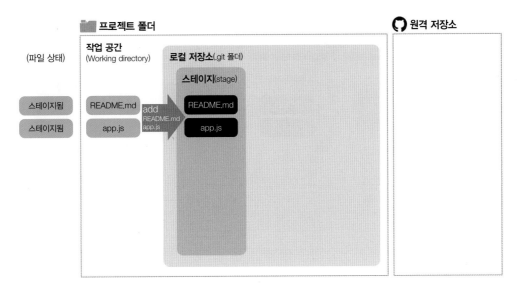

03 스테이지에 있는 파일 전체를 commit 명령어를 통해 하나의 스냅샷, 즉 버전으로 만들었습니다. (파일 상태)가 '스테이지됨'에서 **수정 없음**unmodified으로 변경되었습니다. 이렇게 '수정 없음' 상태로 된 파일은 다시 다른 수정을 할 수 있습니다.

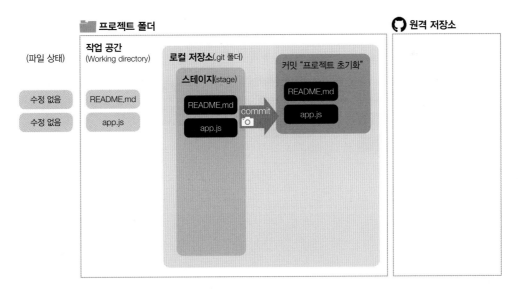

04 커밋이 로컬 저장소에만 있으면 나밖에 버전 관리를 못 하니까 다른 사람도 함께 하기 위해 push 명령어를 이용해 원격 저장소에 올립니다.

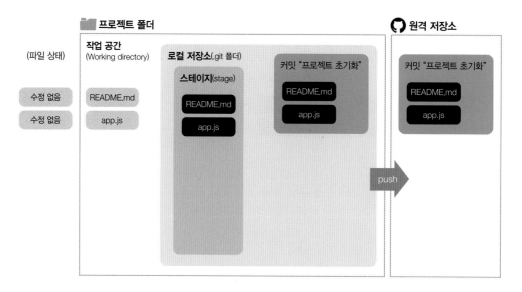

05 더 많은 작업을 해 보겠습니다. app.js 파일을 수정해서 (파일 상태)를 '수정 없음'에서 **수정함** modified으로 변경하고, app.css 파일을 새로 만듭니다. 새로 만들었기 때문에 (파일 상태)는 '추적 안됨'입니다.

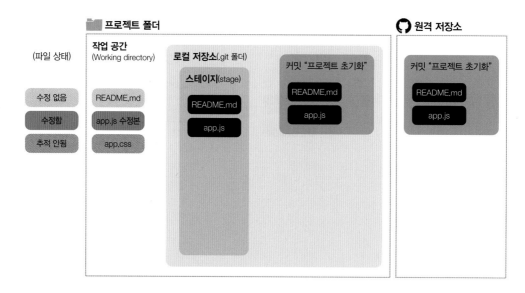

06 (파일 상태)가 '수정 없음'인 README.md 파일은 스테이지로 올릴 수 없습니다. 변경 사항이 없으니까요. 나머지 두 파일을 모두 스테이지에 올립니다. 이로 인해 스테이지에는 세 개의 파일이 올라오게 되었습니다. README.md 파일은 지금 올리지 않았지만 변경 사항이 없었기 때문에 이미 올라와 있죠?

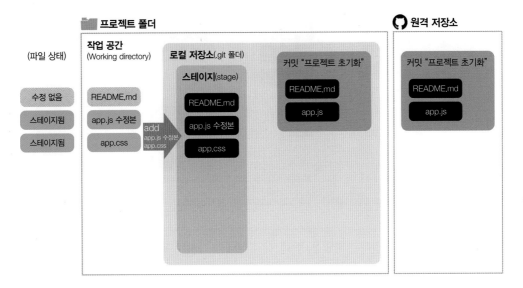

07 commit 명령어로 스냅샷을 만듭니다. 이 커밋은 앞서 만든 커밋인 '프로젝트 초기화'에 연결되어 있습니다. 그래서 앞 커밋에 비해 이번 커밋은 app.js가 수정되었고 app.css가 추가되었다는 것을 Git이 계산을 통해 알아낼 수 있습니다.

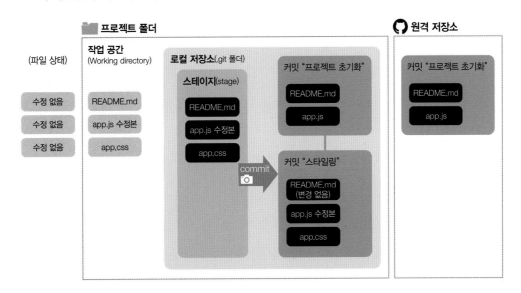

08 push 명령어로 새로 만든 하나의 커밋 또한 원격 저장소에 올라갑니다. 버전 관리 성공!

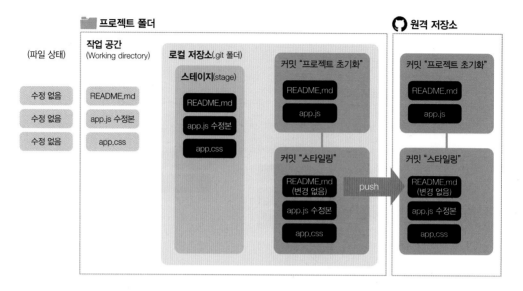

종합하자면 Git으로 관리하는 파일은 총 네 가지 상태를 가지게 됩니다. 각각의 파일이 이 네 가지 상태를 오고가며 버전 관리를 하게 되죠. 소스트리에선 아이콘을 통해 이 파일 상태를 보여 줍니다. 이어지는 실습에서 천천히 살펴보겠습니다.

CHAPTER 3

여러 명이 함께 Git으로
협업하기

이제 GitHub에 생성한 원격 저장소를 통해 서로가 따로 코드를 올리고, 이를 합쳐 협업하는 방법을 알아보겠습니다. 실전 코드 협업 시작입니다!

이 장의 To Do List

고양이와 문어는 각자의 컴퓨터에 로컬 저장소를 만들었습니다. 그리고 커밋을 만들어 버전 관리를 하고, 이를 GitHub 원격 저장소에 올리는 것까지 완료했습니다. 이제 이 원격 저장소를 통해 소스 코드 협업을 해 나갈 겁니다. 그런데 앞서 했던 것처럼 하나의 소스 코드 파일을 둘이 동시에 커밋하면 충돌이 나지 않을까요? 이번 장에서는 둘이 각각 만든 버전을 모두 유지하면서, 이를 합칠 수 있는 있는 방법이 있을지 알아보겠습니다.

문어야, 드디어 우리가 분업할 때가 됐어. 나는 상세 설명 기능을 만들어서 커밋할게, 너는 장바구니 기능을 만들어 커밋해 줘.

좋아. 그런데 만약 우리가 동시에 커밋을 올리면 어떻게 되는 거야? 너랑 나랑 같은 파일을 수정하면 꼬이는 거 아냐?

걱정 마. 우리 둘 다 원격 저장소에 커밋을 올릴 것이지만, 원격 저장소 안의 서로 다른 가지에 커밋을 올릴 거야. 이걸 브랜치라고 부르지. 그런 후에 나중에 각 브랜치에 있는 커밋을 합칠 수 있어.

아하, 그렇구나. 고양이 브랜치, 문어 브랜치를 만드는 거네.

01 원격 저장소에서 협업하기

지금부터 아주 중요한 브랜치 개념을 배웁니다. 차근차근 설명할 테니 잘 따라오세요.

두 명이 동시에 버전 관리를 해야 한다면?

앞서 배운 버전 관리의 개념을 떠올려 보았을 때 소스 코드의 버전 관리를 두 사람이 함께한다면 어떻게 해야 할까요? 고양이와 문어가 조별 과제 장표를 함께 만든다고 가정해 봅시다. 고양이가 1장부터 3장, 문어가 4장을 작업하기로 했는데 시간이 촉박해서 동시에 작업을 시작해야 합니다.

그림을 보면 1시에 고양이는 1~3장을 작성하고, 동시에 문어는 4장을 작성합니다. 2시가 되자 고양이와 문어의 문서 작성이 끝났습니다. 문어는 '고양이버전1'을 가져와서 본인이 작성한 4장을 추가해서 '문어버전1'을 만듭니다. 문어는 3시에 고양이의 최신 버전이 있다는 것을 알았습니다. 그래서 '고양이버전2'를 가져와서 업데이트를 하고 '문어버전2'로 저장합니다.

이처럼 두 명이 동시에 버전 관리를 할 때에도 서로의 작업물에 의존하지 않고 내가 원할 때 코드를 올리고, 또 내가 원할 때 협업자의 코드와 합칠 수 있습니다.

Git이 커밋을 관리하는 방식: 줄줄이 기차

Git에서는 이런 병렬 버전 관리를 어떻게 할 수 있을까요?

2장에서 우리는 코드의 변경 사항을 묶어 하나의 덩어리로 만드는 것을 익혔습니다. 이것을 커밋이라고 했죠. 이 커밋은 줄줄이 기차처럼 연결되어 있습니다. 새로 만든 커밋은 기존 커밋 다음에 시간순으로 쌓입니다.

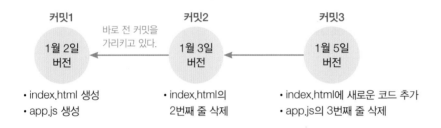

한 명이 작업한다면 위의 그림처럼 한 줄로 계속 커밋을 쌓아가면 됩니다. 그런데 두 명이 협업한다면 어떨까요? 1월 5일 버전(커밋3)을 기준으로 고양이와 문어가 각각 파일을 수정해서 커밋을 만들어야 한다고 가정해 봅시다. 한 줄로는 커밋을 이어나가지 못합니다. 새로운 두 커밋 모두 기준 커밋(커밋3)과 연결되어야 하니까요. 그러면 자연스럽게 두 갈래로 나뉘게 될 겁니다.

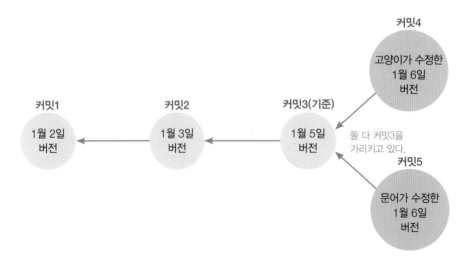

이렇게 특정한 기준 시점에서 줄기를 나누어 작업할 수 있는 기능을 **브랜치**라고 합니다. 새로운 가지로 커밋을 만들려면 반드시 브랜치를 먼저 만들어야 합니다. 위의 예시에서 브랜치를 만들지 않고 고양이와 문어가 둘 다 커밋3을 기준으로 커밋을 만들려고 한다면 오류가 발생합니다.

TIP 조금 더 자세히 말하면 원격 저장소에 먼저 푸시한 커밋은 정상적으로 올라가고, 뒤늦게 푸시한 다른 커밋은 '너는 낡은 코드에 푸시를 하는 것이다. 최신 코드에 푸시하라'는 오류가 발생합니다.

브랜치, 정체를 밝혀라!

혹시 2장에서 커밋을 만들었을 때 옆에 달려 있던 [main], [origin/main] 꼬리표를 기억하나요? 이것이 바로 브랜치입니다. [main] 브랜치에서 커밋을 하나 만들면 [main] 브랜치 꼬리표가 커밋 1에 달립니다. 여기서 커밋을 하나 만들면 [main] 브랜치 꼬리표가 최신 커밋인 커밋2에 달리죠. 아래 그림을 보면 브랜치 꼬리표가 화살표처럼 커밋을 가리키는 것을 볼 수 있습니다. 다음 그림은 두 번째 커밋을 만들었을 때 [main] 브랜치가 두 번째 커밋을 가리키는 것을 보여 줍니다.

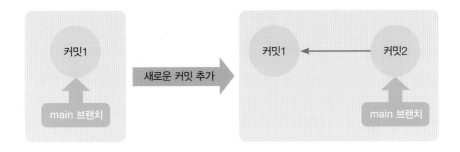

그런데 왜 [main] 브랜치에 커밋을 '올린다'라고 하지 않고 '가리킨다'라는 묘한 표현을 쓰는 걸까요? 이것은 브랜치가 나뭇가지처럼 물리적으로 '길'이 존재해서 그 길에 올리는 것이 아니라 단순한 **포인터**pointer이기 때문입니다. 포인터를 한글로 직역하면 '가리키는 것'입니다. 컴퓨터의 마우스 커서(포인터)를 생각하면 됩니다.

우리가 순서대로 커밋1, 커밋2, 커밋3을 만들었다고 해 봅시다. 새로 커밋할 때마다 [main] 브랜치의 포인터가 최신 커밋을 가리킵니다. 커밋2를 가리키고 있던 [main] 브랜치에서 새로 커밋하면 [main] 브랜치가 커밋3을 가리키도록 움직이죠.

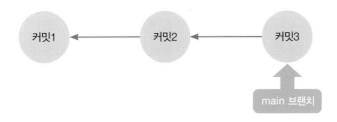

커밋3의 상태에서 새로운 [고양이] 브랜치를 만들어 보겠습니다. 커밋3에서 만든 브랜치니 [main] 브랜치와 동일하게 커밋3을 가리킬 것입니다. 현재 [고양이] 브랜치와 [main] 브랜치의 상태는 모두 커밋3입니다. 만약 브랜치가 물리적이고 독립적인 길이었다면 [고양이] 브랜치, [main] 브랜치마다 커밋3을 새로 올렸을 겁니다. 그러나 브랜치가 포인터라는 것은 그저 커밋을 가리키는 것만으로도 분기를 만들 수 있다는 장점이 있습니다. 분기를 만들려면 프로젝트를 통째로 복사해야 해서 SubVersion과 같은 버전 관리 툴은 무겁고 시간이 많이 걸립니다. 반면에 Git은 가볍고 빠르게 분기를 만들 수 있습니다.

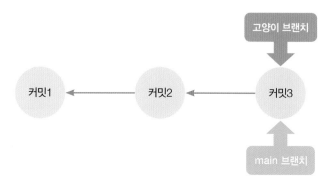

[고양이] 브랜치에 커밋을 하나 더 추가하면 아래 그림과 같이 [고양이] 브랜치가 [main] 브랜치보다 커밋 하나만큼 앞서게 됩니다.

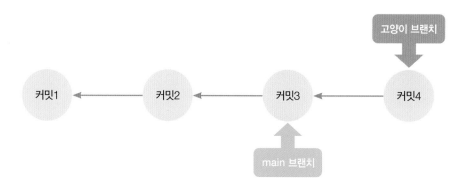

그 상태에서 [main] 브랜치로 이동해 커밋을 하나 더 추가하면, 다음 그림처럼 이제는 [고양이] 브랜치와 [main] 브랜치의 버전이 눈에 띄게 갈라집니다. 커밋3을 기준(베이스base)으로 두 가지 버전이 생긴 거죠. 그럼 내 컴퓨터에서 이 [고양이] 브랜치와 [main] 브랜치 사이를 어떻게 넘나들 수 있을까요?

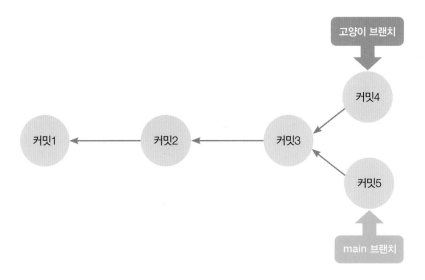

HEAD라는 특수한 포인터가 그 비법입니다. 브랜치 혹은 커밋을 가리키는 포인터죠. 우리는 [HEAD]를 이용해서 브랜치 사이를 마음대로 넘나들 수 있습니다. 1장부터 말했던 '타임머신'의 역할이라고 볼 수 있겠죠? 아래 그림에서 [HEAD] 포인터는 커밋5 [main] 브랜치를 가리키고 있습니다. 따라서 커밋5의 상태를 보여 줍니다. [HEAD] 포인터가 커밋4 [고양이] 브랜치를 가리키게 하면 커밋4의 상태를 보여 줍니다.

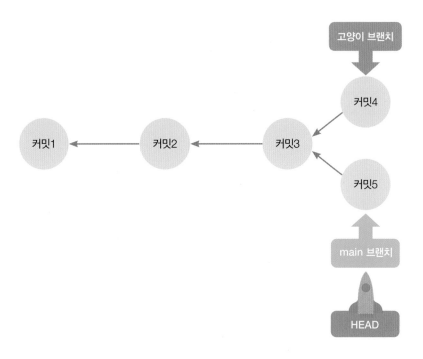

브랜치의 최신 커밋이 아닌 과거 커밋으로도 [HEAD]를 이동시킬 수 있습니다. 다음 그림처럼 [HEAD]를 과거의 커밋2를 가리키게 하면 커밋2 버전을 보여 줍니다. 다만, 이 경우에는 [main] 브랜치의 포인터와 [HEAD]가 떨어져 있기에 '분리된 HEAD(Detached HEAD)' 상태가 됩니다.

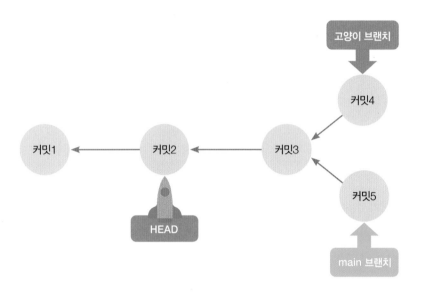

이로서 Git 브랜치의 원리를 모두 살펴보았습니다. 생각보다 복잡하지 않죠? 하지만 이 브랜치로 인해 우리는 다양한 작업을 동시에 진행할 수 있습니다. 다음 절에서는 소스트리에서 직접 브랜치를 만드는 실습을 하겠습니다.

02 브랜치 만들고, 이동하기

협업하기 위해 브랜치를 어떻게 사용해야 할까요? 간단합니다. 브랜치를 만들고, 이동하면 됩니다.
❶ 협업자는 커밋을 올릴 브랜치를 각각 만들고, ❷ 자신이 만든 브랜치로 이동한 다음, ❸ 브랜치에 커밋을 올리고,
❹ 코딩이 완료되면 브랜치를 합치면 됩니다. 이를 소스트리에선 어떻게 하는지 살펴보겠습니다.

브랜치: 새 브랜치 만들기

2장에서 우리가 소스트리를 통해 마지막으로 했던 작업은 feature-list.md, tshirt-list.md 파일을 GitHub의 원격 저장소 [iTshirt]에 올린 것입니다. 소스트리를 열고 확인해 보겠습니다. 역시 그렇네요.

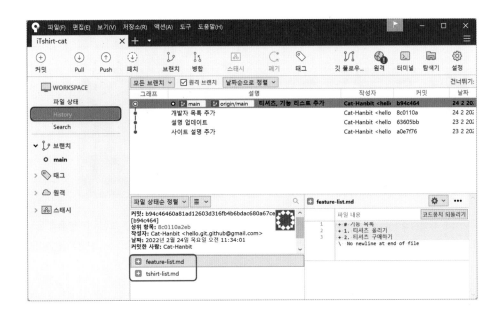

우리는 [main] 브랜치의 최신 커밋을 기준으로 고양이가 상세 설명 개발에 사용할 'detail-page' 이름의 브랜치를 만들어 보겠습니다. 보통 하나의 개발 브랜치에는 한 사람만 작업해서 올리는 것이 바람직합니다. 그래야 버전이 꼬일 걱정이 없으니까요. 그렇기 때문에 여러 사람이 작업하는 원격 저장소에는 미리 브랜치 규칙을 정하는 것이 일반적입니다. 고양이와 문어는 간단하게 네 가지 규칙을 만들었습니다.

1. [main] 브랜치에는 직접 커밋을 올리지 않는다(동시에 작업하다 꼬일 수 있으니).

2. 기능 개발을 하기 전에 [main] 브랜치를 기준으로 새로운 브랜치를 만든다.

3. 이 브랜치 이름은 [feature/기능이름] 형식으로 하고 한 명만 커밋을 올린다.

4. [feature/기능이름] 브랜치에서 기능 개발이 끝나면 [main] 브랜치에 이를 합친다.

각자 작업할 [feature/기능이름]의 브랜치를 만들고, 작업이 완료되면 이를 [main] 브랜치에 각자 합칠 거라는 계획이죠. 그럼 [main] 브랜치에는 결국 고양이와 문어가 작업한 모든 코드가 합쳐질 것입니다. 직접 [main] 브랜치에 커밋하지 않고도 말이죠.

01 소스트리 상단의 [브랜치] 아이콘을 클릭해 [브랜치] 대화 상자가 열리면 [새 브랜치] 이름에 'feature/detail-page'라고 입력합니다. 현재 브랜치가 [main]임을 확인하세요. 이 브랜치가 가리키는 커밋을 기준으로 새로운 브랜치를 만든다는 뜻입니다. [새 브랜치 체크아웃]에 체크하고 [브랜치생성] 버튼을 클릭합니다.

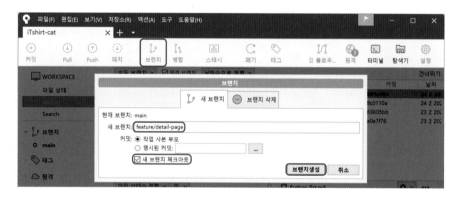

💡**TIP** 체크아웃은 브랜치를 이동하는 명령어입니다. 그래서 [새 브랜치 체크아웃]에 체크하면 브랜치를 만듦과 동시에 그 브랜치로 이동하게 됩니다(체크를 해제하면 브랜치는 만들어졌지만 [HEAD]는 여전히 [main] 브랜치를 가리킵니다).

02 [feature/detail-page] 브랜치가 만들어졌고, '티셔츠, 기능 리스트 추가' 커밋을 가리키고 있습니다. 소스트리 사이드바에서 브랜치 이름을 보면 [feature] 아래의 [detail-page] 텍스트가 두껍게 표시되는 걸 볼 수 있습니다. 브랜치 이름에 / 기호를 넣으면 앞에 적은 텍스트 'feature'가 마치 폴더처럼 구분되어 보여집니다. 이건 소스트리의 편의 기능입니다. 텍스트가 두껍게 보이는 것을 통해 [HEAD]가 [feature/detail-page] 브랜치에 있다는 걸 알 수 있습니다.

03 비주얼 스튜디오 코드로 돌아가서 [iTshirt-cat] 폴더의 [새 파일] 아이콘을 클릭해 'detail-page. md'란 이름의 파일을 만듭니다. 내용에 '디테일 페이지'라고 입력하고 저장합니다.

04 소스트리로 돌아와 상단의 [커밋] 아이콘을 클릭한 뒤 detail-page.md 파일을 스테이지로 올립니다. 그리고 커밋 메시지를 '디테일 페이지 추가'라고 입력하고 [커밋] 버튼을 클릭합니다(이제 책에서 한 줄로 커밋을 지시할 수 있군요! 장족의 발전입니다 😄).

05 사이드바의 [History]로 돌아와서 그래프를 보면 [main] 브랜치의 '티셔츠, 기능 리스트 추가' 커밋 위에 [feature/detail-page] 브랜치의 '디테일 페이지 추가' 커밋이 추가된 것을 확인할 수 있습니다. 성공적으로 브랜치를 생성하고 커밋을 추가했네요!

06 커밋을 하나 더 추가해 볼까요? 이번에는 비주얼 스튜디오 코드에서 기존에 만들었던 feature-list.md 파일을 열고 4라인에 '3. 디테일 페이지 보여 주기'라는 텍스트를 추가하고 저장합니다(이 수정은 이따가 문어와 협업할 때 똑같은 코드를 고치는 예시가 되니 마지막 라인에 정확히 입력하세요!).

07 소스트리의 [커밋] 화면으로 돌아와서 변경된 feature-list.md 파일을 스테이지에 올리고 '기능 명세 3번에 추가'라는 메시지로 커밋을 합니다. 이번에는 커밋 메시지 아래의 [-에 바뀐 내용 즉시 푸시]에 체크하고 [커밋] 버튼을 클릭하세요. 그러면 현재 브랜치인 [feature/detail-page]에 푸시까지 한 번에 됩니다.

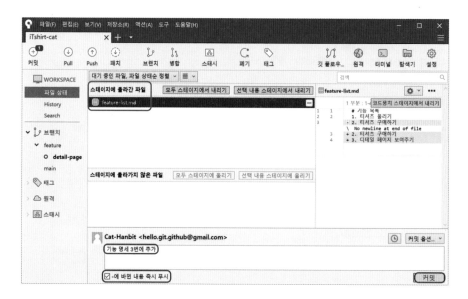

08 '기능 명세 3번에 추가' 커밋이 생성되면서 [origin/feature/detail-page] 브랜치 꼬리표도 붙었습니다. [origin/]이 붙은 것으로 봐서 원격 저장소에도 잘 올라갔다는 것을 알 수 있습니다.

09 GitHub의 [iTshirt] 원격 저장소로 가서 [main] 드롭다운 버튼을 클릭하면 소스트리에서 만든 [feature/detail-page] 브랜치가 원격 저장소에 잘 올라온 것을 볼 수 있습니다. 브랜치를 설치하면 [feature/detail-page] 브랜치에 추가한 커밋도 확인할 수 있습니다.

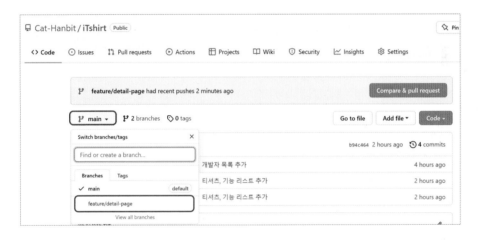

체크아웃: 브랜치 이동하기

이제 장바구니 기능을 만들어야 하는 문어 개발자에게 빙의해 볼까요? 문어도 병렬로 커밋을 올리기 위해 브랜치를 만들려고 합니다. [main] 브랜치로 돌아가서 새로운 브랜치를 생성해야 하는데, [main] 브랜치로 이동하지 않고 [feature/detail-page]에 남아서 브랜치를 만들면 고양이의 수정본까지 모두 반영이 되는 불상사가 생기겠죠? 브랜치를 만들 때는 베이스 브랜치를 잘 설정해야 합니다.

브랜치를 이동하는 명령은 **체크아웃**입니다. 호텔에서 나갈 때 접수하는 것을 체크아웃이라고 하는 것과 비슷합니다.

01 소스트리 사이드바에서 체크아웃하려는 브랜치 이름을 마우스 오른쪽 버튼으로 클릭하고 [체크아웃]을 선택합니다. 혹은 브랜치 이름을 더블클릭해도 됩니다. 자주 하는 명령이기에 지름길이 있는 거죠.

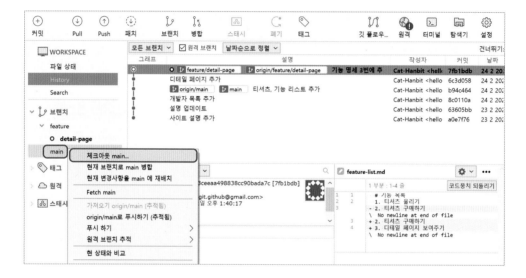

02 '티셔츠, 기능 리스트 추가' 커밋으로 돌아왔습니다. 사이드바의 브랜치 이름을 보면 [main]이 두꺼운 글씨로 표시되어 있습니다. [main] 브랜치로 체크아웃되었네요.

03 소스트리 상단의 [브랜치] 아이콘을 클릭해 새 브랜치를 생성합니다. 현재 브랜치가 [main]이 맞는지 다시 한번 확인하세요. 새 브랜치 이름인 'feature/cart'를 입력하고 [새 브랜치 체크아웃]에 체크합니다. [브랜치생성] 버튼을 클릭하면 새 브랜치로 체크아웃됩니다.

04 비주얼 스튜디오 코드에서 [iTshirt-cat] 폴더에 있는 feature-list.md 파일을 엽니다. 그런데 92쪽 '기능 명세 3번에 추가' 메시지로 커밋했던 4라인의 '3. 디테일 페이지 보여 주기' 텍스트가 없어졌군요!

당연합니다. 그 텍스트를 추가하기 이전의 버전으로 돌아왔으니까요. 고양이가 이 파일의 4라인에 텍스트를 추가했다는 것을 까맣게 모르는 문어는 마지막 라인에 '3. 장바구니 담기'를 추가합니다 (나중에 합칠 때 둘이 이 충돌을 어떻게 해결할지 기대되네요).

05 커밋을 위한 코딩을 조금 더 해 보겠습니다. 새로운 파일 'cart.md'를 만들고, 아래처럼 '장바구니 담기'라고 입력한 후 [iTshirt-cat] 폴더에 저장합니다.

06 소스트리에 돌아와서 [커밋] 아이콘을 클릭해 스테이지에 올라가지 않은 파일을 확인합니다. 그다음 수정한 파일 feature-list.md와 새로 추가한 파일인 cart.md를 모두 스테이지로 올리고 '장바구니 담기 기능'이라는 메시지로 커밋합니다. [-에 바뀐 내용 즉시 푸시]에 체크해서 푸시까지 한 번에 합니다.

> **TIP** 자세히 보면 수정한 파일인 feature-list.md 왼쪽에는 노란색 🖊 아이콘, 새로 추가한 cart.md 파일 왼쪽에는 녹색의 ➕ 아이콘이 있는 것을 볼 수 있습니다. 이것은 각각 수정한 파일, 새로 추가된 파일임을 나타냅니다.

07 커밋 히스토리 그래프가 멋지게 바뀌었네요! 이제야 좀 나뭇가지처럼 보입니다. [main] 브랜치 '티셔츠, 기능 리스트 추가' 커밋을 베이스로 [feature/detail-page] 브랜치 '기능 명세 3번에 추가' 커밋, [feature/cart] 브랜치 '장바구니 담기 기능' 커밋, 두 가지가 뻗어 나왔습니다.

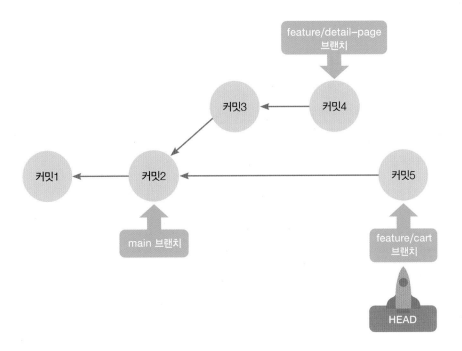

지금 완료한 실습처럼 각자의 브랜치에서 개발하다가 완료되면 [main] 브랜치에 내 브랜치 작업물을 합치면 되겠죠?

[main] 브랜치를 기준으로 만든 브랜치니 [main] 브랜치를 큰 줄기로 잡고 잔가지에서 조금씩 수정해서 다시 큰 줄기에 합치는 것입니다.

03 병합: 브랜치와 브랜치 합치기

고양이는 [feature/detail-page] 브랜치를, 문어는 [feature/cart] 브랜치를 만들어 각각 병렬로 작업했습니다. 이렇게 나눠서 작업했으니, 작업이 끝나면 이 코드를 합쳐야겠죠? 이번 절에서는 병합을 해 보겠습니다.

병합은 무엇인가요?

병합merge은 간단히 말해서 두 버전의 합집합을 구하는 것입니다. 이해를 돕기 위해 아래 문어 그림을 합치는 것을 살펴보겠습니다.

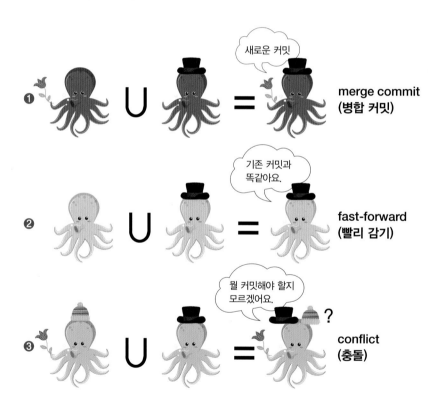

❶번 그림을 봅시다. 꽃을 든 문어와 중절모자를 쓴 문어를 합치면 꽃을 들고 중절모자를 쓴 문어가 나올 것입니다. 이는 새로운 상태니까 새롭게 저장하면 되겠죠? 각 문어가 커밋이라면 새로운 커밋인 **병합 커밋**merge commit이 생길 것입니다.

❷번 그림을 봅시다. 그냥 문어(앞 문어)와 중절모자를 쓴 문어(뒷 문어)를 합치면 중절모자를 쓴 문어가 될 것입니다. 합친 결과물이 뒷 문어와 동일하죠? 상태를 새로 만들 필요 없이 뒷 문어로 상태를 바꾸면 됩니다. Git에서는 이를 **빨리 감기**$^{fast-forward}$ 병합이라고 합니다.

마지막으로 ❸번 그림을 봅시다. 꽃을 들고 털모자를 쓴 문어와 중절모자를 쓴 문어를 합치려고 합니다. 꽃은 겹치지 않으니 잘 합쳐졌는데 어떤 모자를 써야 할지 모르겠습니다. Git에서는 이를 **충돌**^{conflict} 상태라고 합니다. 처음 충돌 상태를 마주하면 당황하기 쉬운데, 그럴 필요가 없습니다. 충돌이 난 부분만 확인하고 무엇을 남길지 수동으로 선택하면 됩니다. 충돌 해결은 3장 4절에서 실습하겠습니다.

두 브랜치를 합치는 과정

Git에서 브랜치와 브랜치를 합치는 명령어는 **merge(머지)**인데, 우리말로 번역해서 '병합'이라고 부릅니다. 앞서 살펴봤듯이 고양이와 문어는 각각 개발을 완료했기 때문에 각자 만든 두 개의 브랜치를 [main] 브랜치에 합쳐야 합니다. 아래 도식을 보면서 순서를 정리해 보겠습니다. 실습 없이 편하게 눈으로 보세요. 뒤에서 똑같은 과정을 소스트리에서 반복할 것입니다.

고양이는 [feature/detail-page] 브랜치에서의 개발을 마치고 베이스 브랜치인 [main]에 합치려고 합니다. 다음 그림에서 커밋4는 커밋2를 단순하게 수정한 최신본이기 때문에 두 상태를 합치면 바뀌는 상태 없이 커밋4가 될 것입니다. 98쪽 그림의 ❷번 예시와 같죠.

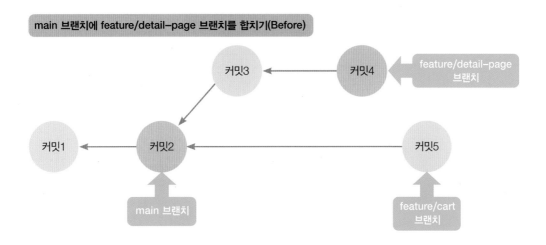

커밋2를 가리키고 있던 [main] 브랜치가 병합을 해서 커밋4를 가리키게 되었습니다. 새로 추가되거나 충돌나는 것 없이 그냥 앞으로 휘리릭 이동하기만 하면 되어서 '빨리 감기 병합'이라고 부릅니다. 이제 [main] 브랜치는 [feature/detail-page] 브랜치의 새로운 코드가 반영된 버전이 되었습니다.

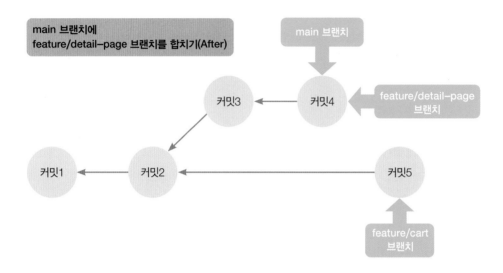

[feature/detail-page] 브랜치의 모든 내용이 [main] 브랜치에 반영되었으니 [feature/detail-page] 브랜치는 지워도 되겠죠?

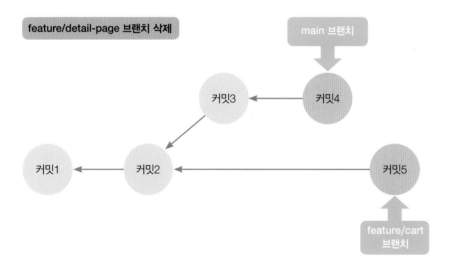

문어도 [feature/cart] 브랜치에서의 개발을 마치고 [main] 브랜치에 합치려 합니다. 그런데 앞의 빨리 감기 병합 상황하고는 다릅니다. 앞의 그림을 보면 [main] 브랜치가 가리키는 커밋4와 [feature/cart] 브랜치가 가리키는 커밋5는 커밋2를 중심으로 상태가 바뀌었기 때문입니다. 그렇다면 98쪽 문어 합치기 예시의 ❶번 '병합 커밋' 사례가 될 것입니다. 커밋4와 커밋5를 합친 병합 커밋을 만드는거죠.

그렇다면 이렇게 두 브랜치를 합치면서 만들어진 새로운 병합 커밋은 [main] 브랜치, [feature/cart] 브랜치 둘 중 어디에 올려야 할까요?

둘 중 어디든 올릴 수 있으니 상황에 따라 취사 선택하면 됩니다. 지금은 [main] 브랜치에 [feature/cart] 브랜치를 합치는 상황이니까 [main] 브랜치에 올리겠습니다.

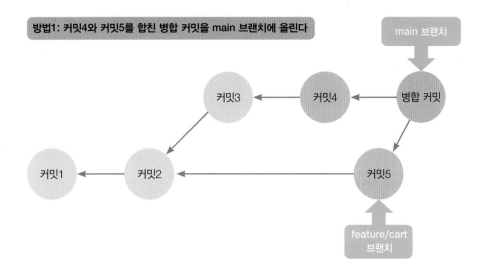

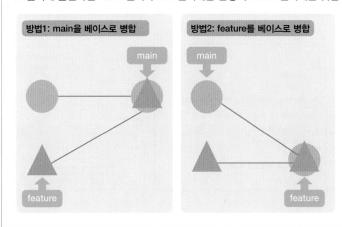

여기서 잠깐! **브랜치를 기준으로 병합한다는 것이 무슨 뜻인가요?**

[main] 브랜치를 기준으로 병합한다는 것은 합친 결과물을 [main] 브랜치에 반영한다는 것입니다. A 브랜치와 B 브랜치 두 개를 합쳤을 때 만들어진 AB 브랜치를 A 브랜치에 올릴 것인지, B 브랜치에 올릴 것인지 정하는 것입니다. 만약 A 브랜치에 올린다면 AB 브랜치가 A 브랜치에만 반영되고 B 브랜치에는 반영이 안 되겠죠? B 브랜치에 올린다면 AB 브랜치가 B 브랜치에만 반영되고 A 브랜치에는 옛날 코드만 남아 있을 거고요.

소스트리로 빨리 감기 병합하기

앞서 살펴본 도식 순서 그대로 소스트리로 실습을 진행할 텐데요. [main] 브랜치를 기준으로 [feature/detail-page] 브랜치를 합칠 것입니다.

01 소스트리에서 [main] 브랜치로 체크아웃합니다. 사이드바의 [main] 브랜치 이름을 마우스 오른쪽 버튼으로 클릭해 [체크아웃 main]을 선택합니다.

02 병합하려는 커밋에서 마우스 오른쪽 버튼을 클릭하고 [병합]을 선택합니다. 우리는 [feature/detail-page] 브랜치의 최신 커밋인 '기능 명세 3번에 추가' 커밋에서 선택하면 되겠죠?

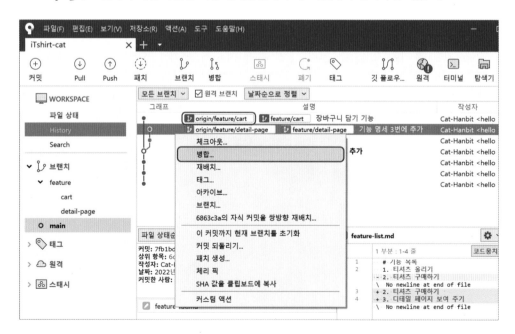

여기서
잠깐!
사이드바에서 브랜치 병합하기

사이드바에서 [detail-page] 브랜치를 마우스 오른쪽 버튼으로 클릭하여 [현재 브랜치로 feature/detail-page 병합]을 선택해도 됩니다.

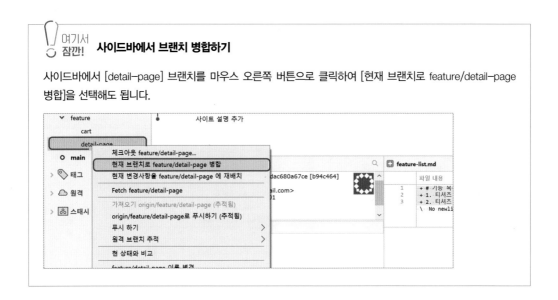

03 해당 브랜치를 병합할 것인지를 묻는 대화 상자가 열립니다. 하단에 낯익은 'fast-forward' 용어가 보이네요. [fast-forward가 가능해도 새 커밋으로 생성]에 체크하면 빨리 감기 병합이 가능하더라도 명시적으로 병합 커밋을 만듭니다. 브랜치 병합 기록이 명시적으로 남기 때문에 선호하는 개발자도 있습니다. 지금은 체크를 하지 않고 [확인] 버튼을 클릭합니다.

04 두 브랜치가 합쳐졌습니다. [main] 브랜치가 [feature/detail-page] 브랜치와 같은 커밋을 가리킵니다. 빨리 감기 방식이죠? 로컬 저장소(내 컴퓨터)에서만 병합이 일어났기 때문에 [main]에 '2'가 있습니다. 2개의 커밋이 로컬 저장소에서만 이뤄졌고 원격 저장소(origin)에는 올라가지 않았다는 말입니다. 분홍색으로 표시된 [main] 브랜치('기능 명세 3번에 추가' 커밋)가 파란색으로 표시된 [origin/main] 브랜치('티셔츠, 기능 리스트 추가')보다 두 커밋 앞서 있죠.

05 소스트리 상단의 [Push] 아이콘에도 원격 저장소에 반영되지 않은 커밋 2개가 있다는 알림이 보입니다. 클릭하면 방금 진행한 병합을 원격 저장소에 적용할 수 있습니다. [Push] 대화 상자의 [푸시할 브랜치] 항목에서 [main]에만 체크하고 [Push] 버튼을 클릭합니다.

06 푸시가 성공했습니다. [main]과 [origin/main]이 모두 '기능 명세 3번에 추가' 커밋을 가리키고 있습니다.

04 충돌: 앗! 둘이 똑같은 코드를 고쳤어요

앞 절에서 우리는 [main] 브랜치와 [feature/detail-page] 브랜치를 손쉽게 병합했습니다. 이는 두 버전 사이에 충돌이 날 수 있는 가능성이 0%인 빨리 감기 병합이 가능한 상태였기 때문이었죠. 하지만 두 버전이 동일한 코드를 고쳤다면 이렇게 쉽게 병합할 수 있을까요? 우리는 어떻게 충돌을 해결할 수 있을까요?

병합 커밋 만들기

개발이 완료된 [feature/cart] 브랜치를 [main] 브랜치에 병합하여 두 브랜치의 코드가 모두 [main] 브랜치에 반영된 상태를 만들어 보겠습니다. 앞 절에서 [main] 브랜치를 기준으로 병합했다면, 이번에는 [feature] 브랜치를 기준으로 병합해 보겠습니다. 도식을 보면서 이해해 볼까요?

커밋3과 커밋4는 서로 다른 분기에 있어서 병합 커밋을 만들면서 코드를 합쳐야 합니다. 두 커밋이 서로 같은 코드를 수정했다면 병합 커밋을 만들다가 충돌이 날 가능성이 있겠죠? 그래서 동료들과 같이 쓰는 [main] 브랜치에 바로 병합하지 않고 나만 쓰는 [feature/cart] 브랜치에서 먼저 병합해 보고 문제가 없는지 확인합니다.

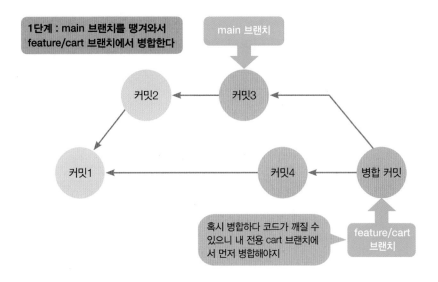

병합된 커밋이 문제가 없는 것을 확인하고 나서 병합 커밋을 [main] 브랜치에 반영합니다.

2단계 : feature/cart 브랜치에서 병합한 병합 커밋을 main 브랜치에 반영한다

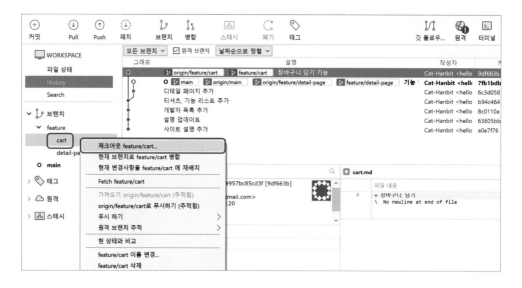

💡**TIP** 물론 [main] 브랜치에서 바로 병합해도 괜찮습니다. 충돌이 나더라도 [main] 브랜치에서 해결하면 됩니다. 다만 다른 사람이 불편해지는 상황을 방지하기 위해서 나만 쓰는 [feature/cart] 브랜치에서 먼저 병합하는 것입니다. 버그가 발생해도 나한테만 먼저 보이는 게 좋으니까요.

01 자, 그럼 [feature/cart] 브랜치를 기준으로 병합하기 위해 해당 브랜치로 체크아웃합니다. 사이드바에서 [cart] 브랜치를 마우스 오른쪽 버튼으로 클릭하고 [체크아웃 feature/cart]를 선택합니다.

02 병합하려는 커밋인 [main] 브랜치의 최신 커밋에서 마우스 오른쪽 버튼을 클릭하고 [병합]을 선택합니다.

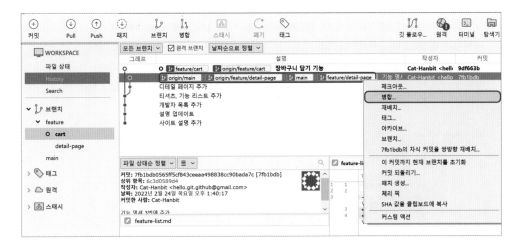

03 [병합 확정] 대화 상자가 열리면 [확인] 버튼을 클릭합니다.

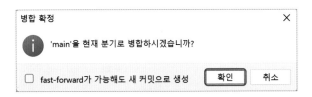

04 무시무시한 메시지가 나타났습니다! 병합을 완료하기 전에 해결해야 하는 충돌이 있다네요. 일단 [닫기] 버튼을 클릭해 메시지를 닫아 줍니다.

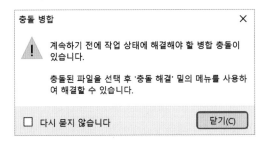

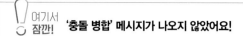

고양이 개발자는 [feature/detail-page] 브랜치에서 feature-list.md 파일에 '3. 디테일 페이지 보여 주기'를 추가했습니다(92쪽 06단계). 그리고 문어 개발자는 [feature/cart] 브랜치에서 feature-list.md 파일에 '3. 장바구니 담기'를 추가했습니다(95쪽 04단계).

따라서 이처럼 실습을 진행했다면 두 브랜치가 동일한 파일에서 같은 라인의 코드를 수정했기 때문에 충돌이 일어나야 합니다. 충돌이 일어나지 않았다면 실습을 잘못한 것입니다. 이 경우라면 [main] 브랜치의 최신 커밋에서 feature-list.md 파일을 열고 아래처럼 수정하고 저장한 후 커밋합니다.

그리고 [feature/cart] 브랜치에서 feature-list.md 파일을 열고 이와 동일한 라인의 코드를 수정하고, 저장하고, 커밋한 후에 병합하면 제대로 충돌이 일어날 것입니다.

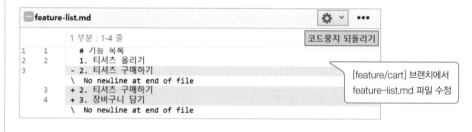

충돌 병합 해결하기

처음 충돌 메시지를 보면 무섭다고 생각할 수도 있지만, 이번 절의 실습을 끝낸 여러분은 코웃음을 치며 쉽게 충돌을 해결할 수 있을 것입니다. 이제 충돌을 해결해 보겠습니다.

01 [History] 화면에서 '커밋하지 않은 변경 사항'을 선택하면 feature-list.md 파일이 스테이지 아래에 있는 것을 확인할 수 있습니다. 이 파일이 충돌이 났기 때문에 스테이지 아래에 있는 것입니다. 우리는 feature-list.md 파일만 고치면 병합을 진행할 수 있습니다.

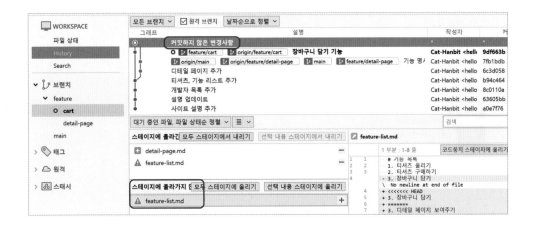

02 비주얼 스튜디오 코드에서 [iTshirt-cat] 폴더의 feature-list.md 파일을 열어 보면 Git이 충돌이 난 코드를 자동으로 마크한 것을 확인할 수 있습니다. 아래 그림에서 6라인 '======='을 기준으로 위에는 베이스 브랜치인 [feature/cart] 브랜치의 코드가, 아래에는 병합의 대상인 [main] 브랜치의 코드가 보입니다.

03 비주얼 스튜디오 코드에서 똑똑하게 색깔로 구분했기에 뭔가 새로운 기능이 있는가 싶지만 그냥 다음과 같은 텍스트입니다. 여기서 우리는 판단합니다. '아, 둘 다 3번에 새로운 기능을 추가하고 싶었구나. 그렇다면 두 코드 모두 살리고 뒤의 3번은 4번으로 고치면 좋겠네'라고요.

```
<<<<<<< HEAD
3. 장바구니 담기
=======
3. 디테일 페이지 보여 주기
>>>>>>> main
```

04 필요 없는 라인을 삭제하고 충돌이 발생한 곳의 번호를 변경해서 정리하겠습니다. 4라인 '<<<<<<< HEAD', 6라인 '=======', 8라인 '>>>>>>> main'을 수동으로 지운 후 5라인 '3 디테일 페이지 보여 주기'는 4번으로 수정합니다. Ctrl + S 키를 눌러 저장합니다.

> 여기서
> 잠깐!

코드 편집을 편리하게 할 수 있는 방법

충돌이 난 코드 위의 [Accept Current Change]를 클릭하면 위의 코드만 남고, [Accept Incoming Change]를 클릭하면 아래의 코드만 남고, [Accept Both Change]를 클릭하면 위 아래 코드가 모두 남습니다. 이는 Git의 기본 기능은 아니고 비주얼 스튜디오 코드의 편의 기능이니 편리하게 쓰면 됩니다.

```
    Accept Current Change | Accept Incoming Change | Accept Both Changes | Compare Changes
4   <<<<<<< HEAD (Current Change)
5   3. 장바구니 담기
6   =======
7   3. 디테일 페이지 보여주기
8   >>>>>>> main (Incoming Change)
```

05 소스트리로 돌아가서 스테이지 아래의 feature-list.md 파일을 선택하고 오른쪽 미리보기 창에서 충돌이 모두 해결되었는지 봅니다. '<<<', '===' 같은 특수문자가 없고 내가 최종본으로 원하는 대로 코드가 깔끔하게 바뀌어 있으면 충돌이 해결된 것입니다. 확인이 끝나면 스테이지에 올라가지 않은 feature-list.md 파일의 ⊞ 버튼을 클릭해서 스테이지로 올립니다.

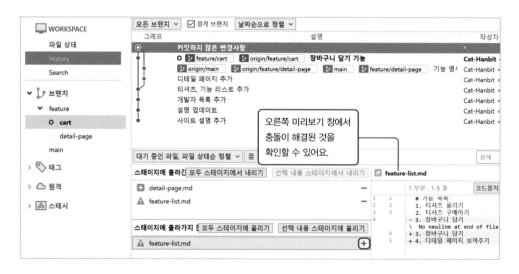

06 충돌이 모두 해결되어 스테이지 아래가 텅 비면 이제 다시 병합을 재개할 차례입니다. 소스트리 상단의 [커밋] 아이콘을 클릭하세요.

07 병합 커밋을 생성하는 단계입니다. 커밋 메시지 입력란에 텍스트가 자동으로 들어갔네요. '[main] 브랜치를 [feature/cart] 브랜치에 병합하려고 하는데, feature-list.md 파일에서 충돌이 났다'는 내용입니다. 영문 메시지를 그대로 유지해도 되고 여러분 입맛대로 고쳐도 됩니다. 여기서는 이 메시지 그대로 커밋하겠습니다. [커밋] 버튼을 클릭하세요.

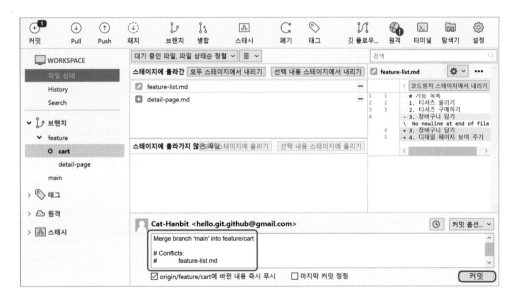

08 [feature/cart] 브랜치의 '장바구니 담기 기능' 커밋과 [main] 브랜치의 '기능 명세 3번에 추가' 커밋이 합쳐진 '병합 커밋'이 새로 생겨 [feature/cart] 브랜치에 올라가 있는 것을 확인할 수 있습니다. 성공적으로 충돌을 해결했습니다!

09 상단의 [Push] 아이콘을 클릭합니다. [Push] 대화 상자에서 [feature/cart]에 체크하고, [Push] 버튼을 클릭하여 원격 저장소에도 반영합니다. 여기까지 105쪽 그림에서 설정한 1단계 과정을 마쳤습니다.

10 우리는 병합된 커밋에 문제가 없다는 것을 확인했습니다. 이제 이 병합 커밋을 [main] 브랜치에도 반영할 차례입니다. [main] 브랜치가 기준이 되어야 하므로 [main] 브랜치로 체크아웃해야겠죠? 사이드바의 [main]에서 마우스 오른쪽 버튼을 클릭해서 [체크아웃 main...]을 선택합니다.

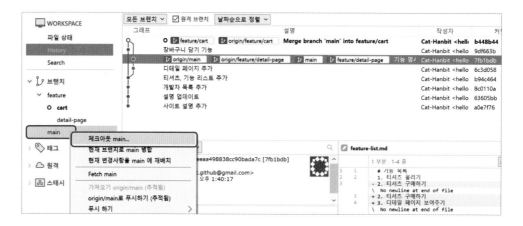

11 [feature/cart] 브랜치의 최신 커밋인 'Merge branch…'에서 마우스 오른쪽 버튼을 클릭해 [병합]을 선택합니다. [병합 확정] 대화 상자가 열리면 [확인] 버튼을 클릭합니다.

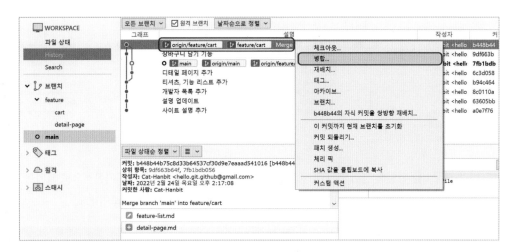

12 [main] 브랜치의 포인터가 최신 커밋인 'Merge branch…'로 왔습니다.

13 그러나 아직 원격 저장소인 [origin/main]은 옛날 버전이니 원격 저장소에도 반영하겠습니다. [Push] 아이콘을 클릭해 열린 대화 상자에서 [main]에만 체크하고 [Push] 버튼을 클릭합니다.

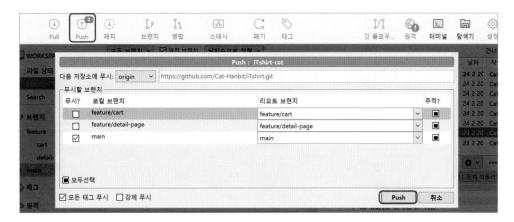

14 모두 끝났습니다! 공통 브랜치인 [main]에 고양이 [feature/detail-page] 브랜치, 그리고 문어 [feature/cart] 브랜치가 모두 반영되었습니다.

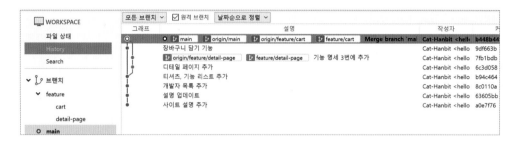

15 원격 저장소를 확인해 볼까요? GitHub에 로그인합니다. 원격 저장소에서 기본적으로 보이는 브랜치는 [main] 브랜치입니다. 병합 커밋이 이뤄진 feature-list.md 파일이 보이네요.

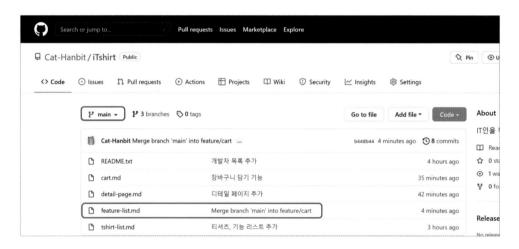

16 [main] 브랜치의 드롭다운 버튼을 클릭하면 원격 저장소에 올라온 브랜치들을 확인할 수 있습니다. [feature/cart] 브랜치, [feature/detail-page] 브랜치가 보입니다. 😊

05 풀 리퀘스트: 브랜치를 합치는 예의 바른 방법

이제 우리는 어떤 상황에서든 브랜치를 합칠 수 있습니다. 그런데 충돌만 해결했다고 무작정 내 브랜치를 [main] 브랜치에 병합해도 될까요? 예를 들어 [main] 브랜치에는 모두가 합의한 코드만 두자고 약속했다면, 내가 이 브랜치에서 무엇을 바꾸었는지 협력자가 확인할 수 있는 과정은 거쳐야 합니다. 이때 '풀 리퀘스트'가 필요합니다.

실습 1단계: 소스트리에서 커밋 푸시하기

풀 리퀘스트pull request는 협력자에게 브랜치 병합을 요청하는 메시지를 보내는 것입니다. "A 브랜치로 B 브랜치를 병합해도 되겠니? 수정 사항은 다음과 같아"라고 예의 바르게 메시지를 보낸다면 보다 수월한 협업이 이뤄지겠죠? GitHub의 풀 리퀘스트 버튼은 자동으로 이 메시지를 만들어 줍니다. 이제 풀 리퀘스트를 실습해 보겠습니다. 고양이와 문어가 [main] 브랜치에는 직접 커밋을 올리지 않기로 한 것을 기억할 겁니다. 각자 [feature/] 브랜치를 만들어 개발이 완료되면 병합을 하기로 했죠. 이제 이 둘은 그 약속을 더 구체적으로 정했습니다. 무조건 풀 리퀘스트를 보내고 서로가 [승인] 버튼을 클릭했을 때만 병합을 하자고 말이죠. 고양이가 새로 만들 댓글 기능부터 이 규칙을 적용하기로 했습니다.

01 먼저 댓글 기능 제작을 위해 [feature/comment] 브랜치를 생성할 것입니다. 소스트리 상단의 [브랜치] 아이콘을 클릭합니다. [브랜치] 대화 상자가 열리면 [새 브랜치]에 'feature/comment'를 입력하고 [브랜치생성] 버튼을 클릭합니다. 현재 브랜치가 [main] 브랜치가 맞는지 확인하세요.

02 비주얼 스튜디오 코드를 실행해서 새로운 파일인 'comment.md'를 만듭니다. 내용에는 '댓글 기능'이라고 입력하고 [iTshirt-cat] 폴더에 저장합니다.

03 다시 소스트리로 돌아와 [커밋] 아이콘을 클릭합니다. 스테이지에 올라가지 않은 파일 섹션에서 새로 추가한 comment.md 파일의 ⊞ 버튼을 클릭해서 스테이지로 올립니다. 커밋 메시지는 '댓글 기능 추가'라고 입력합니다. 한 번에 푸시까지 하기 위해서 [-에 바뀐 내용 즉시 푸시]에 체크하고 [커밋] 버튼을 클릭합니다. 그러면 잠시 업로드 과정을 거친 후에 완료됩니다.

실습 2단계: GitHub에서 풀 리퀘스트 보내기

원격 저장소에 푸시했으니 이제 GitHub의 [iTshirt] 원격 저장소로 가서 정중하게 병합을 요청해야겠죠? 풀 리퀘스트 기능을 사용해 보겠습니다.

01 GitHub의 [iTshirt] 원격 저장소에 가 보면 친절하게도 방금 내가 푸시한 [feature/comment] 브랜치가 노란색 음영 표시가 되어 맨 위에 보이고, 풀 리퀘스트를 보낼 수 있는 [Compare & pull request] 버튼이 옆에 있습니다. '네가 최근에 이 브랜치에 코드를 업데이트했으니 협력자에게 풀 리퀘스트를 보내려고 한다면 이 버튼을 클릭하라'는 의미입니다. [Compare & pull request] 버튼을 클릭합니다.

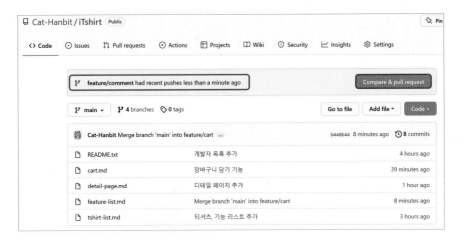

💡 **TIP** [Compare & pull request] 버튼은 최근에 푸시한 브랜치가 있을 때만 보입니다.

02 정중하게 병합을 요청할 수 있는 풀 리퀘스트 메시지를 적을 수 있는 페이지가 열립니다. 먼저 설정해야 하는 것은 베이스 브랜치와 비교 브랜치입니다. 우리는 [base: main], [compare: feature/comment]로 설정하면 됩니다. 추가한 커밋이 잘 들어가 있는지, 빠진 것은 없는지 검토한 후 내 브랜치에서 개발한 기능에 대한 제목과 설명을 입력하고 [Create pull request] 버튼을 클릭합니다.

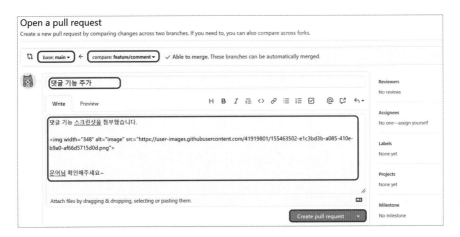

💡 **TIP** 오른쪽 사이드 메뉴의 [Reviewers]를 클릭하면 협력자를 지정할 수 있습니다. 우리는 문어 개발자를 지정하면 되겠지요. 그러나 지금까지 우리가 실습한 내용에는 GitHub에서 문어 개발자 계정을 등록하지 않아서 지금 이 실습에서는 지정할 수 없습니다. 실습을 간략하고 명료하게 진행하기 위해서 문어 계정을 만들지 않은 것이니 이해해 주세요.

여기서 잠깐! **풀 리퀘스트 페이지를 자세히 살펴볼까요**

풀 리퀘스트 페이지의 메뉴를 하나씩 살펴보면 다음과 같습니다.

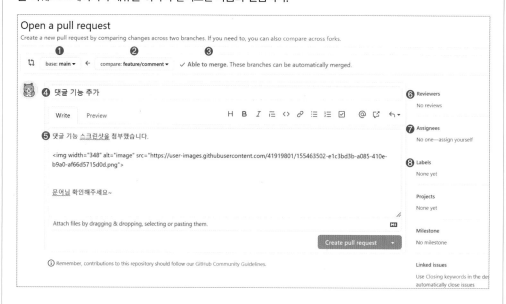

▼ 풀 리퀘스트 페이지 화면 구성

메뉴	설명
❶ base: main	병합된 커밋이 들어갈 베이스 브랜치를 정하는 선택 버튼입니다.
❷ compare: feature/comment	병합의 대상이 될, 즉 내가 만들어서 베이스 브랜치에 반영시키고 싶은 비교 브랜치를 정하는 선택 버튼입니다.
❸ Able to merge	베이스 브랜치와 비교 브랜치가 충돌 없이 병합될 수 있다는 뜻입니다. GitHub에서 자동으로 계산해서 보여 줍니다. 만약 충돌이 일어난다면 빨간색으로 Conflict가 있다고 보여집니다.
❹ 풀 리퀘스트 제목	동료 개발자가 한눈에 이해하기 쉬운 제목을 입력합니다.
❺ 풀 리퀘스트 내용	동료 개발자가 코드를 이해하는 데 도움이 되는 설명을 입력합니다. 스크린샷을 첨부하거나 테스트하는 방법을 입력하면 좋겠죠?
❻ Reviewers	저장소의 협력자가 여러 명이라면 몇 명을 콕 찝어서 이 풀 리퀘스트를 검토해 달라고 요청할 수 있습니다. 보통 같은 팀원이나 해당 기능과 연관된 동료를 선택합니다.
❼ Assignees	이 풀 리퀘스트를 담당하는 동료를 지정합니다. 보통 자기 자신입니다.
❽ Labels	이 풀 리퀘스트에 관한 라벨을 답니다. 예를 들어 [버그], [리뷰 필요], [프런트엔드], [백엔드] 등이 있겠죠?

03 방금 만든 풀 리퀘스트가 보입니다. 이제 [iTshirt] 원격 저장소의 협력자(문어)가 이 풀 리퀘스트를 확인하고 새롭게 추가된 코드를 검토할 수 있습니다. 코드의 라인마다 댓글을 달 수 있어서 해당 코드가 왜 고쳐졌는지, 혹은 어떻게 개선할 수 있는지 풀 리퀘스트 내부에서 토론을 진행할 수 있습니다. 문어는 이 풀 리퀘스트를 수락할 수 있고(Accept), 수정을 요청할 수 있으며(Request change), 병합할 수도 있습니다(Merge pull request). 코드를 검토해 보니 이상이 없어서 병합한다고 가정하고, [Merge pull request] 버튼을 클릭하겠습니다(더 자세한 코드 리뷰 실습은 4장에서 진행합니다).

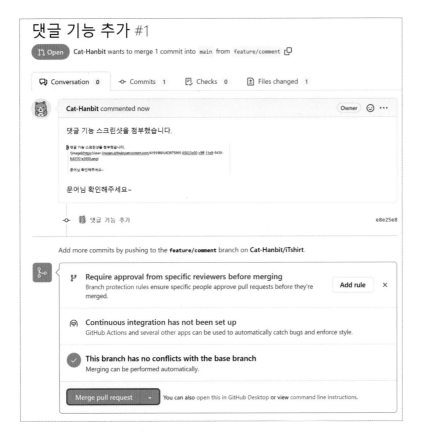

04 병합 커밋을 만들 수 있는 커밋 메시지 입력란이 보입니다. 브랜치와 브랜치를 병합하는 과정과 동일하죠? 왜냐면 정확히 같은 과정이기 때문입니다. 다만 CLI, GUI에서 하느냐, GitHub를 통해서 하느냐의 차이만 있습니다. [Confirm merge] 버튼을 클릭합니다.

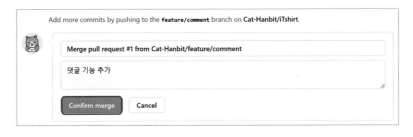

05 풀 리퀘스트가 성공적으로 병합된 후에 닫혔다는 메시지가 뜹니다. 성공적으로 풀 리퀘스트, 예의바른 병합이 완료되었네요!

06 닫힌 풀 리퀘스트는 [Pull requests] 탭의 [Closed]에서 확인할 수 있습니다.

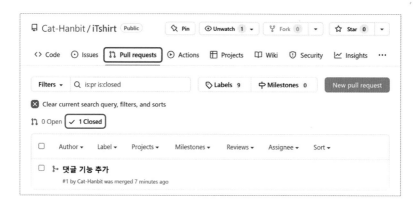

> **여기서 잠깐!** **풀 리퀘스트 실습은 고양이 계정으로만 진행합니다**
>
> 풀 리퀘스트 실습을 고양이 계정으로만 간략하게 진행했습니다. 실제로 문어 계정을 만들어서 진행하면 이 보다는 실습이 복잡합니다. 왜냐하면 고양이와 문어 계정으로 GitHub의 [iTshirt] 원격 저장소에 로그인과 로그오프를 반복하면서 실습을 해야 하기 때문입니다. 그 과정을 살펴보면, 고양이는 원격 저장소에 문어 계정을 등록하고 등록된 문어 계정으로 풀 리퀘스트 요청을 보냅니다. 문어는 원격 저장소에 로그인해서 풀 리퀘스트 요청을 확인하고 리뷰 의견을 답니다. 고양이는 원격 저장소에서 문어의 리뷰 의견을 확인하고 병합을 합니다. 이 과정에서 수차례 고양이 계정으로, 때론 문어 계정으로 GitHub에 로그인해야 하는 불편이 따릅니다. 그래서 여기서는 고양이 계정으로만 실습을 진행했습니다.

07 병합이 잘 되었는지 소스트리에서 확인해 보겠습니다. 그런데 뭐죠? 아직 원격 저장소의 [origin/main] 브랜치는 옛날 커밋을 가리키고 있습니다. 우리는 분명 GitHub에서 병합 커밋을 생성했는데 소스트리에서는 보이지 않습니다. 어떻게 된 일일까요?

08 웹사이트에서 새로운 데이터를 보려면 새로고침을 하죠? Git에서 새로운 이력을 업데이트하려면 [패치] 버튼을 클릭합니다. [Pull]이 실제 코드를 내려받는다면 [패치]는 그래프만 업데이트합니다. 코드와는 전혀 상관 없죠. 소스트리는 10분에 한 번씩 자동으로 패치하기 때문에 그래프가 매번 새로워 보이는 것입니다. 소스트리 상단에서 [패치] 아이콘을 클릭해 열린 대화 상자에서 [확인] 버튼을 클릭합니다.

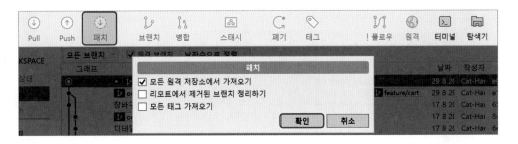

09 그래프가 업데이트되었습니다! [origin/main]이 새롭게 만들어진 병합 커밋인 'Merge pull request #1'을 가리키고 있네요. GitHub를 통해서 브랜치의 병합이 잘 된 것을 확인할 수 있습니다.

10 이제 내 컴퓨터의 [main] 브랜치에도 이 새로운 커밋을 반영하기 위해 [feature/comment] 브랜치를 체크아웃해 [main]으로 브랜치를 옮깁니다.

11 소스트리 상단의 [Pull] 아이콘을 클릭해 대화 상자가 열리면 [Pull] 버튼을 클릭합니다.

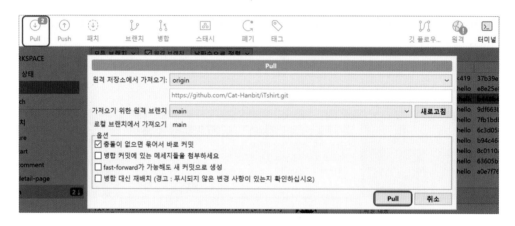

12 내 컴퓨터의 [main]이 원격 저장소의 [origin/main]과 동일하게 'Merge pull request #1' 커밋을 가리키면 성공입니다!

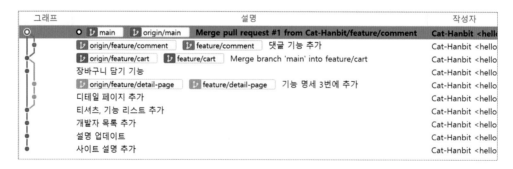

06 릴리즈: 개발이 완료되었습니다, 출시하자!

고양이와 문어가 각각 만든 기능이 모두 [main] 브랜치에 합쳐져서, 이제 iTshirt 서비스를 세상에 공개해도 될 것 같습니다. 버전 1.0.0으로 공개할 예정인데, GitHub에서 이를 표시할 수 있는 방법이 있을까요?

프로그램의 버전(version)이란?

프로그램을 출시하거나 업그레이드할 때 이를 만든 회사에서는 버전을 명시합니다. 예전에 나왔던 포토샵 6.0, 7.0, 아이폰 9 등을 보면 제품 이름에 버전명이 들어가 있죠. Git에서 말하는 버전도 비슷한 맥락입니다. 의미있는 특정 시점의 맥락을 말하는 것이죠.

버전을 올리는 것은 크게 메이저major 업그레이드와 마이너minor 업그레이드로 나뉩니다. 사용자들이 크게 느낄 변화를 적용했을 때 보통 메이저 버전을 올리고(v2.x → v3.x), 작은 변화 등이 생겼을 땐 마이너 버전을 올립니다(v.2.3 → v.2.4).

Node.js의 다운로드 페이지를 예로 들겠습니다. 아래처럼 18.14.0 버전과 19.6.0 버전을 제공하고 있습니다. 가장 최신 버전은 19.6.0이지만, 안정적인 버전은 18.14.0이라고 써 있습니다. 뒤에 붙은 LTSLong Time Support는 '장기 지원 버전'의 약자인데 일반적인 버전보다 장기간에 걸쳐 지원하도록 특별히 만들어진 버전입니다.

18.14.0이라는 버전명을 보면 메이저 버전인 18, 마이너 버전인 14, 그리고 뒤에 세 번째 버전이 있는 것을 볼 수 있습니다. 이는 메인터넌스^maintenance 버전으로, 버그나 유지 보수 등 작은 수정이 들어갔을 때 바꿉니다.

태그: 특정 커밋에 포스트잇 붙이기

프로그램을 출시하는 것을 **릴리즈**^release라고 합니다. 고양이와 문어는 병합을 마친 [main] 브랜치를 서버에 올려서 사용자들이 쓸 수 있도록 배포하고, 현재 코드 상태를 버전 v1.0.0이라고 기록하려고 합니다. 이것은 **태그**^tag를 통해 간단하게 표시할 수 있습니다. 특정 커밋에 포스트잇을 붙이는 느낌입니다. 브랜치는 특정 커밋을 가리키는 포인터라고 했죠? 태그도 그러합니다.

그럼 간단한 실습으로 [main] 브랜치의 'Merge pull request #1' 커밋에 'v1.0.0'이라는 태그를 달아 보겠습니다.

01 [main] 브랜치에 있는 상태에서 소스트리 상단의 [태그] 아이콘을 클릭합니다. [태그] 대화 상자가 열리면 [태그 이름]에 'v1.0.0'이라고 입력하고 [태그 추가] 버튼을 클릭합니다.

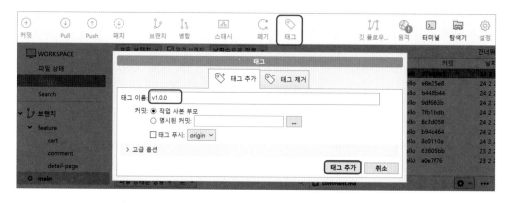

02 [main] 브랜치 라벨 옆에 [v1.0.0] 라벨이 새로 붙은 것을 확인할 수 있습니다. 브랜치와 비슷하게 생겼죠? 둘 다 커밋을 가리키는 포인터이기 때문입니다.

03 만든 태그는 브랜치와 마찬가지로 푸시해야 원격 저장소에서도 볼 수 있습니다. 소스트리의 [Push] 아이콘을 클릭해 대화 상자가 열리면 하단의 [모든 태그 푸시]에 체크하고 [Push] 버튼을 클릭해서 태그를 원격 저장소에 푸시합니다.

04 GitHub 사이트로 가서 [iTshirt] 원격 저장소를 보면 [1 tags]라고 표시된 아이콘이 있습니다. 이 아이콘을 클릭합니다.

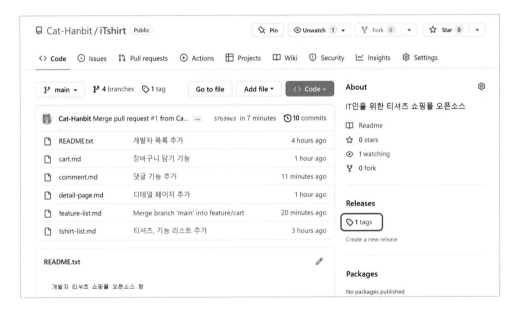

05 방금 만든 태그가 있죠? 반갑네요. [zip] 아이콘을 클릭하면 해당 태그가 가리키는 버전을 압축 파일로 다운로드할 수 있습니다.

CHAPTER 4

둘 이상의 원격 저장소로 협업하기

개발자 너구리는 GitHub에 공개된 [iTshirt] 서비스를 우연히 접하고 관심을 가졌습니다. 찬찬히 둘러보던 너구리는 '좋아요' 기능이 있으면 좋겠다는 생각이 들었습니다. 너구리는 이 프로젝트에 컨트리뷰터(Contributor, 기여자)로 참여하기로 마음 먹었습니다. 너구리가 컨트리뷰터로 참여하는 과정, 우리도 함께 따라가 보겠습니다.

이 장의 To Do List

고양이와 문어가 오픈 소스로 만들어 GitHub에 공개한 iTshirt 서비스가 흥행했습니다. 개발자 너구리는 '좋아요' 기능이 있으면 좋겠다고 생각하고 직접 코딩을 붙여서 제안하고자 합니다. 개발자는 코드로 말하는 게 가장 멋지죠(차려진 밥상에 숟가락 얹고 싶단 마음은 비밀입니다).

안녕? 나는 너구리라고 해. 너희가 만든 서비스 좋더라. 그런데 내가 '좋아요' 기능을 추가해 주고 싶은데 너희 원본 저장소에 커밋을 올릴 수 있게 내게도 권한을 줄 수 있겠니?

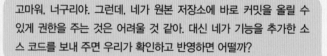

고마워, 너구리야. 그런데, 네가 원본 저장소에 바로 커밋을 올릴 수 있게 권한을 주는 것은 어려울 것 같아. 대신 네가 기능을 추가한 소스 코드를 보내 주면 우리가 확인하고 반영하면 어떨까?

그래. 알았어. 그럼 내가 너희 원본 저장소를 복사해서 기능을 추가한 다음, 모든 작업을 완료한 후에 확인해 달라고 부탁할게.

이해해 줘서 고마워. 우리가 코드를 병합할 때 프로젝트 프로그래머 리스트에 네 이름도 올릴게. 우리 프로젝트에 참여해 줘서 고마워.

01 포크: 원격 저장소를 복사해서 새로운 원격 저장소 만들기

너구리는 [iTshirt] 원격 저장소에 바로 커밋을 올릴 권한이 없습니다. 따라서 너구리는 원본인 [iTshirt] 원격 저장소를 복사해서 본인의 GitHub에 새로운 원격 저장소를 만들고, 이곳에서 커밋을 만들기로 했습니다. 새로운 원격 저장소는 너구리만 사용하는 곳이므로 너구리는 이곳에서 온갖 실험적인 커밋을 만들 수 있습니다. 이렇게 남의 원격 저장소를 내 계정의 원격 저장소로 복사해 오는 것을 포크(fork)라고 합니다.

평행세계를 만드는 브랜치, 평행우주를 만드는 포크

기본적으로 원격 저장소에 커밋을 직접 푸시할 수 있는 사람은 원격 저장소를 만든 본인(소유자)뿐입니다. 다른 사람이 이곳에 푸시를 하면 오류가 발생하므로 원격 저장소의 소유자가 이 사람을 협력자로 등록해야 합니다. 원격 저장소의 소유자가 협력자를 등록하려면 Github의 원격 저장소의 메뉴에서 [Settings]–[Collaborators] 페이지에 들어가서 [Add people] 버튼을 클릭합니다. 여러분은 아직 너구리 계정을 만들지 않았기 때문에 다음 그림처럼 너구리 계정을 찾을 수는 없습니다. 저처럼 너구리 계정을 만들어야 하는데요. 일단은 협력자를 이렇게 추가할 수 있다는 것을 알아 두세요.

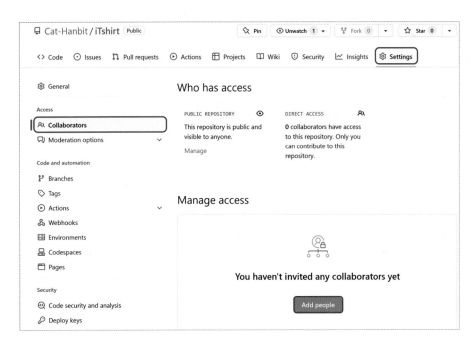

💡 **TIP** 이제 이 책에서는 원격 저장소를 복사해서 새로 만든(너구리의) 원격 저장소와 구분하기 위해서 원래(고양이와 문어의) 원격 저장소를 '원본 저장소'라고 하겠습니다.

그런데 원본 저장소의 소유자 입장에서는 협력자가 많아질수록 원본 저장소를 관리하기가 어려워집니다. 협력자가 원본 저장소에 직접 푸시할 수 있기 때문이죠. 하지만 동시에 많은 개발자에게 의견을 받고 오픈 소스를 개선하고 싶은 욕구가 있습니다. 한편 개발자는 오픈 소스에 참여하고 기여하고 싶어 하지만 원본 저장소에 직접 푸시하는 것에 대한 부담이 있습니다.

이럴 때 대안이 될 수 있는 방법이 **풀 리퀘스트**입니다. 개발자는 원본 저장소를 자신의 계정에 복사, 즉 **포크**^{fork}해서 원격 저장소를 생성하고 이곳에 커밋을 올린 후 원본 저장소의 소유자에게 병합 요청을 합니다. 원본 저장소의 소유자는 개발자의 병합 요청을 검토해서 원본 저장소에 반영하는 것이죠. 브랜치를 통해 코드 분기점을 만들고 풀 리퀘스트를 통해 서로 확인하고 병합하는 과정과 비슷하죠?

네. 동일한 과정입니다. 다만 포크한 원격 저장소의 브랜치에서 원본 저장소의 브랜치로 풀 리퀘스트를 보낸다는 점이 다릅니다.

브랜치가 원본 저장소 내에서 평행세계를 만드는 것이라면 포크는 평행우주를 만드는 것이라고 볼 수 있습니다. 포크는 브랜치를 포함한 원본 저장소의 모든 커밋 이력을 새로운 원격 저장소에 통째로 복사합니다. 브랜치(평행세계)에 올린 커밋 이력은 원본 저장소에서 바로 볼 수 있지만, 복제한 원격 저장소(평행우주)는 새로운 주소로 독립되었기 때문에 이곳의 이력을 보려면 추가적으로 이곳의 주소를 등록해야 합니다.

github.com/Cat-Hanbit/iTshirt

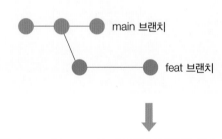

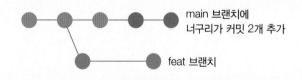

github.com/Racoon-Hanbit/iTshirt(새로운 원격 저장소!)

두 가지 모두 코드를 협업하기 위해 분기점을 나누는 방법이지만, 특성이 다르므로 내 프로젝트에 맞게 방법을 취사선택해야 합니다. 5명 정도 되는 적은 수의 개발자가 협업을 한다면 모두 협력자로 등록하고 브랜치를 나누어서 작업하는 것이 효율적입니다. 서로의 작업을 간편하게 한곳의 프로젝트 이력에서 볼 수 있으니까요. 하지만 50명, 혹은 그 이상의 개발자가 한곳에서 작업을 해야 한다면 얘기가 달라집니다. 실제로 페이스북의 오픈 소스 리액트는 컨트리뷰터가 1,500명이 넘습니다(2023년 1월 기준).

▼ 브랜치와 포크의 장단점

명령	의의	편리한 점	불편한 점
브랜치	하나의 원본 저장소에서 분기를 나눈다.	하나의 원본 저장소에서 코드 커밋 이력을 편하게 볼 수 있다.	다수의 사용자가 다수의 브랜치를 만들면 관리하기 힘들다.
포크	여러 원격 저장소를 만들어 분기를 나눈다.	원본 저장소에 영향을 미치지 않으므로 원격 저장소에서 마음껏 코드를 수정할 수 있다.	원본 저장소의 이력을 보려면 따로 주소를 추가해야 한다

남의 저장소를 내 계정에 통째로 포크하기

[iTshirt] 저장소에 기여하고 싶은 외부 개발자 너구리가 되어 보겠습니다. GitHub에 너구리를 위한 새로운 계정을 만들어야겠네요. 너구리 계정을 만들어야 이 절의 실습을 원활하게 진행할 수 있으니 다소 번거롭더라도 만들어 주세요. GitHub에 새로운 계정으로 가입하려면 새로운 이메일이 필요합니다. GitHub 가입 과정이 헷갈리는 분들은 0장 'GitHub 가입하기'를 참고하세요.

> 여기서
> 잠깐! **하나의 메일 주소를 여러 개인 것처럼 사용하기**
>
> Gmail의 + 기능을 사용하면 이메일 주소 하나로 마치 여러 개의 이메일 주소인 것처럼 GitHub에서 사용할 수 있습니다. 내가 만약 test@gmail.com 주소를 가지고 있다면 test+sub@gmail.com, 혹은 test+1@gmail.com처럼 +와 함께 뒤에 아무 글자를 붙여서 가입해도 모든 메일이 test@gmail.com으로 오는 편리한 기능입니다. 다중 이메일 가입을 막는 사이트에서 여러 계정을 만들 때 유용합니다. 계정 생성이 완료되었다면 까먹지 않도록 아래 표에 적어 두세요.
>
> ▼ 여러 개의 GitHub 계정 만들기
>
> | GitHub 계정 | 필자 | 독자 |
> |---|---|---|
> | 고양이 | Cat-Hanbit
hello.git.github@gmail.com | |
> | 너구리 | Raccoon-Hanbit
hello.git.github+2@gmail.com | |

01 너구리 계정을 만들었다면 준비는 마친 겁니다. GitHub에 고양이 계정으로 로그인되어 있다면 로그아웃하고 새로 생성한 너구리 계정으로 로그인하세요. 저는 'Raccoon-Hanbit'으로 로그인했습니다.

02 고양이와 문어의 [iTshirt] 원본 저장소로 들어갑니다. 제 주소는 https://github.com/Cat-Hanbit/iTshirt입니다(여러분이 만든 원본 저장소 주소로 들어가세요). 원본 저장소의 주소가 기억나지 않으면 깃허브 왼쪽 상단의 검색 창에서 찾고자 하는 원본 저장소 이름을 검색합니다.

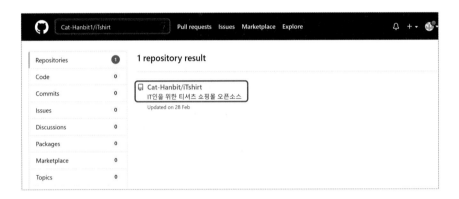

03 그리고 포크합니다. 방법은 간단합니다. 원본 저장소 페이지 오른쪽 상단의 [Fork] 버튼을 클릭하는 것이죠.

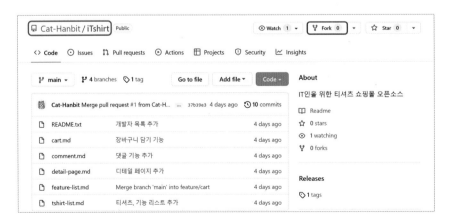

04 Create a new fork 화면으로 이동하면 [Copy the main branch only]의 체크를 해제하고, 페이지 하단의 [Create fork] 버튼을 클릭합니다.

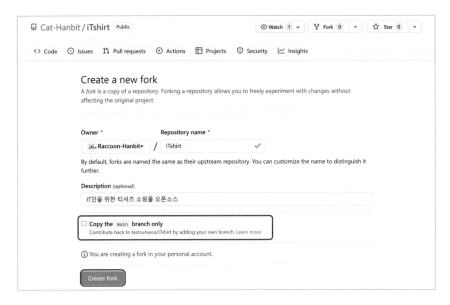

> **TIP** [Copy the main branch only]에 체크한 상태로 포크하면 원격 저장소에 [main] 브랜치만 복사됩니다.

05 새로운 주소의 [iTshirt] 원격 저장소로 페이지가 이동했네요. 원래 우리는 [Cat-Hanbit/iTshirt] 원본 저장소에 있었는데 [Raccoon-Hanbit/iTshirt] 원격 저장소로 이동했습니다. 원격 저장소 이름 밑에 'forked from Cat-Hanbit/iTshirt'란 설명이 있는 것을 보아 포크가 성공한 것을 알 수 있습니다. 이 원격 저장소는 소유자가 너구리이니, 이제 너구리는 마음대로 커밋을 올리거나 브랜치를 만들 수 있습니다.

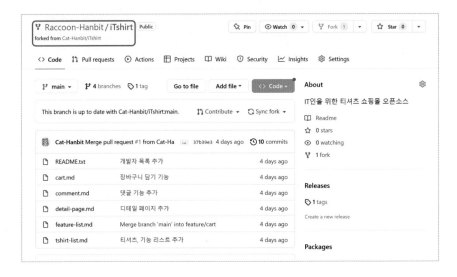

06 새롭게 만들어진 너구리의 원격 저장소를 소스트리로 내 컴퓨터에 받아오겠습니다. 먼저 너구리의 원격 저장소에서 [Code] 버튼을 클릭하고 원격 저장소 주소 오른쪽의 [Copy(🗐)] 버튼을 클릭해 복사합니다.

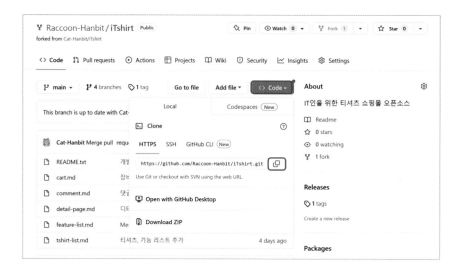

07 소스트리에서 [iTshirt−cat] 탭 오른쪽에 있는 ➕ 버튼을 클릭해 새 탭을 추가합니다. [New tab] 탭이 열리면 [Clone] 아이콘을 클릭합니다. 첫 번째 입력란에서 마우스 오른쪽 버튼을 클릭해서 너구리의 원격 저장소 주소를 붙여넣습니다(실수로 고양이의 원본 저장소 주소를 붙여넣지 않도록 주의하세요).

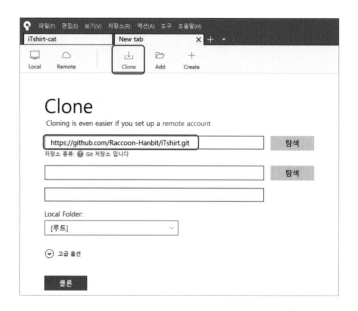

08 두 번째 입력란에는 너구리의 원격 저장소와 연결할 내 컴퓨터의 로컬 저장소 폴더를 만들어서
선택해야 합니다. [탐색] 버튼을 클릭해 [Programming] 폴더를 선택한 후 그 안에 [iTshrit-
raccoon] 폴더를 만들어 이 폴더를 로컬 저장소로 선택합니다. 그리고 세 번째 입력란에는
'iTshirt-raccoon'을 입력합니다. 마지막으로 [클론] 버튼을 클릭합니다.

> 바탕 화면 ▶ Programming ▶ iTshirt-raccoon

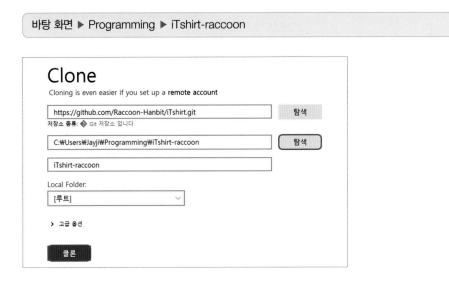

09 새로 만들었던 [New tab]의 이름이 [iTshirt-raccoon]으로 변경되었습니다. 성공이네요.
[iTshirt-raccoon] 소스트리에는 3장에서 만들었던 커밋 히스토리까지 다 보입니다(124쪽 참조).
이제 차려진 밥상을 가져왔으니 숟가락을 얹어볼까요?

10 가장 먼저 할 것은 너구리의 계정으로 소스트리에 새로 로그인하는 일입니다. 우리는 현재 고양이 계정으로 소스트리에 로그인되어 있습니다. 따라서 이대로 너구리의 원격 저장소에 커밋하고 푸시하면 오류가 발생합니다. 소스트리의 [도구]-[옵션]에 들어갑니다.

💡 **TIP** 맥OS 환경에서는 Command ⌘ + , 키를 누르면 쉽게 들어갈 수 있습니다.

11 [옵션] 대화 상자가 열리면 [인증] 탭을 클릭합니다. [인증] 탭에서는 소스트리에 로그인한 계정을 관리할 수 있습니다. 새로운 계정을 추가해야 하니 파란색 [추가] 텍스트를 클릭합니다.

12 [호스팅 서비스]는 'GitHub', [선호 프로토콜]은 'HTTPS'를 선택합니다. [인증]은 'OAuth', 'Basic' 둘 중 아무거나 선택해도 됩니다. Basic은 GitHub 닉네임과 토큰을 입력해 로그인하는 방식이고 OAuth는 웹 브라우저를 띄워 로그인하는 방식입니다. 저는 'Basic'을 선택하겠습니다. 옵션에 따라 [OAuth 토큰 새로고침] 또는 [비밀번호 새로고침] 버튼을 클릭합니다.

13 Basic 인증을 선택하고 [비밀번호 새로고침] 버튼을 클릭했다면 입력하는 대화 상자가 새로 열립니다. 토큰을 입력하고 [확인] 버튼을 클릭합니다.

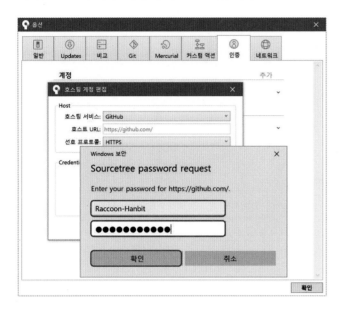

TIP Basic 인증의 경우 GitHub 계정 패스워드가 아닌 토큰을 입력해야 하는 점에 유의하세요. 토큰을 아직 생성하지 않았다면 8쪽을 참고하세요.

14 초록색 체크 박스와 함께 '인증 성공'이 뜨면 성공입니다. [확인] 버튼을 클릭해서 새로운 계정을 저장합니다.

15 너구리 계정이 추가되었습니다. 이 계정을 소스트리의 기본 계정으로 사용하기 위해 너구리 계정의 섹션을 펴서 'Default account for github.com' 옆의 파란색 [설정 초기화] 텍스트를 클릭합니다. 대화 상자가 열리면 [예] 버튼을 클릭합니다. 이제 이 너구리 계정이 소스트리의 기본 계정이

됩니다. 반대로 고양이 계정을 나중에 다시 사용하고 싶다면 고양이 계정에서 [설정 초기화] 텍스트를 클릭하면 되겠죠?

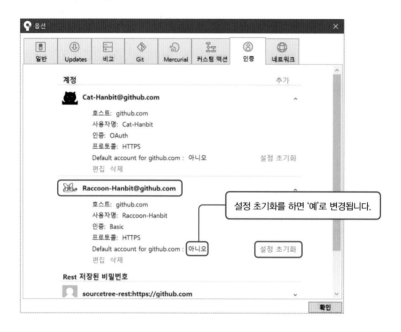

여기서
잠깐! **맥OS에서 계정 설정하기**

맥OS에서 설정은 Command ⌘ + , 키를 눌러서 들어가고, 계정 관리는 [Accounts] 탭에서 할 수 있습니다. 해당 계정을 소스트리의 기본 계정으로 만들고 싶다면 오른쪽 하단의 [Set Default] 버튼을 클릭하세요.

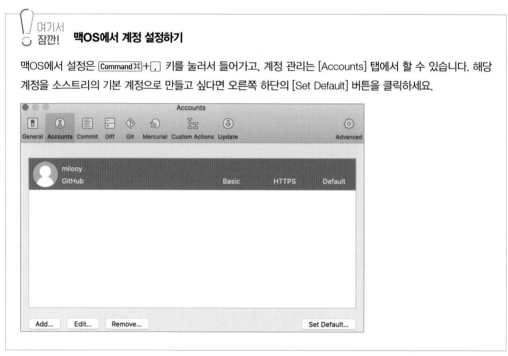

16 여기까지가 준비였습니다. 이제 너구리 원격 저장소에서 커밋해 보겠습니다. 소스 코드를 수정하려면 비주얼 스튜디오 코드에서도 새로 내려받은 [iTshirt-raccoon] 로컬 저장소를 열어야겠죠? [파일]-[폴더 열기]를 선택합니다.

17 폴더를 선택하는 대화 상자에서 다음 경로에 있는 [iTshirt-raccoon] 폴더를 선택합니다.

> 바탕 화면 ▶ Programming ▶ iTshirt-raccoon

18 폴더가 잘 열리면 [새 파일] 아이콘을 클릭해 'like.md' 파일을 생성합니다. 내용은 간단히 '좋아요 기능'이라고 입력하고 Ctrl + S 키로 저장합니다.

19 소스트리로 돌아와서 [커밋] 아이콘을 클릭해 like.md 파일을 스테이지 위로 올립니다. 그리고 하단의 계정이 너구리인지 확인합니다. 만약 아니라면 사람 아이콘을 클릭하고 이어서 나오는 대화 상자에서 [대체 작성자 정보 사용]에 너구리 계정 정보를 입력해 주세요. 너구리 계정을 확인하면 '좋아요 기능 추가'라는 메시지로 커밋합니다.

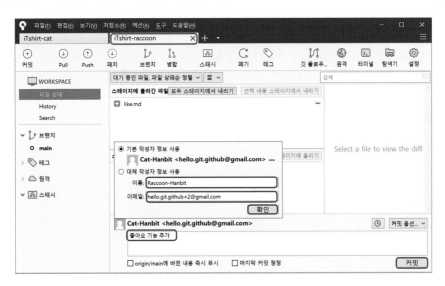

20 Raccoon-Hanbit 이름으로 새로운 커밋을 추가했습니다. 소스트리 상단의 [Push] 아이콘을 클릭하면 이 커밋이 너구리의 원격 저장소에도 반영됩니다.

21 [main]와 [origin/main] 모두 방금 추가한 '좋아요 기능 추가' 커밋을 가리키는 것을 확인할 수 있습니다. 잘 되네요! GitHub에서 너구리 원격 저장소에 이 커밋이 잘 올라갔는지는 바로 이어지는 2절에서 확인해 보겠습니다.

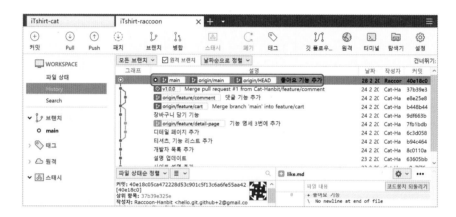

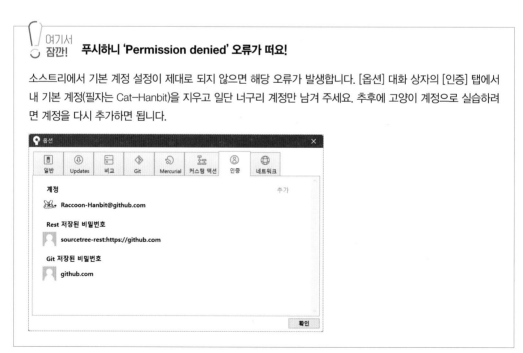

여기서 잠깐! **푸시하니 'Permission denied' 오류가 떠요!**

소스트리에서 기본 계정 설정이 제대로 되지 않으면 해당 오류가 발생합니다. [옵션] 대화 상자의 [인증] 탭에서 내 기본 계정(필자는 Cat-Hanbit)을 지우고 일단 너구리 계정만 남겨 주세요. 추후에 고양이 계정으로 실습하려면 계정을 다시 추가하면 됩니다.

원본 저장소에 풀 리퀘스트 보내고 병합하기

1절에서 너구리는 고양이의 원본 저장소를 본인 계정으로 통째로 포크해서 브랜치에 커밋을 올렸습니다. 이제는 이 커밋을 원본 저장소에 반영할 시간입니다. [iTshirt] 오픈 소스의 컨트리뷰터가 될 날이 멀지 않았습니다.

포크한 원격 저장소에서 원본 저장소로 풀 리퀘스트 보내기

'A브랜치에 B브랜치를 합치려고 하는데 새로 추가된 코드는 다음과 같다'라는 메시지를 보내는 것을 풀 리퀘스트라고 배웠습니다. 포크한 원격 저장소에서 원본 저장소로 코드를 합치는 과정도 똑같습니다. 더 정확히 말하면 포크한 원격 저장소의 A브랜치에서 원본 저장소의 B브랜치로 코드를 합치는 것이죠.

01 너구리 계정으로 GitHub에 로그인합니다. [Raccoon-Hanbit/iTshirt]에 들어가면 1절 마지막에 소스트리에서 너구리가 커밋하고 푸시한 like.md 파일이 보입니다. 이제 이 변경 사항을 고양이와 문어의 원본 저장소에 알려주고 병합 요청을 보내겠습니다. [Contribute] 버튼을 클릭하면 나타나는 팝업 메뉴에서 [Open pull request] 버튼을 클릭합니다.

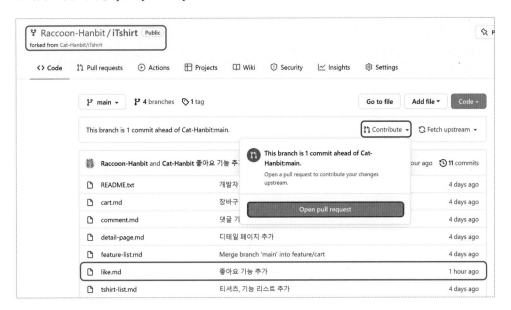

02 풀 리퀘스트를 보내기 전에 정보를 보여 주는 화면이 나옵니다. [base repository]에 원본 저장소가, [head repository]에 내가 포크한 원격 저장소가 보이면 성공입니다. 화살표 방향을 보면 쉽게 유추할 수 있죠, head의 변경 사항을 base에 합치려 한다는 것을요. 'Able to merge'라는 초록색 텍스트는 충돌 없이 바로 병합 가능하다는 메시지입니다.

03 풀 리퀘스트에 대한 설명을 입력합니다. 디자인이나 UI에 변경이 일어났다면 스크린샷을 찍어 첨부하는 것도 좋습니다. 풀 리퀘스트를 보낼 때는 반드시 아래의 변경 파일(changed file) 정보를 꼼꼼하게 확인하세요! 모든 정보가 확실하면 [Create pull request] 버튼을 클릭합니다.

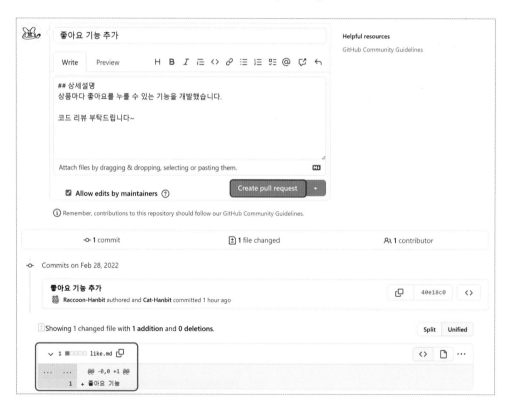

풀 리퀘스트를 할 때는 컨트리뷰션 가이드를 확인하세요

오픈 소스에 풀 리퀘스트를 보내기 전에 컨트리뷰션 가이드라인(Contribution Guideline)이 있는지 확인하는 것이 좋습니다. 보통 원본 저장소의 README.md 파일에 링크되어 있으며, 이 파일에는 컨트리뷰터가 풀 리퀘스트를 보낼 때 미리 확인하면 좋은 것 등이 기재되어 있습니다. 더 궁금하신 분들은 리액트의 컨트리뷰션 가이드 (https://reactjs.org/docs/how-to-contribute.html)를 참고하세요.

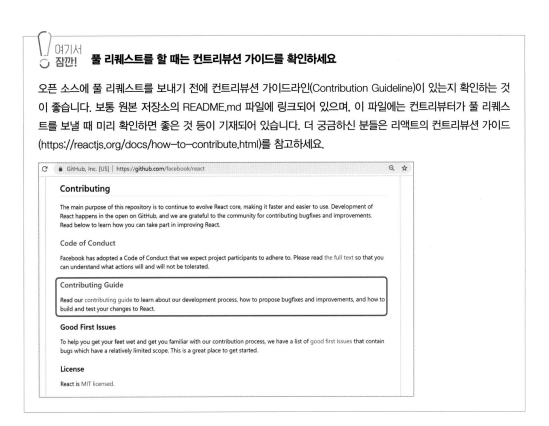

04 성공적으로 풀 리퀘스트가 만들어졌습니다! 이제 고양이와 문어의 풀 리퀘스트 승인과 병합을 기다리면 됩니다.

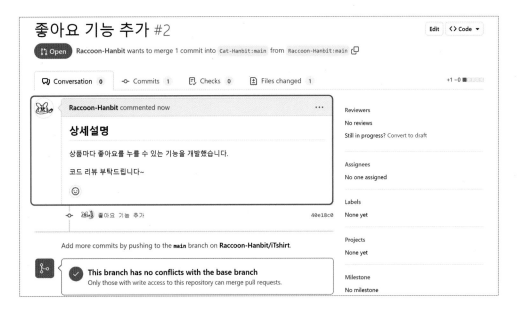

풀 리퀘스트를 승인하고, 병합하기

오랜만에 원본 저장소 주인인 고양이 계정으로 GitHub를 로그인해서 너구리가 보낸 풀 리퀘스트 요청이 들어왔는지 확인해 보겠습니다.

01 너구리 계정을 로그아웃하고 고양이 계정으로 GitHub에 로그인합니다. 그리고 누가 포크했는지 확인합니다. 원본 저장소의 [Insights] 탭을 클릭하고, 왼쪽 메뉴의 [Forks]를 클릭하면 너구리가 포크했다는 것을 알 수 있습니다.

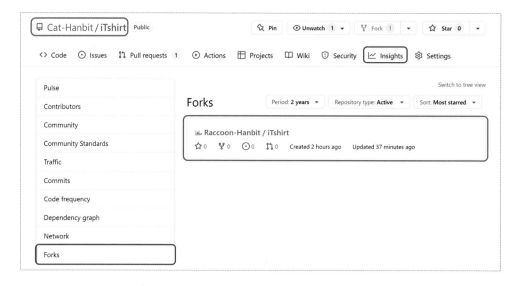

02 [Pull requests] 탭을 클릭하면 1개의 풀 리퀘스트가 들어온 것을 확인할 수 있습니다. 어떤 내용인지 확인해 볼까요? [좋아요 기능 추가] 텍스트를 클릭합니다.

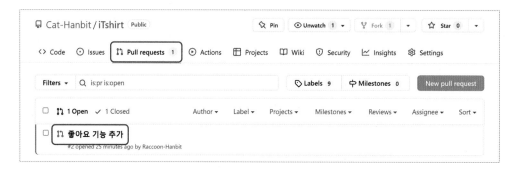

03 [File changed] 탭을 클릭하면 어떤 새로운 코드가 이 풀 리퀘스트에 담겨 있는지 확인할 수 있습니다. 변경된 코드의 왼쪽 +에 마우스 커서를 올리면 버튼처럼 커집니다. 이 버튼을 클릭해서 코드 라인별로 수정 사항을 제안하거나 질문을 하는 등 코드 리뷰를 달 수 있습니다. 여기서는 따로 남길 말이 없으니 버튼을 다시 클릭해 코드 리뷰를 이대로 닫아 줍니다.

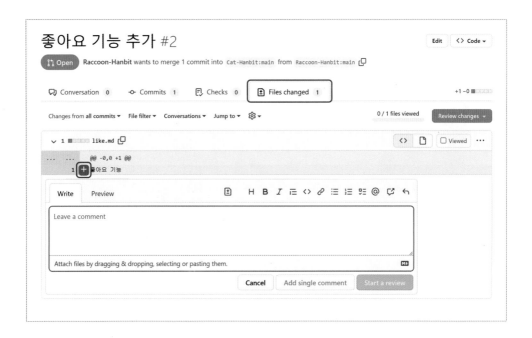

04 오른쪽 상단의 [Review changes]을 클릭하면 Write 탭이 열립니다. 그냥 댓글만 달고 싶다면 [Comment]를, 댓글을 달고 코드가 좋아 바로 병합해도 될 것 같으면 [Approve]를, 수정을 요청하고 싶으면 [Request changes]를 선택합니다. 우리는 승인을 하겠습니다. 다음 그림처럼 댓글을 입력한 후 [Approve]를 선택하고 [Submit review]를 클릭합니다.

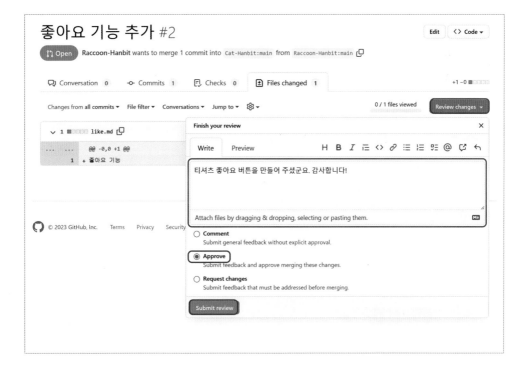

05 리뷰는 풀 리퀘스트 하단에 댓글처럼 보여집니다. 코드 리뷰도 마치고 승인까지 했으니 이제 병합해도 됩니다. [Merge pull request] 버튼을 클릭해 풀 리퀘스트를 병합합니다. 이것은 원본 저장소 주인만 할 수 있습니다. 너구리는 할 수 없죠.

06 [Confirm merge]를 클릭해 병합을 완료합니다.

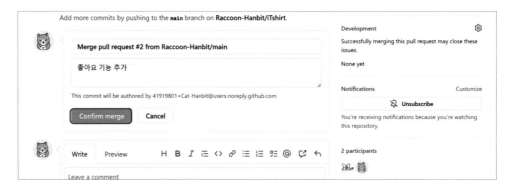

07 병합이 성공하면 댓글 아래에 'Cat−Hanbit merged commit' 메시지가 뜹니다.

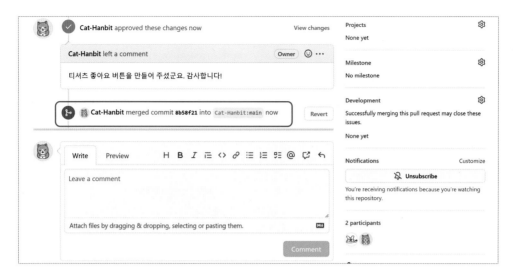

08 원본 저장소에 너구리의 코드가 병합되었습니다! [Code] 탭을 클릭하면 like.md 파일이 [Cat−Hanbit] 원본 저장소에 잘 들어간 것을 확인할 수 있습니다.

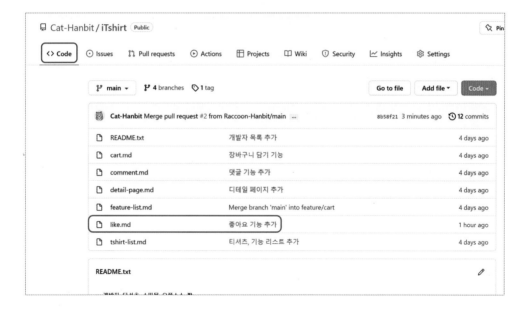

09 [Insights] 탭을 클릭하고 왼쪽 메뉴에서 [Contributors]를 선택하면 이제 너구리도 원본 저장소의 컨트리뷰터에 포함된 것을 확인할 수 있습니다.

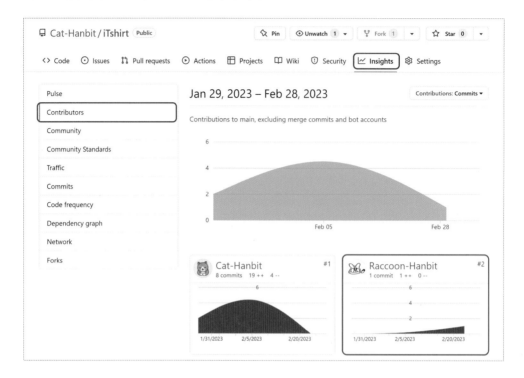

10 멋진 오픈 소스를 만드는 데 기여했으니 너구리는 사람들에게 자랑하고 싶겠죠? 고양이 계정을 로그아웃하고, 너구리 계정으로 GitHub에 로그인합니다. 메인 페이지 상단 메뉴에서 프로필 오른쪽의 역삼각형 버튼을 클릭하면 드롭다운 메뉴가 열립니다. [Your profile]를 선택합니다.

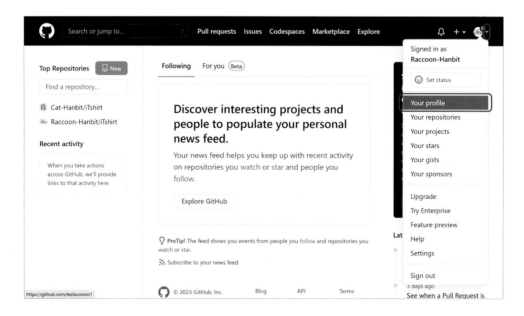

11 프로필 페이지가 열리면 오른쪽의 [Customize your pins] 텍스트를 클릭합니다. 여기서 내 프로필 첫 페이지에 노출되는 원본 저장소 목록을 지정할 수 있습니다. [Cat-Hanbit/iTshirt]를 선택하고 [Save pins] 버튼을 클릭합니다.

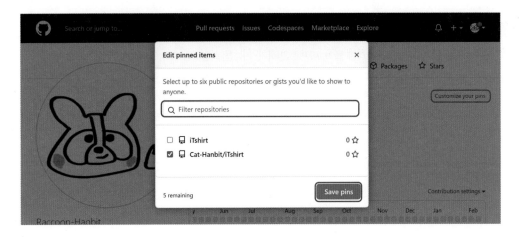

12 원본 저장소가 첫 페이지에 고정되었습니다. 스크롤을 조금 내려보면 컨트리뷰션 활동 내역도 확인할 수 있습니다. 너구리, 컨트리뷰터 등재 축하해요.

03 리베이스: 묵은 커밋을 새 커밋으로 이력 조작하기

컨트리뷰터가 된 너구리는 이 기세를 몰아 '티셔츠 찜하기' 기능을 코딩했습니다. 그리고 풀 리퀘스트를 보냈는데, 아뿔싸, 코드 충돌이 났네요. 3장에서 배운 것처럼 내 브랜치로 먼저 병합하고 충돌을 해결한 다음 다시 풀 리퀘스트를 보내면 충돌이 나지 않을 겁니다. 하지만 풀 리퀘스트에 내가 추가한 코드 이외에도 충돌을 해결하느라 생긴 병합 커밋이 생길 것입니다. 3절에서는 이를 피하고 깔끔하게 변경한 부분만 풀 리퀘스트를 보낼 수 있는 방법을 알아보겠습니다.

원본 저장소에 새로운 커밋이 있는데, 포크한 내 원격 저장소에는 안 보여요!

먼저 고양이&문어의 원본 저장소와 너구리의 원격 저장소가 서로 같은 코드를 고쳐서 병합할 때 충돌이 나는 상황을 만들어 보겠습니다.

01 비주얼 스튜디오 코드에서 [iTshirt-raccoon] 폴더를 열고 like.md 파일을 엽니다. 2번 라인에 '찜하기 기능'을 입력하고 저장합니다. 너구리가 코드를 수정하는 상황입니다.

02 소스트리의 [iTshirt-raccoon] 탭에서 like.md의 수정 사항을 '찜하기 기능 추가'라는 메시지로 커밋합니다. [origin/main에 바뀐 내용 즉시 푸시]도 체크해서 푸시까지 바로 해 볼게요. [커밋] 버튼을 클릭합니다.

03 히스토리를 보면 '좋아요 기능 추가' 커밋 위에 '찜하기 기능 추가'가 잘 들어갔네요. 너구리 계정으로 GitHub에 로그인해서 너구리 원격 저장소를 살펴보면 잘 반영되었다는 것을 확인할 수 있습니다.

04 다음으로 고양이가 코드를 수정하는 상황입니다. 소스트리의 [iTshirt-cat] 탭에 들어갑니다. 히스토리를 살펴보면 [main] 브랜치의 커밋 이후로 2개의 커밋('좋아요 기능 추가', 'Merge pull request #2')이 추가되었네요. 사이드바에 볼드로 강조되어 있는 [main] 브랜치 오른쪽의 [2↓] 표시가 이것을 나타냅니다. 이는 소스트리의 [iTshirt-cat] 탭에 원본 저장소의 최신 업데이트를 받아오지 않아서 2개의 커밋이 반영되지 않은 것입니다. 다시 말해 내 컴퓨터의 [iTshirt-cat] 로컬 저장소에 반영되지 않았다는 의미입니다.

💡 **TIP** [iTshirt-raccoon] 탭이 아니니 주의하세요. 혹시 너구리 계정만 남기고 소스트리에서 고양이 계정을 지웠다면 [도구]–[옵션]–[인증]에서 고양이 계정을 다시 추가합니다.

💡 **TIP** [2↓] 표시가 보이지 않는다면 상단의 [패치] 아이콘을 클릭하세요. 또한 내 컴퓨터의 [iTshirt-cat] 로컬 저장소이므로 너구리가 추가한 '찜하기 기능 추가' 커밋은 보이지 않습니다.

05 그럼 원본 저장소에만 있는 2개의 커밋을 내 컴퓨터의 [iTshirt-cat] 로컬 저장소에 받아오겠습니다. [iTshirt-cat] 탭의 사이드바에서 [main] 브랜치를 마우스 오른쪽 버튼으로 클릭해 [가져오기 origin/main(추적됨)]을 선택합니다. 원본 저장소에서 풀을 받아오는 겁니다.

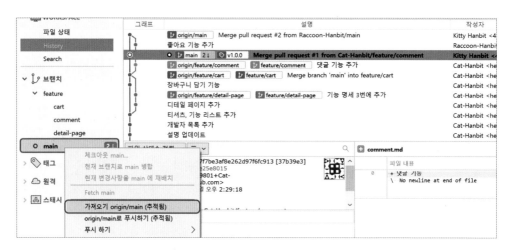

06 [Pull] 대화 상자가 열리면 [Pull] 버튼을 클릭합니다.

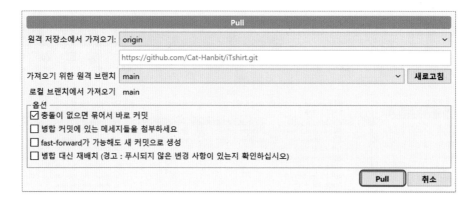

07 [main] 브랜치가 최신 커밋을 가리키도록 업데이트되었는지 확인합니다. [main] 브랜치에 붙었던 [2↓] 표시가 사라졌네요. 원본 저장소에서 더 이상 받아올 커밋이 없는 최신 상태라는 뜻입니다.

08 이제 충돌이 나는 상황을 만들기 위해 고양이의 계정으로 커밋을 2개 추가해 보겠습니다. 고양이 계정으로 커밋해야 하니 소스트리의 계정 설정을 고양이 계정으로 변경하겠습니다. 소스트리 상단 메뉴에서 [도구]–[옵션]을 선택해 대화 상자가 열리면 [인증] 탭을 클릭합니다. 그다음 고양이 계정을 클릭해 소스트리 기본 계정으로 지정합니다. [설정 초기화] 텍스트를 클릭해 초기화 여부를 확인하는 대화 상자가 열리면 [예] 버튼을 클릭합니다.

09 비주얼 스튜디오 코드를 열고 [파일]–[최근 항목 열기]에서 [iTshirt-cat]을 선택하여 고양이의 로컬 저장소를 엽니다.

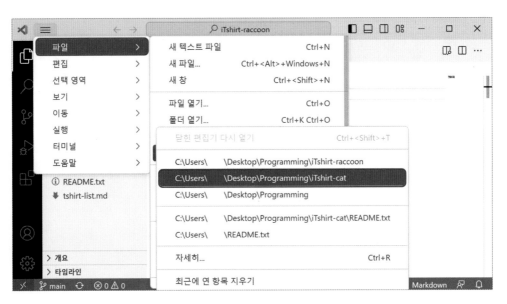

10 like.md 파일을 엽니다. 이 파일은 [iTshirt-cat] 로컬 저장소에 있는 파일이므로 [iTshirt-raccoon] 로컬 저장소에 있는 like.md 파일과는 다릅니다. 그래서 1번 라인만 있습니다. 2번 라인에 '싫어요 기능'이라고 입력하고 파일을 저장합니다. 어쩌죠, 고양이가 2번 라인을 고친 것을 모르는 너구리가 풀 리퀘스트를 보내면 충돌이 나겠어요.

> **TIP** 지금 수정하는 like.md 파일은 [iTshirt-cat] 폴더에 있습니다. 비주얼 스튜디오 코드의 메뉴바에서 [iTshirt-cat] 폴더 이름을 꼭 확인하세요.

11 소스트리의 [iTshirt-cat] 탭에 돌아와서 like.md를 스테이지에 올리고 '싫어요 기능 추가'라는 메시지를 입력해 커밋을 만듭니다. [origin/main에 바뀐 내용 즉시 푸시]도 체크해서 바로 푸시까지 해 봅니다.

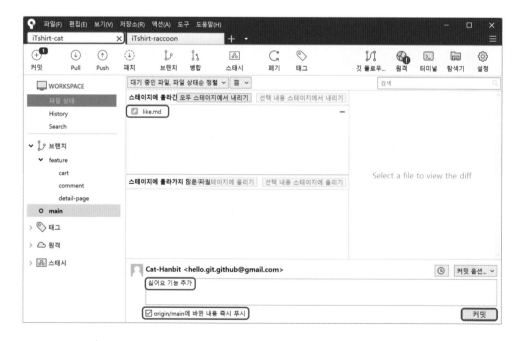

12 [iTshirt-cat] 저장소에 커밋을 하나만 더 추가하겠습니다. 비주얼 스튜디오 코드에서 README. txt 파일을 열고 개발자 목록에 '너구리'를 추가하고 저장합니다. 코드가 똑같지 않아도 됩니다. 커밋만 만들면 되니 혹여나 코드가 달라도 걱정하지 마세요!

13 소스트리의 [iTshirt-cat] 탭에 돌아와서 '개발자 목록에 너구리 추가'라는 메시지로 README.txt 를 커밋합니다. 이번에도 푸시까지 한 번에 하겠습니다.

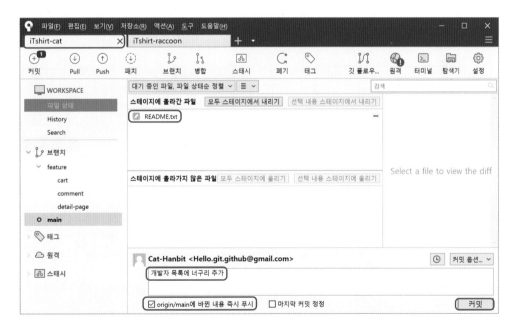

14 [History] 화면에서 커밋 이력을 보면 'Merge pull request #2' 커밋 이후로 2개의 커밋('싫어요 기능 추가', '개발자 목록에 너구리 추가')이 추가된 것을 확인할 수 있습니다. 커밋과 푸시를 한 번에 했으므로 원본 저장소에도 2개의 커밋이 반영되어 있을 겁니다.

15 이제 다시 너구리가 풀 리퀘스트를 보내려는 상황입니다. 너구리 입장에서는 151쪽 03단계 그림이 마지막 상황이었죠. 그 이후로 고양이가 어떤 코드를 고쳐서 원본 저장소에 푸시했는지 까맣게 모르는 너구리는 티셔츠 찜하기 기능을 원본 저장소에 풀 리퀘스트를 보내려고 합니다.

너구리 계정으로 GitHub에 로그인합니다. [Raccoon-Hanbit/iTshirt] 원격 저장소에서 [Pull requests] 탭을 클릭한 후 [New pull request] 버튼을 클릭합니다.

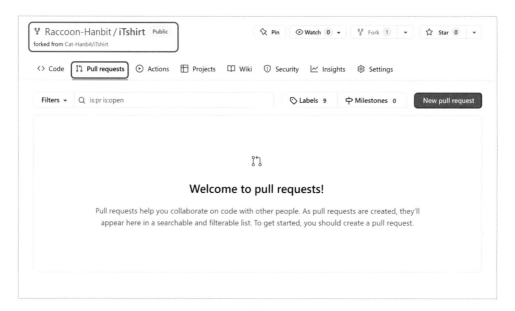

16 자동으로 [Cat−Hanbit/iTshirt] 원본 저장소의 풀 리퀘스트 화면으로 이동됩니다. 그런데 빨간색으로 'Can't automatically merge'라는 메시지가 보이네요. 코드가 충돌했다는 것을 의미합니다. 이렇게 된 이상 충돌을 해결하고 다시 풀 리퀘스트를 보내야 합니다.

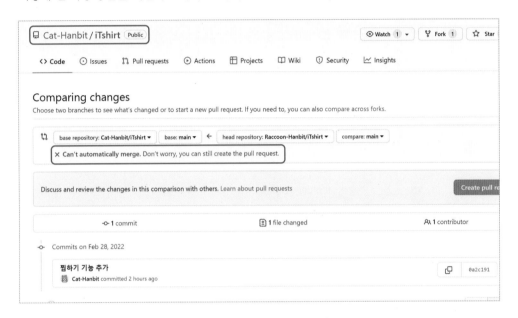

여기서 잠깐! **너구리 저장소에서 [New pull request] 버튼을 클릭했는데 왜 고양이 저장소로 이동하나요?**

포크한 저장소(너구리)에서 [New pull request] 버튼을 클릭하여 원본 저장소(고양이)로 풀 리퀘스트를 보내는 것이 성공하면 원본 저장소(고양이)로 페이지가 자동으로 이동합니다. 풀 리퀘스트는 모두 원본 저장소에 쌓이기 때문에 자연스러운 페이지 이동이라고 생각하면 됩니다.

리모트 추가: 여러 원격 저장소 히스토리를 한눈에 보기

지금까지의 커밋을 그림으로 그려 보겠습니다. 너구리가 고양이&문어의 원본 저장소를 포크하면서 새로운 원격 저장소를 만들었죠? 그렇기 때문에 포크한 시점까지의 모든 히스토리는 너구리가 알 수 있지만, 그 다음에 원본 저장소에 무슨 일이 일어났는지는 모릅니다. 원본 저장소와 포크한 원격 저장소는 이미 주소까지 바뀌어서 서로 다른 원격 저장소가 되었으니까요. 그럼 내 원격 저장소에서 다른 원본 저장소의 히스토리도 함께 보고 싶다면 어떻게 하면 될까요?

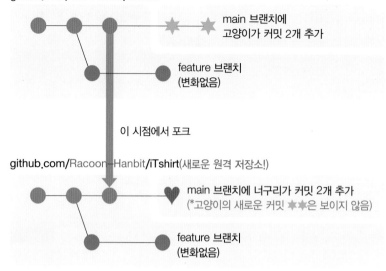

github.com/Cat-Hanbit/iTshirt

main 브랜치에
고양이가 커밋 2개 추가

feature 브랜치
(변화없음)

이 시점에서 포크

github.com/Racoon-Hanbit/iTshirt(새로운 원격 저장소!)

main 브랜치에 너구리가 커밋 2개 추가
(*고양이의 새로운 커밋 ★★은 보이지 않음)

feature 브랜치
(변화없음)

방법은 간단합니다. 소스트리가 원본 저장소와 원격 저장소를 동시에 추적하도록 만들면 됩니다.

github.com/Cat-Hanbit/iTshirt
github.com/Racoon-Hanbit/iTshirt

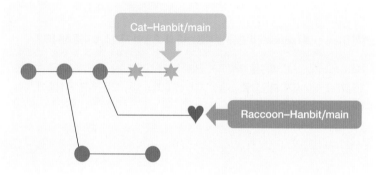

Cat-Hanbit/main

Raccoon-Hanbit/main

"우리는 이미 소스트리에서 원본 저장소와 원격 저장소를 동시에 추적하고 있지 않나요? [iTshirt-cat] 탭과 원격 저장소 [iTshirt-raccoon] 탭이 보이잖아요?"

조금 다른 이야기입니다. 우리는 소스트리에서 여러 로컬 저장소를 관리하고 있었죠? 각 로컬 저장소에서는 하나의 원격 저장소를 바라보고 있었고요. 지금 할 실습은 하나의 로컬 저장소에서 두 개 이상의 원격 저장소를 바라보는 방법을 다룹니다.

01 다시 너구리 개발자로 빙의해 보겠습니다. 여기까지만 하면 이번 장에선 소스트리에서 더 이상 고양이와 너구리 계정을 전환할 일이 없으니 마지막까지 힘내세요. 소스트리에서 [도구]–[옵션]을 선택하고 [옵션] 대화 상자에서 [인증] 탭을 클릭합니다. 너구리 계정의 [설정 초기화] 텍스트를 클릭한 후 [예] 버튼을 클릭합니다. 마지막으로 [확인] 버튼을 클릭해 창을 닫습니다.

02 [iTshirt-raccoon] 탭으로 이동해서 [iTshirt-raccoon] 탭에서 사이드바의 [원격]을 보면 지금은 [origin]만 있습니다. 이제 원본 저장소를 추가하면 이곳에 다른 것이 하나 더 생깁니다. 소스트리 메뉴에서 [저장소]–[원격 저장소 추가]를 선택합니다. 너구리 개발자는 [Raccoon-Hanbit/iTshirt] 원격 저장소만 origin이란 이름으로 보고 있었으니 이제 원본 저장소 [Cat-Hanbit/iTshirt] 주소를 다른 이름으로 추가하는 것입니다.

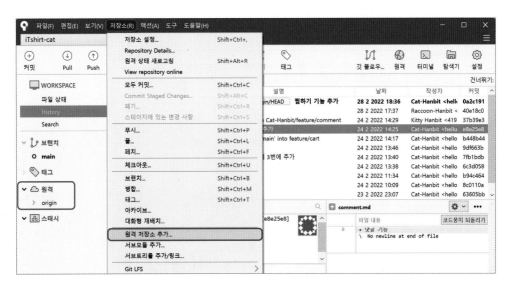

03 내 컴퓨터의 [iTshirt-raccoon] 로컬 저장소와 연결된 원격 저장소 경로가 보입니다. 포크했던 [Raccoon-Hanbit/iTshirt] 원격 저장소 주소가 'origin'이라는 이름으로 저장되어 있네요. 새롭게 추적하고 싶은 고양이의 저장소는 새로운 이름으로 저장해 보겠습니다. 왼쪽 하단의 [추가] 버튼을 클릭하세요.

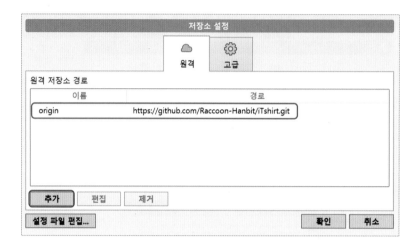

> 💡 **TIP** 0장에서 'git remote add origin 원격 저장소 주소' 명령을 사용했던 것을 기억하나요? origin이라는 이름으로 원격 저장소를 저장하라는 뜻이었습니다. 원격 저장소에서 클론할 때는 이 origin이라는 이름으로 원격 저장소가 자동으로 저장되죠. 그리고 소스트리에서 [origin/main] 와 [main]의 차이도 기억하나요? [origin/main]이 원격 저장소에 올라간 브랜치이며 이 원격 저장소의 닉네임이 [origin]입니다.

04 [원격 이름]에는 'upstream'이라고 입력합니다. 이것은 원본 저장소를 지칭하는 관용적 닉네임입니다. [URL/경로]에는 원본 저장소의 주소를 복사해서 붙여넣습니다. 제 경우는 'https://github.com/Cat-Hanbit/iTshirt.git'입니다. [확인] 버튼을 클릭하세요.

05 'upstream'이란 닉네임으로 원본 저장소 주소가 추가되었습니다. [확인] 버튼을 클릭해서 저장합니다.

06 이제 [iTshirt-raccoon] 탭에서 사이드바의 [원격]을 보면 [origin] 말고도 [upstream]이 추가된 것을 볼 수 있습니다. 하지만 그거 말고는 아무 변화가 없네요.

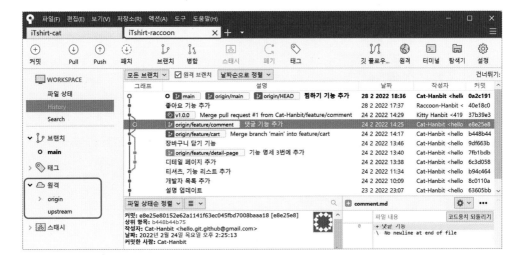

07 [upstream]에서 마우스 오른쪽 버튼을 클릭하고 [upstream 에서 가져오기]를 선택합니다. [upstream] 원본 저장소에 있는 커밋 히스토리를 받아오는 것입니다. 이것을 **패치**^{fetch}라고 합니다.

08 패치는 간단히 말하자면 '새로고침' 기능인데요, 패치를 하면 원본 저장소 이력이 업데이트됩니다. 예를 들어 동료 개발자가 [main] 브랜치에 커밋 5개를 올렸는데, 내 소스트리에는 아직 그 이력이 안 보일 때 패치를 하면 이력이 보입니다. 이력만 가져오는 거니까 내 코드에는 아무 영향이 없습니다. 최신 코드를 내 코드에 반영하는 풀과는 다르죠. 앞서 122쪽에서도 한 번 했습니다.

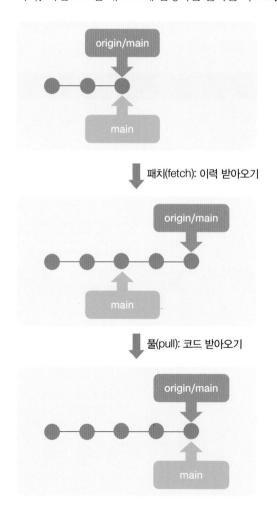

> **여기서 잠깐!** **왜 지금까지는 패치 없이 새로운 이력이 잘 보였나요?**
>
> 이것은 소스트리가 10분에 한 번씩 자동으로 패치를 했기 때문에 따로 패치를 하지 않아도 새로운 이력이 보인 것입니다. 이를 끄고 싶다면 [도구]–[옵션] 메뉴에 들어가 [원격 업데이트가 있는지 확인함 10분]의 체크를 해제하면 됩니다. 시간을 조정할 수도 있습니다.

09 그래프가 업데이트됐습니다. 사이드바의 [원격]에도 [upstream] 아래에 이력이 추가된 것을 볼 수 있습니다. 또한 [upstream/main]라는 브랜치에 병합 커밋인 'Merge pull request #2', 그리고 새로운 커밋인 '싫어요 기능 추가'와 '개발자 목록에 너구리 추가'가 추가되어 있습니다. 이 중에 너구리의 커밋과 충돌을 내는 커밋이 있겠군요. 그래프를 유심히 보면 [origin/main]에는 포크한 너구리 원격 저장소의 코드가, [upstream/main]에는 고양이와 문어의 원본 저장소 코드가 있을 거라고 짐작할 수 있습니다.

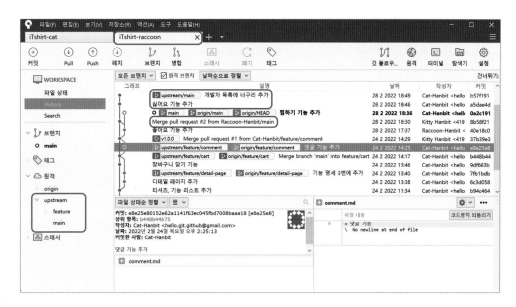

너구리가 기능을 잘 만들었지만, 너무 예전 코드를 기점으로 새 코드를 추가했군요. 이렇게 하면 원본 저장소의 최신 코드와 충돌이 날 가능성이 있겠죠. 그럼 다음 단계에서 새로운 방식으로 충돌을 해결해 보겠습니다.

묵은 커밋을 방금 한 커밋처럼 리베이스하기

풀 리퀘스트를 보냈을 때 충돌이 난다면 우리는 두 가지 방법 중에서 택할 수 있습니다. 첫 번째는 현재 커밋과 병합하고 싶은 커밋을 미리 내 브랜치에서 병합해서 병합 커밋을 만들고 이를 풀 리퀘스트로 보내는 방법입니다. 그림으로 설명하겠습니다.

너구리 원격 저장소의 1번 커밋과 고양이 원본 저장소의 2번 커밋을 합치려고 하니까 충돌이 났습니다.

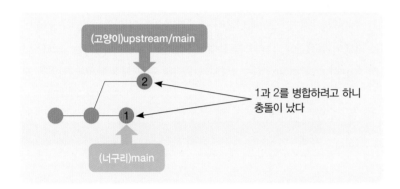

너구리는 1과 2의 충돌을 해결해서 만들어진 [병합 커밋](3번 커밋)을 너구리 원격 저장소에 올렸습니다(고양이의 원본 저장소에는 권한이 없어서 올릴 수 없죠). 그러면 이미 너구리 원격 저장소에서 충돌이 해결된 상태(3번 커밋)이니까 고양이의 원본 저장소(2번 커밋)와 충돌 없이 병합할 수 있을 것입니다. 3장에서 충돌 해결 후 만든 병합 커밋을 떠올려 보세요.

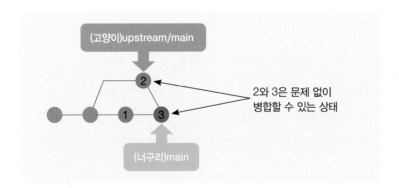

이렇게 먼저 병합하고 풀 리퀘스트를 보내면 충돌은 나지 않겠지만, 나의 풀 리퀘스트에 불필요한 병합 커밋(3번 커밋)의 이력이 남는 아쉬움이 있습니다. 사실 나의 변경점은 1번 커밋 하나뿐인데 충돌을 해결하느라 쓸데없는 코드가 더 들어가게 된 거죠.

더 고급스럽고 깔끔한 방법이 궁금한가요?

방법이 있습니다. 바로 묶은 커밋을 방금 한 커밋처럼 이력을 조작하는 것입니다. 이 묶은 커밋을 햇커밋으로 바꾸는 방법은 처음 보고 이해하기가 쉽지 않습니다. 하지만 이해하고 나면 이보다 더 깔끔하고 쉬운 방법이 없습니다. 그럼 하나하나 차근히 따라가 볼까요?

다음 그림에서 너구리는 0번 커밋을 베이스로 1, 2번 커밋을 만들었습니다. 0번 커밋이 옛날 커밋이어서 최신 커밋인 3번과 병합하려면 충돌이 납니다. 그런데 1, 2번 커밋을 0번 커밋이 아니라 3번 커밋을 베이스로 만들었다면 어떨까요? 아무 문제 없이 빨리 감기 병합이 되는 상태일 것입니다. 이렇게 커밋의 베이스를 똑 떼서 다른 곳으로 붙이는 것이 **리베이스**rebase입니다. 즉, 베이스를 다시 잡는 것이죠. 병합 커밋이 생기는 앞의 방법과는 달리 깔끔하게 풀 리퀘스트를 보낼 수 있겠죠? 그리고 내 브랜치에 내 변경 사항만 남길 수 있다는 장점도 있습니다.

간단히 정리하자면 한 달 전의 코드를 기준으로 만들었던 브랜치를, 마치 최신 코드를 기준으로 만든 것처럼 이력을 조작해서 시치미를 뚝 떼는 것입니다. 만약에 충돌이 있다면 이력을 조작하는 중간에 조용히 고치면 됩니다.

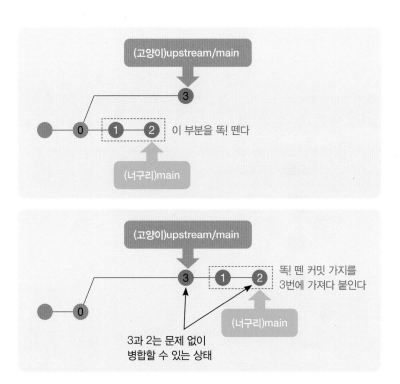

그럼 리베이스 실습을 해 보겠습니다. 이번 실습은 보다 주의를 기울여 주세요. 만약 실수를 했다면 [iTshirt-raccoon] 폴더를 전체 삭제하고 다시 클론해서 실습하는 것을 추천합니다.

01 [iTshirt-raccoon] 탭의 그래프를 보면 현재 커밋 '찜하기 기능 추가'의 베이스 커밋이 '좋아요 기능 추가'인 것을 확인할 수 있습니다.

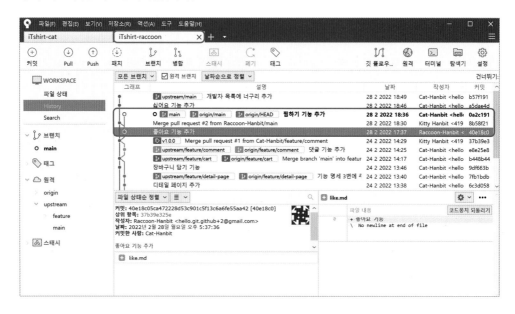

02 이제 우리는 베이스 커밋을 마치 [upstream/main]의 최신 커밋인 '개발자 목록에 너구리 추가'인 것처럼 이력을 조작하겠습니다. 아래 그림처럼 말이죠.

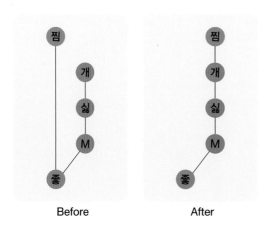

Before   After

03 새로운 베이스로 삼고 싶은 커밋인 '개발자 목록에 너구리 추가'를 마우스 오른쪽 버튼으로 클릭하고 [재배치]를 선택합니다. 리베이스의 한글 번역입니다.

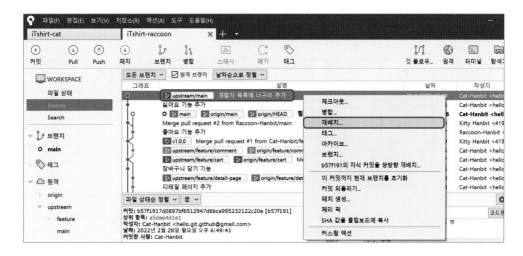

04 [재배치 확인] 대화 상자가 열리면 [확인] 버튼을 클릭합니다. 이는 매우 의미있는 경고인데, 리베이스를 하려면 다른 개발자가 이 변경 사항을 사용하고 있지 않아야 한다는 말입니다. 현재 있는 너구리 원격 저장소의 [main] 브랜치를 너구리 혼자만 사용하는 것이냐고 묻는 거죠. 리베이스는 히스토리를 강제로 조작하기 때문에 다른 사람이 만약 이 히스토리를 보고 있다면 완전히 꼬일 것입니다. 그렇기 때문에 리베이스는 반드시 혼자만 쓰는 브랜치에서 수행해야 합니다. 보통 기능 구현을 하는 브랜치는 혼자만 쓰니까 편하게 리베이스해도 됩니다.

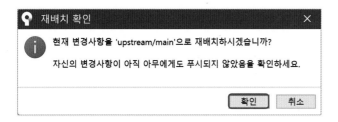

05 무서운 경고 메시지가 나타났네요. 당연하죠? 너구리와 고양이가 똑같은 코드를 고쳤으니까요. 실무에서 협업할 때는 충돌이 비일비재합니다. 자주 있는 일이니 전혀 당황할 필요 없이 고치면 됩니다. 조금 귀찮을 뿐이죠. [닫기] 버튼을 클릭해 일단 닫아 줍니다.

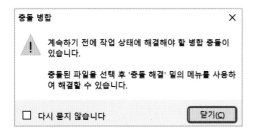

06 '커밋하지 않은 변경사항'을 클릭해 보면 [스테이지에 올라가지 않은 파일]에 like.md 파일이 있는 것을 볼 수 있습니다. 파일 이름을 클릭하니 미리보기에 충돌이 발생한 부분이 보입니다. 같은 부분이 고쳐진 코드가 꺾쇠 괄호로 구분되어 있네요. 충돌을 해결해야겠죠?

07 비주얼 스튜디오 코드에서 [iTshirt-raccoon] 로컬 저장소의 like.md 파일을 열어 충돌을 해결합니다. 두 개발자 모두 2번 라인을 수정해서 발생한 충돌입니다. '싫어요 기능'과 '찜하기 기능'을 모두 살리고 나머지 코드는 삭제하면 되겠죠? 직접 정리하거나 '두 변경 사항 모두 수락(Accept Both Changes)'을 클릭해 자동으로 정리되게 합니다.

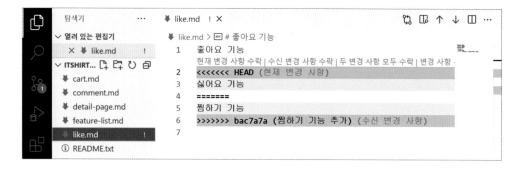

08 다음 그림과 같이 정리했으면 Ctrl + S 키를 눌러 저장합니다.

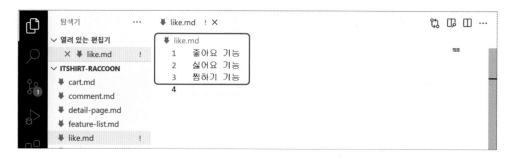

09 소스트리로 돌아와 보면 충돌이 잘 해결된 것을 미리보기에서 확인할 수 있습니다. ⊞ 버튼을 클릭해 like.md 파일을 스테이지에 올립니다.

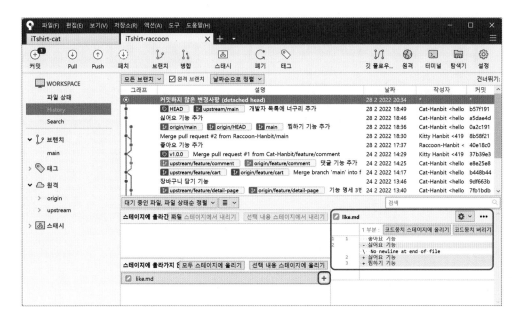

10 충돌을 해결하니 스테이지 아래가 깨끗해졌습니다.

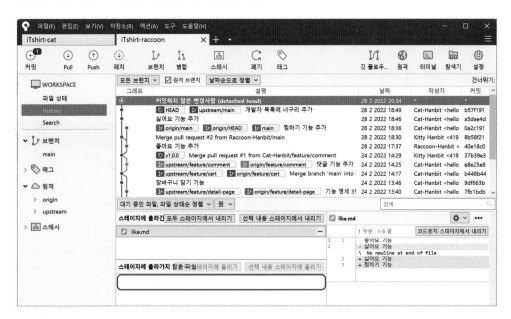

11 소스트리 메뉴바의 [액션]-[재배치 계속]을 선택해 리베이스를 계속 진행합니다. 리베이스는 커밋을 하나씩 비교하면서 충돌 여부를 확인하기 때문에 계속 같은 곳을 수정했다면 [재배치 계속]을 선택할 때마다 충돌이 여러 번 일어날 수도 있습니다.

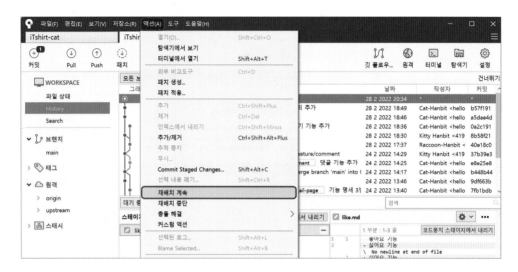

12 모든 충돌이 해결되고 리베이스가 성공했습니다(충돌이 나지 않는 상황이었다면 장애 없이 리베이스가 완료되었을 것입니다. 우리는 어려운 실습을 성공했어요).

'찜하기 기능 추가' 커밋의 베이스 커밋이 [upstream/main]의 '개발자 목록에 너구리 추가'로 바뀐 것을 볼 수 있군요. 그런데 그래프가 조금 특이합니다. 내 로컬 저장소 브랜치인 [main]은 제대로 리베이스가 된 것처럼 보이는데 원격 저장소 브랜치인 [origin/main]은 아직도 옛날 커밋인 '좋아요 기능 추가'를 베이스로 하고 있습니다.

강제 푸시하기

이제 푸시해서 로컬 저장소의 이력을 원격 저장소에 반영해야 한다는 것을 알았을 겁니다. 다만 여기서 주의할 점이 있습니다. 리베이스는 이력을 조작하는 행위이기 때문에 일반 푸시로는 수행할 수 없습니다. 아까 리베이스를 처음 수행할 때 했던 이야기, 기억하나요?

리베이스하려면 다른 개발자가 이 변경 사항을 사용하고 있지 않아야 한다는 말입니다. 리베이스는 히스토리를 강제로 조작하기 때문에 다른 사람이 만약 이 히스토리를 보고 있다면 완전히 꼬입니다.

이렇듯 이력을 조작하고 푸시하는 것은 다른 개발자에게 위험한 행위여서 무조건 혼자 사용하는 브랜치에서만 해야 합니다. 그리고 이렇게 이력을 조작하면 특수한 옵션을 붙여서 푸시해야 합니다. 바로 강제 푸시죠.

01 [도구]-[옵션]을 선택합니다.

02 [옵션] 대화 상자의 [Git] 탭에서 [강제 푸시 가능]에 체크합니다. 이렇게 해야 푸시할 때 강제 푸시 체크 박스를 볼 수 있습니다. [확인] 버튼을 클릭합니다.

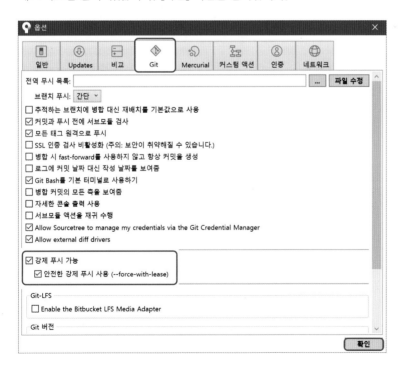

03 소스트리 상단의 [Push] 아이콘을 클릭해 대화 상자가 열리면 [강제 푸시]에 체크합니다. 이러면 히스토리가 조작된 커밋도 문제없이 원격 저장소에 올라갑니다. [Push] 버튼을 클릭합니다.

04 강제 푸시의 위험을 경고하는 대화 상자가 열리면 [예] 버튼을 클릭합니다.

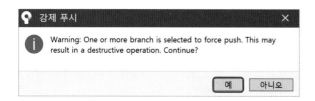

05 그래프가 깔끔해졌습니다! [origin/main]이 '찜하기 기능 추가' 커밋을 제대로 가리키고 있는 것을 보아 원격 저장소에도 리베이스한 커밋이 반영되었습니다.

풀 리퀘스트 보내서 원본 저장소에 반영하기

충돌을 해결했으니 다시 한 번 풀 리퀘스트를 보내겠습니다. 156쪽 15단계와 같은 상황입니다.

01 너구리 계정으로 GitHub에 로그인하고, [Raccoon-Hanbit/iTshirt] 원격 저장소에서 [Pull requests] 탭을 클릭합니다. [New pull request] 버튼을 클릭하니 [Cat-Hanbit/iTshirt] 원본 저장소로 바뀌면서 'Can't automatically merge' 경고가 아닌 'Able to merge(병합할 수 있다)' 메시지가 보이네요! 이제 [Create pull request] 버튼을 클릭해 풀 리퀘스트를 보내겠습니다.

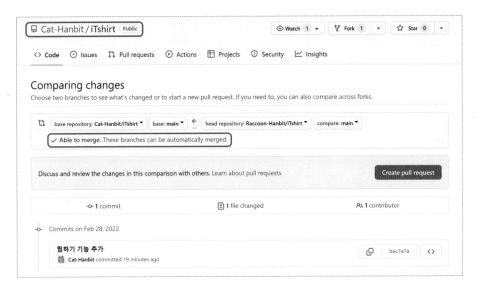

02 원본 저장소 소유자에게 전달할 메시지를 입력하고 [Create pull request] 버튼을 클릭해서 보냅니다.

03 마지막으로 고양이 계정으로 GitHub에 로그인해서 승인과 병합까지 해 봅니다. [Cat-Hanbit/iTshirt] 원본 저장소에서 [Pull requests] 탭을 클릭한 후 목록에서 [찜하기 기능 추가]를 클릭합니다.

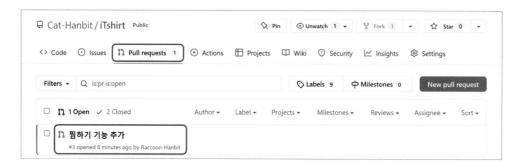

04 145쪽에서 했던 것처럼 [Files changed] 탭에서 '코드와 이력이 모두 깔끔하군요! 기여해 주셔서 감사합니다.'라는 코드 리뷰를 달아 주고, [Merge pull request] 버튼을 클릭한 다음 [Confirm merge]를 클릭해 병합을 승인합니다.

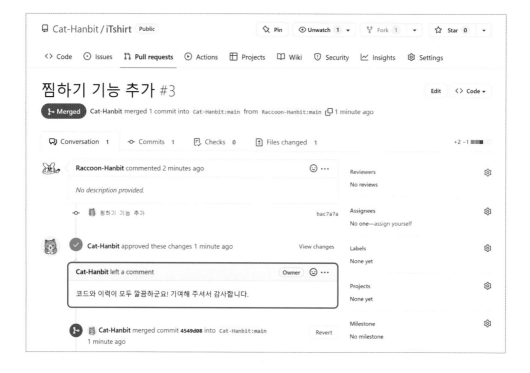

리베이스로 히스토리가 깔끔하게 정리되니 고양이가 코드를 리뷰하는 것도 더 편했습니다. 리베이스를 성공적으로 수행했습니다. 너구리, 다시 한 번 축하해요!

CHAPTER 5

실무 사례와 함께 Git 다루기

이번 장에선 개발 현장에서 유용하게 사용하는 다섯 가지 편리한 기능을 학습합니다. 실수로 파일을 빼먹고 커밋했을 때 어떻게 합치는지, 이력을 옛날로 돌리고 싶을 때는 어떻게 해야 하는지 등에 관한 명령인데요, 이를 익히면 훨씬 더 쾌적한 버전 관리를 할 수 있습니다.

이 장의 **To Do List**

iTshirt 오픈 소스가 성공해서 고양이와 문어는 회사를 설립했습니다. 어느덧 팀원이 생기고 개발자가 5명이 되었답니다. 그래서 두 사람만 커밋하던 때와는 달리 여러 버전을 오가는 경우가 많아졌습니다. Git에는 4장까지 학습한 명령어 이상으로 여러 유용한 명령어가 있는데요, 5장에서는 소스트리 기능을 통해 유용한 명령어 다섯 가지를 알아보겠습니다. 마치 그림판으로 그림을 그리다가 포토샵을 설치한 것 같은 편리함을 느낄 수 있을 것입니다. 앞에서 했던 것처럼 명령 한 줄, 버튼 한 번 클릭이니 부담 없이 따라와 주세요.

너굴님, [main] 브랜치에 커밋이 잘못 푸시되었네요. 두 커밋 이전 상태로 되돌려 주실래요?

네! (큰일 났다… 어떻게 하지?)

너굴님, [latest] 브랜치에서 빨리 고쳐야 하는 버그가 보이네요. [main] 브랜치에서 [hotfix] 브랜치를 따서 개발하고 나중에 [latest] 브랜치에 체리 픽해 주세요.

체리...픽?

실습을 위한 사전 준비

5장에서 진행할 다섯 가지 실습을 위해 먼저 새로운 원격 저장소, 'git-playground'를 만들겠습니다. 이름처럼 나만의 깃 놀이터로 만들어서 온갖 실험과 연습을 해 보면 좋겠지요?

GitHub에서 새로운 원격 저장소 만들기

Git과 GitHub로 관리하는 프로젝트를 시작하는 데엔 방식에는 다음과 같이 크게 두 가지가 있습니다.

1. GitHub에서 원격 저장소를 만들고 이를 내 컴퓨터에 클론합니다(clone).
2. 내 컴퓨터에서 먼저 로컬 저장소를 만들고 GitHub에 원격 저장소를 만들어 로컬 저장소에 원격 저장소 주소를 추가합니다(remote add).

둘 다 같은 결과는 같지만 더 간편한 1번 방식을 사용하겠습니다.

01 지금까지 사용했던 고양이 계정으로 GitHub에 로그인합니다. GitHub 메인 페이지 메뉴에서 프로필 아이콘 왼쪽에 있는 ➕ 버튼을 클릭하고 [New repository]를 선택합니다.

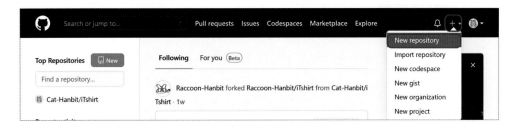

02 원격 저장소 이름으로 'git-playground'를 입력하고, [Initialize this repository with] 항목의 [Add a README file] 옵션에 체크합니다. 라이선스도 추가할까요? [Choose a license] 항목에서 'MIT License'를 선택하면 해당 라이선스 허가서가 자동으로 생성되어 프로젝트 파일에 포함됩니다. 이 오픈 소스를 사용하려면 MIT 라이선스를 따라야 한다고 사용자에게 안내하는 것입니다. 옵션 선택을 완료하면 [Create repository] 버튼을 클릭합니다.

Create a new repository

A repository contains all project files, including the revision history. Already have a project repository elsewhere?
Import a repository.

Owner *   **Repository name** *

🐱 Cat-Hanbit▾ / git-playground ✓

Great repository names are short and memorable. Need inspiration? How about literate-telegram?

Description (optional)

○ ▢ **Public**
    Anyone on the internet can see this repository. You choose who can commit.

○ 🔒 **Private**
    You choose who can see and commit to this repository.

Initialize this repository with:
Skip this step if you're importing an existing repository.

☑ Add a README file
    This is where you can write a long description for your project. Learn more.

Add .gitignore
Choose which files not to track from a list of templates. Learn more.

.gitignore template: None ▾

Choose a license
A license tells others what they can and can't do with your code. Learn more.

License: MIT License ▾

This will set 🎋 main as the default branch. Change the default name in your settings.

Create repository

💡 **TIP** [Add a README file]을 체크하면 원격 저장소가 만들어지는 동시에 README.md 파일이 자동으로 생성됩니다.

💧 여기서
잠깐! **MIT 라이선스가 무엇인가요?**

MIT 라이선스는 간단히 말해 '이 소스를 재가공해서 재배포해도 된다'는 비교적 가벼운 편의 라이선스입니다. 추가해도 별다른 보안 기능이 생기는 건 아니고, 라이선스 파일이 하나 더 생깁니다. 오픈 소스를 다루려면 라이선스에 관해 잘 알고 있어야 하니 관련 내용을 더 찾아보길 권장합니다.

03 [git-playground] 원격 저장소가 생성됩니다. 'Initial commit'이란 커밋과 함께 LICENSE 파일과 README.md 파일이 자동으로 생성되었군요. README.md 파일에 들어 있는 'git-playground' 텍스트는 자동으로 생성된 것입니다. [Code] 버튼을 클릭한 후 이 원격 저장소의 주소를 복사합니다.

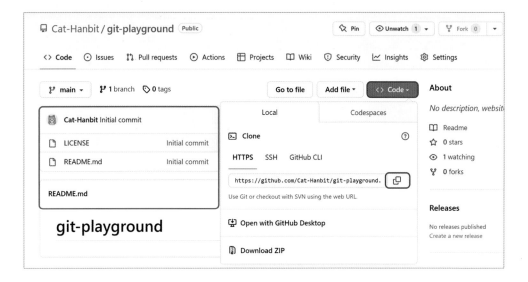

소스트리에서 원격 저장소 클론하기

이번에는 소스트리의 편의 기능을 통해 원격 저장소를 클론하겠습니다.

01 소스트리 메뉴바에서 [도구]-[옵션]을 선택하고 [옵션] 대화 상자의 [인증] 탭에서 고양이 계정의 [설정 초기화]를 클릭해 기본 계정으로 설정합니다.

02 메뉴바 아래의 ■ 버튼을 클릭해 새 탭을 추가합니다. 그리고 [Remote] 아이콘을 클릭하면 소스 트리에서 등록한 계정과 연결한 GitHub 원격 저장소가 모두 나타납니다. 고양이 계정에 연결된 [git-playground] 원격 저장소가 보이네요. [Clone]을 클릭합니다.

💡 **TIP** 위 그림은 제가 등록한 원격 저장소 목록입니다. 여러분은 [git-playground] 원격 저장소와 [iTshirt] 원격 저장소만 보일 겁니다. 추가하려는 저장소가 보이지 않으면 [새로고침] 버튼을 클릭해 보세요.

03 [Clone] 화면으로 넘어갑니다. 첫 번째 입력란에는 [git-playground] 원격 저장소 주소가 자동으로 추가되어 있습니다. 원격 저장소 주소가 자동으로 추가되어 있지 않다면 03단계에서 복사한 [git-playground] 원격 저장소 주소를 붙여넣기하세요. 두 번째 입력란에는 내 컴퓨터의 로컬 저장소 위치를 지정합니다. 오른쪽의 [탐색] 버튼을 클릭해 [바탕 화면 〉 Programming 〉 git-playground] 폴더를 만들고 지정합니다. 세 번째 입력란에는 'git-playground'라고 입력합니다. 모두 입력했으면 [클론] 버튼을 클릭하세요.

> 바탕 화면 ▶ Programming ▶ git-playground

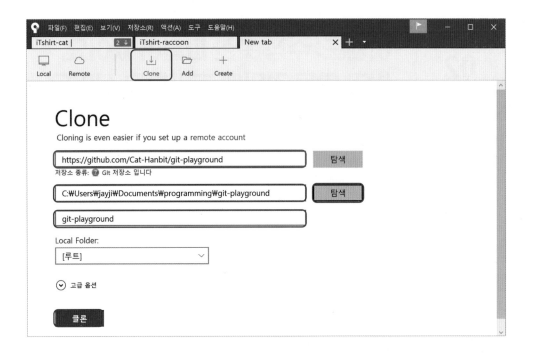

04 비주얼 스튜디오 코드에 가서 [파일]-[폴더 열기]를 선택하고, 방금 로컬 저장소로 지정한 [git-playground] 폴더를 선택하면 실습을 위한 준비는 완료됩니다.

05 [git-playground] 폴더에서 README.md 파일을 열어 보면 1번 라인에 원격 저장소를 생성하면서 자동으로 들어간 텍스트가 보입니다. 이제 실습 준비가 끝났네요.

어멘드: 수정 못한 파일이 있어요, 방금 만든 커밋에 추가하고 싶어요

커밋을 했는데 뒤늦게 수정해야 하는 상황이 발생할 때가 있습니다. 이번 절에서는 이미 실행한 커밋을 어멘드(amend) 기능으로 수정하는 실습을 해 보겠습니다.

로컬 저장소의 마지막 커밋 수정하기

열심히 개발해서 커밋을 하나 만들었는데, 추가할 파일이 있다는 것을 뒤늦게 알았습니다. 그렇다면 반드시 커밋을 아래처럼 추가해야 할까요?

```
$ git commit -m "앗 app.js에도 반영하는거 깜빡했음"
```

아닙니다. **어멘드**^{amend}라는 명령어를 사용하면 방금 했던 커밋을 수정할 수 있습니다. 원격 저장소까지 푸시했더라도 말이죠. 이번에는 의도적으로 아쉬운 커밋을 작성한 후에 소스트리에서 수정하는 실습을 해 보겠습니다.

01 [git-playground] 폴더에서 amend.md 파일을 생성하고 내용에 '어멘드 실습하기'라고 입력한 후 저장합니다.

02 소스트리의 [git-playground] 저장소로 갑니다. amend.md 파일을 스테이지에 올리고 'amend 실습 파일 추가'라는 커밋 메시지를 붙입니다. 원격 저장소에 푸시는 안 할 것이므로 [origin/main 에 바뀐 내용 즉시 푸시] 옵션에 체크하지 않습니다. [커밋] 버튼을 클릭합니다.

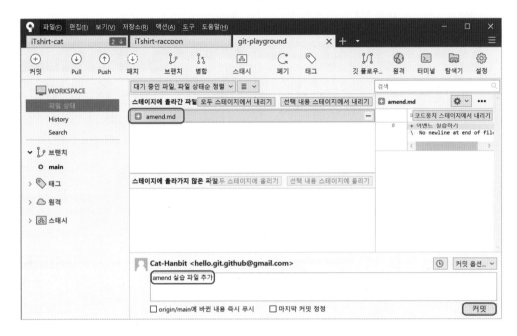

03 그런데 '어멘드'가 아니고 'amend'라고 영어로 표기해야 한다는 것을 뒤늦게 알았다고 가정해 봅 시다. '어멘드가 아니고 amend였음ㅜㅜ'이란 새로운 커밋을 만들지 않고 기존 커밋을 수정할 수 있다면 참 좋겠죠? 일단 비주얼 스튜디오 코드에 가서 amend.md 파일에 원하는 대로 '어멘드'를 'amend'로 바꾸고 저장합니다.

04 소스트리에 변경한 amend.md 파일을 스테이지에 올립니다. 여기서 바로 [커밋] 버튼을 클릭하지 않고 오른쪽 하단의 [커밋 옵션] 드롭다운 버튼을 클릭한 후 [마지막 커밋 정정]을 선택합니다. 이렇게 하면 지금 스테이지에 올린 변경 사항이 기존 커밋에 덮어 씌워집니다. 커밋 메시지를 바꿀 것인지 확인하는 대화 상자가 열리면 [예] 버튼을 클릭하세요.

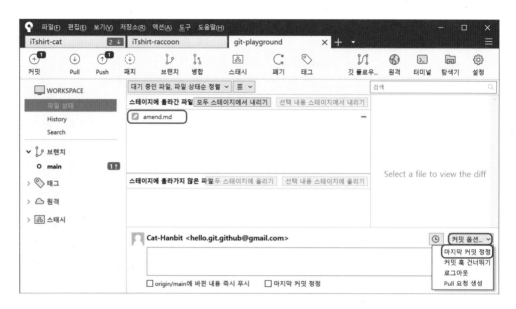

05 바로 전에 커밋했던 메시지가 자동 입력됩니다. 커밋 메시지를 수정하고 싶다면 고칩니다. 물론 그대로 두어도 됩니다. 우리는 메시지 수정 없이 바로 [커밋] 버튼을 클릭하겠습니다.

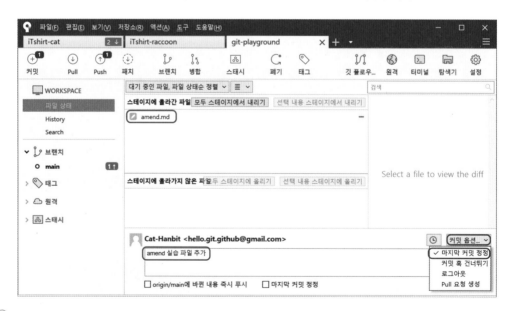

TIP [커밋 옵션]을 클릭해 드롭다운 메뉴를 열면 [마지막 커밋 정정] 왼쪽에 체크 아이콘이 생긴 것을 볼 수 있습니다. 어멘드를 그만두고 싶다면 이 옵션의 체크를 해제하면 됩니다.

06 [History] 화면에서 'amend 실습 파일 추가' 커밋을 선택하고 오른쪽 하단의 미리보기를 보면 'amend 실습하기'로 수정되어 있습니다.

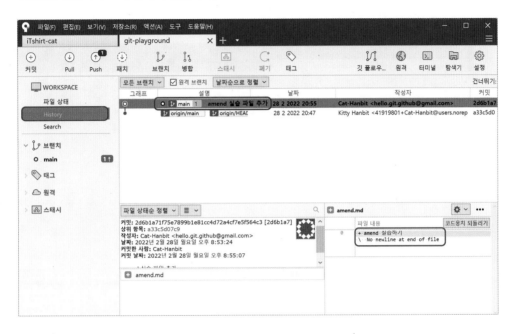

원격 저장소의 마지막 커밋 수정하고 강제 푸시하기

로컬 저장소에만 올린 커밋을 소스트리의 어멘드 기능으로 수정하는 것을 쉽게 실습했습니다. 이번에는 이미 원격 저장소에 푸시한 마지막 커밋을 수정하고 원격 저장소에 다시 반영하는 실습을 해 보겠습니다.

01 [Push] 아이콘을 클릭해서 방금 만든 커밋을 원격 저장소에 푸시합니다.

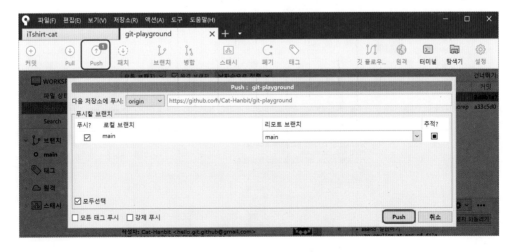

02 이번에는 코드 수정 없이 커밋 메시지만 수정해 보겠습니다. 사이드바의 [파일 상태]를 클릭합니다. 그리고 [커밋 옵션] 드롭다운 버튼을 클릭해 [마지막 커밋 정정]에 체크합니다. 그리고 커밋 메시지 입력란에는 '커밋 메시지 수정'을 추가 입력하고 [커밋] 버튼을 클릭합니다.

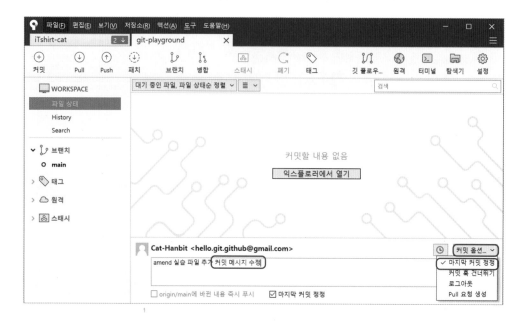

03 그래프를 보면 브랜치 히스토리가 신기하게 변한 걸 볼 수 있습니다. Initial commit 커밋을 기준으로 [origin/main](원격 저장소의 main 브랜치)에는 'amend 실습 파일 추가' 커밋, [main](로컬 저장소의 main 브랜치)에는 'amend 실습 파일 추가 커밋 메시지 수정' 커밋이 추가되어 있습니다. 맞는 말이죠? 원격 저장소에 푸시하기 전까지 수정 커밋은 로컬 저장소에서만 반영되어 있으니까요.

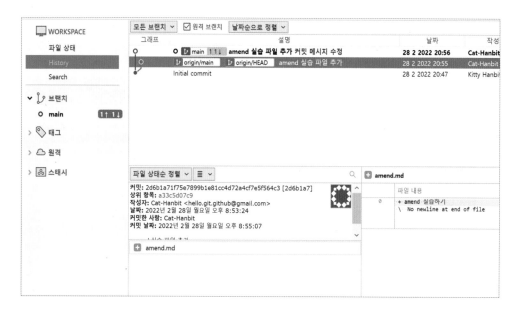

04 로컬 저장소의 변경 사항을 원격 저장소에 강제로 덮어씌우며 푸시하는 명령은 강제 푸시라고 했습니다. 강제 푸시 옵션은 기본적으로 꺼져있기 때문에 이전에 옵션을 설정하지 않았다면 켜 주어야겠죠? [도구]-[옵션]을 선택합니다.

💡 **TIP** 다시 강조하지만 강제 푸시는 나 혼자만 쓰고 있는 브랜치에서만 해야 합니다. 공용으로 사용하는 브랜치에서 강제 푸시를 하면 다른 사람의 커밋 히스토리가 엉망으로 꼬이게 되니 주의하세요.

05 [옵션] 대화 상자의 [Git] 탭에서 [강제 푸시 가능] 옵션에 체크하고 [확인] 버튼을 클릭해 창을 닫습니다.

06 세팅이 끝나면 [Push] 아이콘을 클릭합니다. 대화 상자가 열리면 [강제 푸시]에 체크하고 [Push] 버튼을 클릭합니다. 강제 푸시의 위험을 경고하는 대화 상자가 나타나면 [예] 버튼을 클릭합니다.

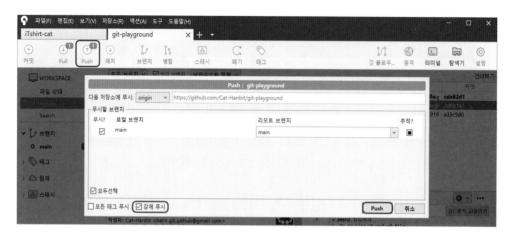

07 그래프가 깔끔해졌습니다! 로컬 저장소의 [main] 브랜치와 원격 저장소의 [origin/main] 브랜치 모두 'amend 실습 파일 추가 커밋 메시지 수정' 커밋을 가리키고 있네요. 이렇게 amend로 커밋 을 수정하고 원격 저장소까지 반영하는 실습을 마쳤습니다.

체리 픽: 저 커밋 하나만 떼서
지금 브랜치에 붙이고 싶어요

너구리 회사에서 어제 출시한 코드가 담긴 [latest] 브랜치에 당장 고쳐야 하는 버그가 있다는 것을 뒤늦게 알았습니다. 이번 절에서는 문제가 발생한 커밋만 바로 수정할 수 있는 체리 픽(cherry-pick)을 알아보겠습니다.

브랜치 전략 살펴보기

버그를 고치기 전에 잠시 너구리 회사가 소스 코드를 어떻게 관리하고 있는지 브랜치 전략을 살펴볼까요? 브랜치 전략은 여러 개발자가 협업할 때 브랜치를 효과적으로 관리하기 위한 작업 흐름을 말합니다. 브랜치 전략은 회사마다, 팀마다 다르니 본인의 조직에 맞는 규칙을 직접 생성하면 됩니다. 너구리 회사의 브랜치 전략은 다음과 같습니다.

▼ 너구리 회사의 브랜치 전략

브랜치명	특징
feat/기능이름	· 각 개발자가 개발 중인 브랜치 · 직접 커밋을 올림
main	· [feat/기능이름] 브랜치에서 개발 완료된 코드가 합쳐진 브랜치 · 출시 전의 베타 버전 · 직접 커밋을 올리지 않음(병합을 통해서만 코드를 업데이트)
latest	· 실제 출시할 코드(대중에게 보여줄 완벽한 코드)를 올리는 브랜치 · [main] 브랜치에서 굵직한 개발이 끝나면 출시 시점에 [latest] 브랜치로 코드를 병합

개발자들은 [main] 브랜치에서 각자 [feat/기능이름]으로 브랜치를 따서 개발하고, 개발을 완료한 후에 [main] 브랜치로 병합시킵니다. 이 [main] 브랜치의 코드는 자동으로 test.itshirt.com에 배포되어 항상 최신 개발 버전을 볼 수 있습니다. 그리고 [main] 브랜치에서 굵직한 개발이 끝나면 이 코드를 [latest] 브랜치에 병합시키고 이를 실제 서버인 itshirt.com에 배포합니다.

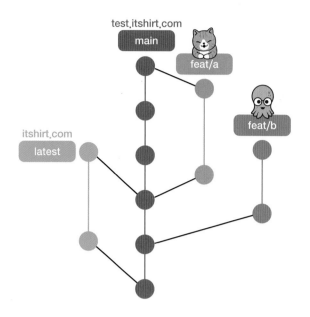

그런데 어제 출시한 코드가 담긴 [latest] 브랜치에 당장 고쳐야 하는 버그가 있다는 것을 뒤늦게 알았습니다. 문어가 급하게 [main] 브랜치에서 [fix/text-bug] 브랜치를 따서 고치고 이를 [main] 브랜치에 병합해 [latest] 브랜치에 반영해야 하는데, [main] 브랜치에 있는 다른 변경 사항 말고 딱 그 버그를 고친 커밋만 반영하려고 합니다. 아직 다른 기능들은 출시할 시점이 아니거든요. 이럴 때 **체리 픽**^{cherry-pick} 하면 됩니다. 내가 따길 원하는 체리(커밋)만 선별하는 것이죠. 따라서 원하는 커밋을 선택하고 [체리 픽] 버튼을 클릭하면 쉽게 끝납니다.

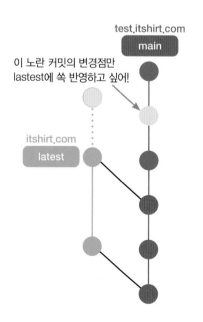

다른 브랜치의 커밋 하나만 내 브랜치에 반영하기

이번 실습에서는 [feat/a] 브랜치, [feat/b] 브랜치를 만들고 [feat/a] 브랜치의 커밋 하나를 [feat/b] 브랜치에 반영해 보겠습니다.

01 먼저 [main] 브랜치를 베이스로 [feat/a] 브랜치를 만듭니다. [브랜치] 아이콘을 클릭해 대화 상자를 열고 [새 브랜치]에 'feat/a'를 입력한 후 [브랜치생성] 버튼을 클릭합니다.

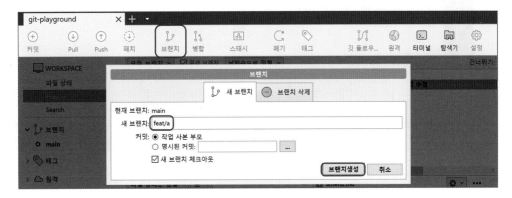

02 [feat/a] 브랜치에 커밋 3개를 연달아 추가할 것입니다. 비주얼 스튜디오 코드로 가서 [git-playground] 폴더의 README.md 파일에 '깃으로 놀아 보자!' 텍스트를 추가하고 저장합니다.

03 소스트리로 돌아와 '첫 번째 커밋'이라고 메시지를 입력하고 [커밋] 버튼을 클릭해서 커밋을 만듭니다.

04 이번에는 비주얼 스튜디오 코드에서 cherrypick.md 파일을 만들고, '체리 픽 실습하기'란 내용으로 저장합니다.

05 '두 번째 커밋 – 탐나는 커밋'이라는 메시지로 커밋을 만듭니다.

06 다시 README.md 파일에 'Let's git it!'을 추가 입력하고 저장합니다.

07 '세 번째 커밋' 커밋을 만듭니다.

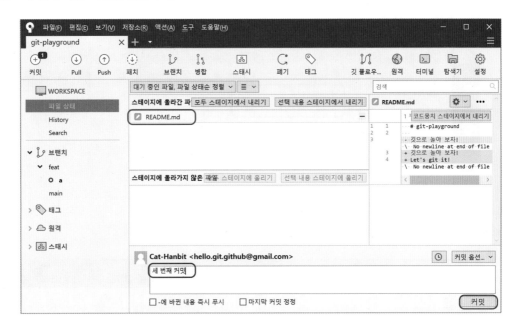

08 커밋 그래프가 예쁘게 그려졌습니다. [main] 브랜치의 최신 커밋을 기준으로 [feat/a] 브랜치에 커밋 3개가 추가되었습니다. 이제 히스토리에서 [main]을 더블클릭해서 [main] 브랜치로 돌아갑니다.

09 [main] 브랜치를 베이스로 [feat/b] 브랜치를 만듭니다. [브랜치] 아이콘을 클릭해 대화 상자를 열어 체크아웃한 현재 브랜치가 [main] 브랜치인지 한 번 더 확인해 주세요. [새 브랜치]에 'feat/b'를 입력한 후 [브랜치생성] 버튼을 클릭합니다.

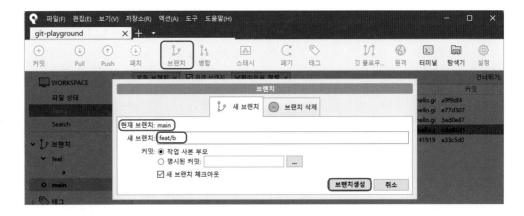

10 이번에는 비주얼 스튜디오 코드 [git-playground] 폴더에 featb.md 파일을 새로 만들어 'feat/b 브랜치'라고 입력한 후 저장합니다.

11 'featb 기능 추가' 커밋을 만듭니다.

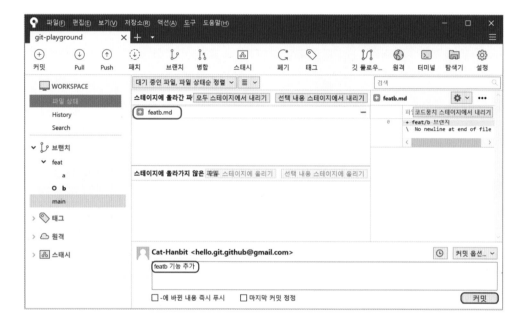

12 지금까지의 실습 상황을 정리하면 고양이가 [feat/a] 브랜치를, 문어가 [feat/b] 브랜치를 작업하고 있습니다. 그런데 문어는 고양이의 커밋 중 '두 번째 커밋 – 탐나는 커밋'만 가져와서 [feat/b] 브랜치에 반영하고 싶습니다. 가져오고 싶은 것은 두 번째 커밋인데 [feat/a] 브랜치와 병합하면 '첫 번째 커밋'과 '세 번째 커밋'까지도 [feat/b] 브랜치에 반영되니 이 상황은 피하고 싶습니다. 이러한 상황에서 사용할 수 있는 기능이 체리 픽입니다.

13 [feat/b] 브랜치에 있는 상태에서 복제하길 원하는 커밋인 '두 번째 커밋 – 탐나는 커밋'을 마우스 오른쪽 버튼으로 클릭하고 [체리 픽]을 선택합니다. 이 체리 픽이 성공하면 '두 번째 커밋 – 탐나는 커밋'이 [feat/b] 브랜치에 반영됩니다. 이 커밋의 변경 사항은 cherrypick.md 파일 추가였죠? 따라서 [feat/b] 브랜치에 cherrypick.md 파일이 추가됩니다.

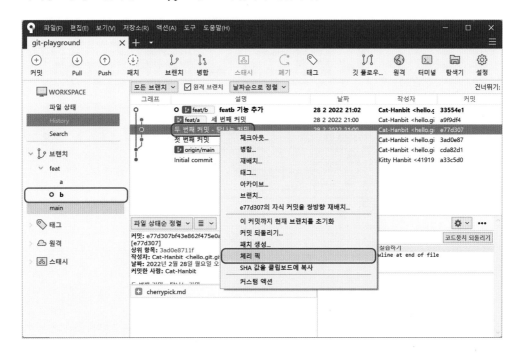

14 체리 픽에 대해 안내하는 대화 상자가 열립니다. 특정 커밋의 변경 사항만 현재 브랜치에 가져온다는 얘기입니다. [확인] 버튼을 클릭합니다.

15 성공적으로 '두 번째 커밋 – 탐나는 커밋'이 [feat/b] 브랜치의 최신 커밋 위에 달라붙은 것을 볼 수 있습니다. [feat/a] 브랜치의 탐나는 커밋은 ID가 'e77d307'이고, [feat/b] 브랜치의 탐나는 커밋은 ID가 '95cadbb'로 서로 다르다는 점에 주목해 주세요. 변경 사항을 복사해 왔지만, 서로 같은 커밋은 아니라는 뜻이죠. [feat/b] 브랜치에 cherrypick.md 파일이 추가된 것도 알 수 있습니다.

04 리셋: 옛날 커밋으로 브랜치를 되돌리고 싶어요

고양이는 '좋아요' 및 '싫어요' 리액션 버튼을 만들었습니다. 그런데 '싫어요' 버튼은 빼고 '좋아요' 버튼만 만들어 달라는 요청이 개발팀으로 들어왔습니다. 이미 '싫어요' 버튼까지 개발이 끝났는데 어쩌죠?

괜찮습니다. 개발 도중에 커밋을 자주 만들어 두었으므로 이전 커밋으로 상태를 되돌리면 되니까요. 이럴 때 사용하는 기능이 리셋(reset)입니다.

모든 기억을 남기면서 브랜치를 되돌리기

3절에서 만든 [feat/b] 브랜치에서 이어서 실습하겠습니다. 원하는 커밋으로 브랜치를 되돌리면서도 변경 사항은 커밋하기 전 상태로 남겨 두는 **리셋**^{reset}의 [Mixed] 모드를 알아보겠습니다.

01 먼저 지금까지 소스트리에서 실습한 모든 변경 사항을 원격 저장소 브랜치에도 반영하기 위해 [feat/a] 브랜치와 [feat/b] 브랜치를 푸시하겠습니다. [Push] 아이콘을 클릭해 대화 상자가 열리면 [feat/a]와 [feat/b]에 체크한 후 [Push] 버튼을 클릭합니다.

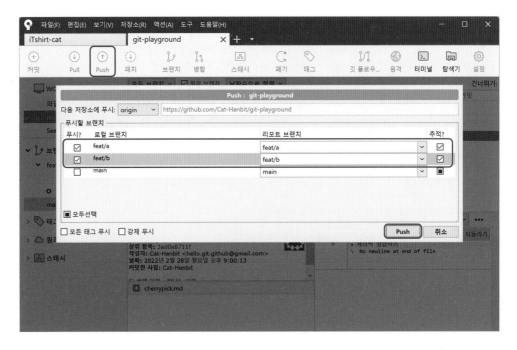

02 [feat/b] 브랜치는 현재 제일 위에 있는 '두 번째 커밋–탐나는 커밋'에 있습니다. 이 브랜치의 최신 상태를 하나 전인 'featb 기능 추가' 커밋으로 돌려 보겠습니다. 'featb 기능 추가' 커밋에서 마우스 오른쪽 버튼을 클릭한 후 [이 커밋까지 현재 브랜치를 초기화]를 선택합니다. 직관적인 메뉴명이죠?

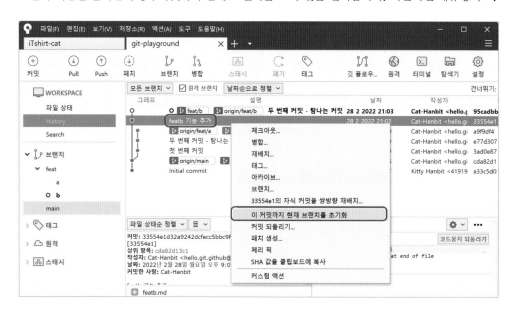

여기서 잠깐! **리셋 모드**

브랜치 초기화를 실행하면 리셋 모드로 Soft, Mixed, Hard를 설정할 수 있는 [커밋 초기화] 대화 상자가 나타납니다. 우리가 보통 하고 싶은 깔끔한 리셋은 [Hard] 모드입니다. 지금 작업 공간이 더럽든, 깨끗하든, 혹은이 커밋 다음에 100개의 커밋을 추가했든, 그냥 깔끔하게 히스토리를 돌리겠다는 말이죠. 반면에 [Soft] 모드, [Mixed] 모드는 원하는 커밋으로 이력을 되돌리고 이 다음에 추가했던 모든 변경 사항을 작업 공간으로 뽑아 줍니다.

03 기본 옵션인 [Mixed] 모드를 선택하고 [확인] 버튼을 클릭합니다.

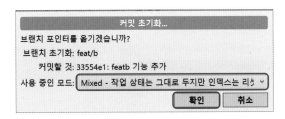

04 [feat/b]가 'featb 기능 추가' 커밋으로 성공적으로 되돌아갔습니다. 그런데 '커밋하지 않은 변경 사항'이 생겼네요? 클릭해 보면 '두 번째 커밋 – 탐나는 커밋'에서 추가했던 cherrypick.md 파일의 변경 사항이 스테이지 아래로 튕겨나온 걸 볼 수 있습니다. 시간은 성공적으로 되돌렸지만 변경 사항은 '두 번째 커밋 – 탐나는 커밋'을 커밋하기 전 상태로 남겨둔 것입니다.

커밋은 없던 걸로 되돌렸지만 cherrypick.md 파일를 만들었던 기록이 스테이지 아래에 살아났으니 내 맘대로 다시 수정할 수 있겠죠? 마치 복권 사기 전의 과거로 돌아갔지만 복권 번호 기억은 머릿속에 남아 있는 것과 같습니다. 그렇다면 복권을 10장 사거나, 안 사는 등의 변수를 적용할 수 있겠죠?

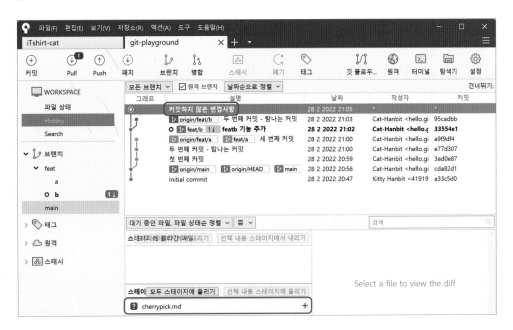

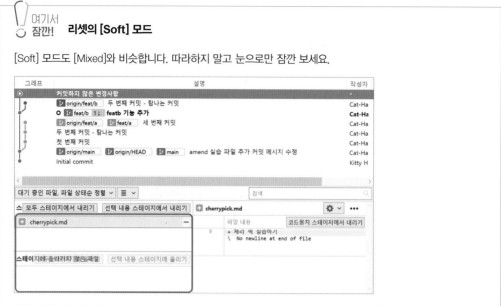
모든 기억을 지우며 브랜치를 되돌리기

이번에는 [Hard] 모드 실습을 해 보겠습니다. [Hard] 모드에서는 내가 어디에 있든지, 커밋하지 않은 변경 사항이 얼마나 있는지와 상관 없이 어디로든 깔끔하게 이동할 수 있습니다. 복권 사기 전의 과거로 돌아갔는데 머릿속의 복권 번호 기억까지 다 날아간 상태입니다.

01 다시 미래로 돌아가 보겠습니다. 원격 브랜치인 [origin/feat/b]에 있는 '두 번째 커밋 – 탐나는 커밋'에서 마우스 오른쪽 버튼을 클릭한 뒤 [이 커밋까지 현재 브랜치를 초기화]를 선택합니다.

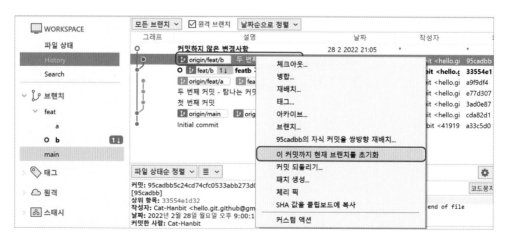

02 [커밋 초기화] 대화 상자에서 [사용 중인 모드]를 [Hard]로 선택하고 [확인] 버튼을 클릭합니다.

03 커밋하지 않은 변경 사항을 모두 잃어버릴 수 있다고 경고하는 대화 상자가 열리네요. 열심히 하던 작업을 날릴 수 있으니 조심해야 합니다. 우리는 의도적으로 하는 것이니 [예] 버튼을 클릭합니다.

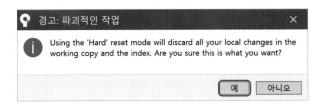

04 깔끔하게 미래로 돌아왔습니다. 작업하지 않은 변경 사항도 모두 사라졌네요.

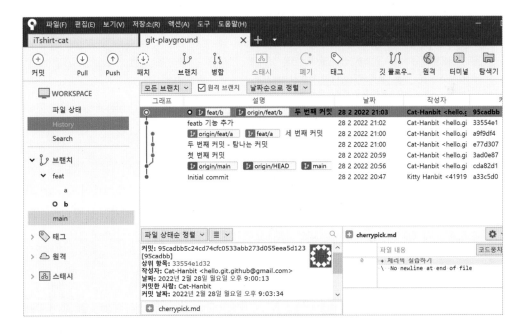

05 이번에는 'featb 기능 추가' 커밋으로 돌아가겠습니다. [Hard] 모드를 이용해 이력을 깔끔하게 과거로 되돌릴 것입니다. 두 번째 커밋을 마치 없었던 일인 것처럼 만들고 싶으니까요. 'featb 기능 추가' 커밋에서 마우스 오른쪽 버튼을 클릭해서 [이 커밋까지 현재 브랜치를 초기화]를 선택합니다.

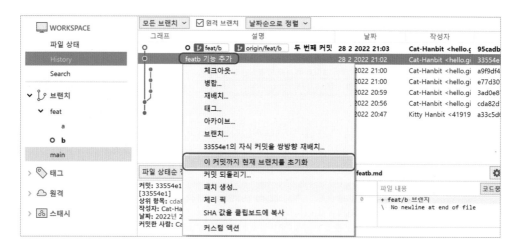

06 [사용 중인 모드]에서 [Hard]를 선택하고 [확인] 버튼을 클릭합니다. 마찬가지로 경고하는 대화 상자가 나타나면 [예] 버튼을 클릭하세요.

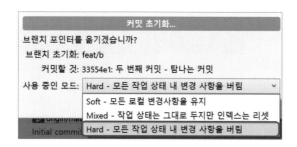

07 [feat/b] 브랜치가 깔끔하게 과거로 돌아간 것을 볼 수 있습니다. 하지만 원격 브랜치인 [origin/feat/b] 브랜치에는 아직 두 번째 커밋이 남아있네요. 이 변경 사항을 원격 브랜치에도 반영하려면 어떻게 해야 할까요? 푸시하면 되겠죠. 다만 히스토리를 수정하는 푸시이기 때문에 [강제 푸시] 옵션으로 해야 합니다. 강제 푸시는 나만 쓰는 브랜치에서 해야 한다는 것, 잊지 마세요.

08 [Push] 아이콘을 클릭해 대화 상자를 열고 [강제 푸시] 옵션에 체크한 후 [Push] 버튼을 클릭합니다.

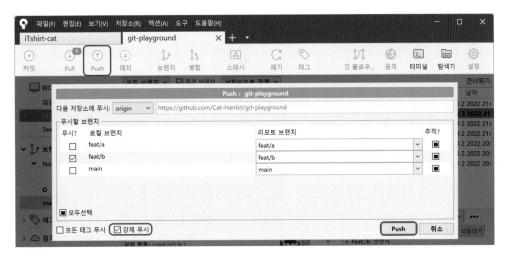

> **TIP** 강제 푸시의 위험을 경고하는 대화 상자가 나타나면 [예] 버튼을 클릭합니다.

09 원격 브랜치인 [origin/feat/b]의 이력도 성공적으로 과거로 돌아간 것을 볼 수 있습니다.

05 리버트: 이 커밋의 변경 사항을 되돌리고 싶어요

우리는 4절에서 리셋 기능으로 커밋을 마치 없었던 일처럼 되돌리는 방법을 배웠습니다. 하지만 모두가 함께 쓰는 브랜치라 이력 관리가 중요하다면 이렇게 쥐도 새도 모르게 없었던 일처럼 만드는 것보다 변경 사항을 되돌리는 새로운 커밋을 만드는 것이 더 좋습니다.

커밋의 변경 사항을 명시적으로 되돌리는 새로운 커밋 만들기

예를 들어 '사이트 제목 삭제'라는 커밋의 변경 사항을 없애고 싶다면 어떻게 하면 좋을까요? 이럴 때는 커밋을 아예 리셋하는 것보다 '사이트 제목 삭제의 변경 사항 되돌리기'라는 새로운 커밋을 추가해 커밋을 되돌리는 것이 좋습니다. 이를 위한 명령어는 **리버트**revert입니다.

01 이번 실습을 위해 먼저 이상한 커밋을 만들겠습니다. [git-playground] 폴더의 README.md 파일을 열어서 '# git-playground' 라인을 지우고 저장합니다.

02 '사이트 제목 삭제'라는 메시지로 커밋을 만듭니다. [커밋] 버튼을 클릭하기 전에 하단의 [origin/feat/b에 바뀐 내용 즉시 푸시]에 체크해 푸시까지 한 번에 합니다.

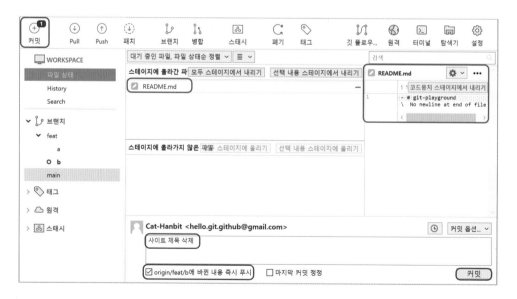

03 이제 이 이상한 커밋을 되돌려 볼까요? [History]에서 되돌리고 싶은 커밋인 '사이트 제목 삭제'를 마우스 오른쪽 버튼 클릭하고 [커밋 되돌리기]를 선택합니다.

04 커밋 되돌리기 여부를 확인하는 대화 상자가 열리면 [예] 버튼을 클릭합니다

05 '사이트 제목 삭제'를 명시적으로 되돌리는 커밋인 'Revert "사이트 제목 삭제"' 커밋이 만들어졌습니다. 리버트는 방금 한 커밋만이 아니라 이전에 한 커밋도 얼마든지 되돌릴 수 있습니다. 잘못된 커밋이 있으면 언제든지 리버트 기능으로 되돌리세요.

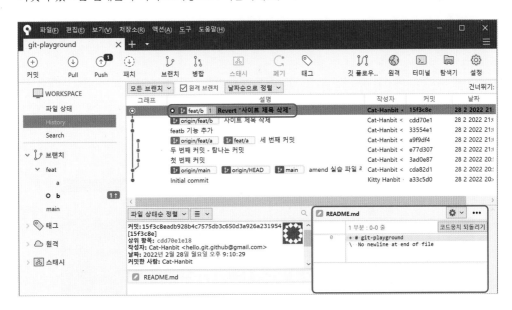

06 스태시: 변경 사항을 잠시 다른 곳에 저장하고 싶어요, 커밋은 안 만들래요

너구리가 열심히 [feat/b] 브랜치에서 개발을 하고 있었는데 급하게 고쳐야 하는 버그가 생겼습니다. 다른 브랜치로 이동하려는데 현재 브랜치에 아직 커밋하지 않은 변경 사항 파일 10개가 있습니다. 하지만 아직 커밋으로 만들기는 애매한 파일들입니다. 이럴 때 변경 사항을 잠깐 서랍에 넣어 두었다가 다시 꺼내 쓸 수 있게 하는 방법이 스태시(stash)입니다. 이번 장의 마지막 실습이니까 즐겁게 따라해 보아요. 매우 쉽습니다!

커밋하지 않은 변경 사항을 서랍 속에 넣어 두기

이번에는 비주얼 스튜디오 코드에서 여러 파일의 변경 사항의 만든 다음 커밋하기 전 파일을 임시로 저장할 수 있는 **스태시**stash를 실습해 보겠습니다.

01 [git-playground] 폴더의 README.md 파일과 featb.md 파일, 총 2개의 파일을 수정한 후 저장하세요.

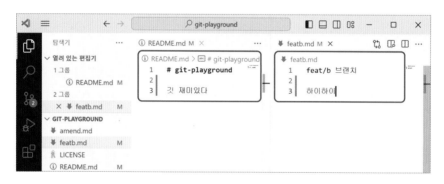

02 이제 소스트리의 [History]를 보면 '커밋하지 않은 변경 사항'이 있습니다. 이 변경 사항을 잠깐 저장해 두도록 하죠. [스태시] 아이콘을 클릭해 대화 상자가 열리면 지금 실행하는 스태시에 대한 설명을 입력합니다. 잘 적어 두어야 나중에 쉽게 찾아서 꺼내 쓸 수 있겠죠? '사이트 설명 수정중'이라고 입력하고 [확인] 버튼을 클릭하세요.

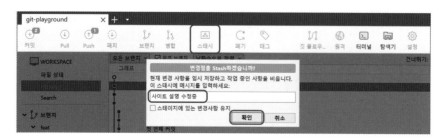

03 '커밋하지 않은 변경 사항'이 사라져 작업 공간이 깔끔해졌습니다. 이제 변경된 파일에 신경 쓰지 않고 자유롭게 풀이나 브랜치 이동 같은 다른 작업들을 할 수 있겠네요. 참고로 스태시에는 tracked 상태(추적중 – 한 번이라도 Git에 올렸던 상태)인 파일만 들어갑니다. 새로 만든 파일은 untracked 상태니까 들어가지 않겠죠.

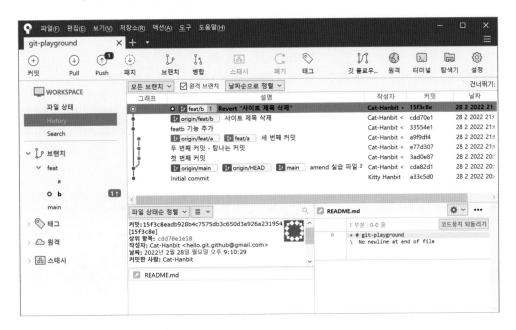

04 스태시를 다시 서랍에서 꺼내려면 사이드바의 [스태시]에서 원하는 스태시를 선택하고 마우스 오른쪽 버튼을 클릭해서 [스태시 적용]을 선택합니다.

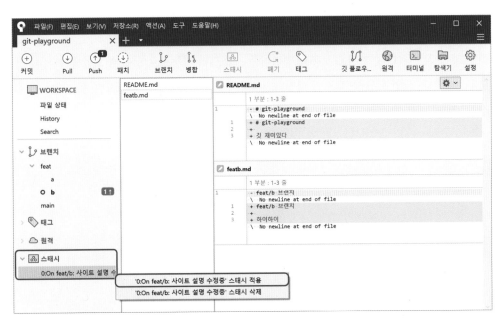

05 스태시를 계속 쓸 것이 아니니 [적용 후 삭제]에 체크하고 [확인] 버튼을 클릭하겠습니다.

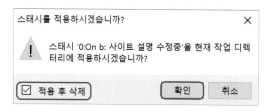

06 [History] 화면을 확인해 보면 스태시에 저장된 변경 사항이 다시 작업 공간으로 나왔습니다.

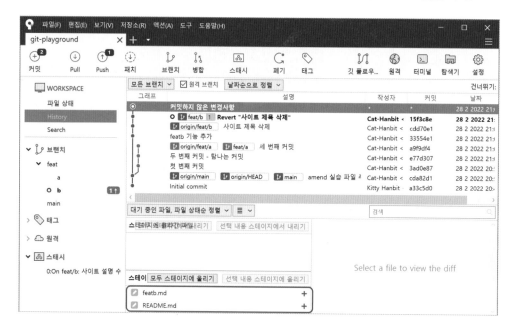

이번 장에서는 총 다섯 가지 Git 응용 명령어를 소스트리 기능으로 실습해 보았습니다. 다섯 가지 모두 어렵지는 않았죠? 난이도로만 따진다면 4장에서 실습했던 리베이스보다 쉽습니다. 실무에서 정말 자주 유용하게 쓰는 명령이니 꼭 익혀 두길 바랍니다.

CHAPTER 6

GitHub 100% 활용하기

이번 장에서는 GitHub에서 제공하는 다양한 기능을 활용해 보겠습니다. GitHub의 부가 기능들을 잘 활용하면 조금 더 쉽고 편리하게 여러 가지 작업을 할 수 있습니다. 여기서 배우는 내용들을 잘 활용하면 GitHub 입문자를 벗어나 어느덧 중급자로 발돋움할 수 있을 것입니다.

이 장의 **To Do List**

고양이와 문어는 Git과 GitHub을 활용해서 성공적으로 프로젝트를 운영하고 있습니다. 프로젝트를 운영하는 시간이 길어진 만큼 Git과 GitHub도 자주 사용하고 있죠. 그러다 보니 GitHub에서 제공하는 다양한 부가 기능도 더 능숙하게 사용할 수 있게 되었습니다.

 고양아, 나 이번에 GitHub 프로필 새로 만들었다. 멋지지?

어, 그러네. 와~ 어떻게 한 거야? 신기한 기능이 들어있었네.

 짜잔~ 이것 봐! 내 풀 리퀘스트를 이렇게 보내니까
보기 좋지? 소통의 왕 너구리라 불러 줘.

오오~ 진짜 이것도 보기 좋다. 나도 이렇게 해야겠어.

 나, 풀 리퀘스트를 한꺼번에 리버트하는 방법도 발견했어.

main 브랜치에는 푸시를 못 하게 하거나 리뷰는 꼭 하게 하는 건 어때?

 와~ 잠깐만~~ 정말 좋은데 좀 천천히 알려 줘.
한 번에 한 동물이 한 가지씩!

01 GitHub 프로필 꾸미기

어느덧 고양이는 Git과 GitHub을 능숙하게 사용하게 되었습니다. 그런데 어느 평범한 오후, GitHub 페이지의 본인 프로필을 물끄러미 바라보던 고양이는 문득 프로필 페이지가 지나치게 밋밋하다는 느낌이 들었습니다. '나만의 멋진 개성을 가진 프로필 페이지를 만들 수 없을까?' 고양이는 새롭게 프로필 페이지를 만들어 보기로 합니다.

프로필 정보 업데이트하기

많은 개발자는 GitHub를 단순히 소스 코드 저장소로 쓰는 데 그치지 않고, 이를 활용해서 블로그를 운영하거나 프로필 페이지를 만들어서 포트폴리오로 활용하기도 합니다. 이번 절에서는 GitHub에서 제공하는 프로필 기능을 사용해 보겠습니다.

GitHub 프로필을 꾸미기 위해서 먼저 해야 하는 것은 GitHub 사용자 계정 기본 페이지의 프로필 정보를 업데이트하는 것입니다. 사용자 계정 기본 페이지는 https://github.com/내아이디로 접속하면 보입니다.

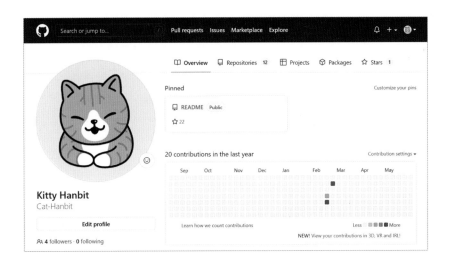

위 화면은 https://github.com/Cat-Hanbit에 접속하면 보이는 고양이의 GitHub 페이지입니다. 로그인 상태라면 여기서 고양이 이미지를 클릭해서 프로필 이미지를 바꾸거나, 이미지 바로 아래의 [Edit profile] 버튼을 클릭해서 정보를 추가 입력할 수 있습니다. 또한 프로필 이미지 오른쪽에 있는 이모티콘 모양 아이콘을 클릭하면 현재 자신의 상태를 이모지emoji로 표현할 수 있습니다. 간단한 클릭 몇 번으로 프로필 페이지를 다양하게 꾸밀 수 있으니 여러분도 이것저것 설정해 보세요.

💡 TIP 프로필에 설정에 대한 더 자세한 내용은 GitHub의 계정 및 프로필 가이드(https://docs.github.com/en/account-and-profile)를 참고하세요.

프로필 README 저장소 생성하기

조금 밋밋한 프로필 페이지에 나만의 개성을 한 줌 더할 수 있는 재밌는 기능이 있는데요. 바로 프로필 README 꾸미기 기능입니다.

지금부터 고양이의 프로필 README를 꾸며 보겠습니다. 가장 먼저 해야 할 일은 프로필 README 저장소를 만드는 것입니다.

01 로그인 상태에서 GitHub 메인 화면 왼쪽의 [Top Repositories]에 있는 [New] 버튼을 클릭해 새로운 저장소를 생성합니다.

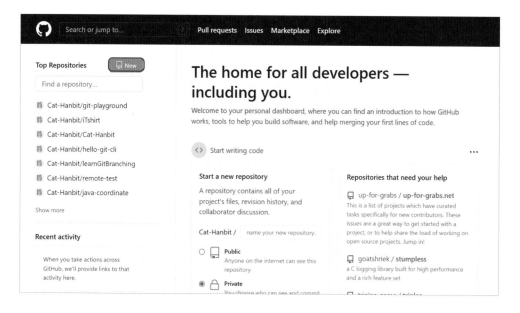

02 이 저장소에는 아무 이름이나 사용할 수 없습니다. 사용자 아이디와 동일한 이름으로 저장소를 생성해야 합니다. 따라서 고양이의 프로필 README 저장소 이름은 'Cat-Hanbit'이겠죠? 그런데 아이디와 같은 이름을 입력하니 평소에는 등장하지 않던 옥토캣이 갑자기 등장합니다. 옥토캣의 메시지를 해석해 보면 'Cat-Hanbit/Cat-Hanbit'은 README를 프로필에 추가해 주는 특별한 저장소'라는 것을 알 수 있습니다.

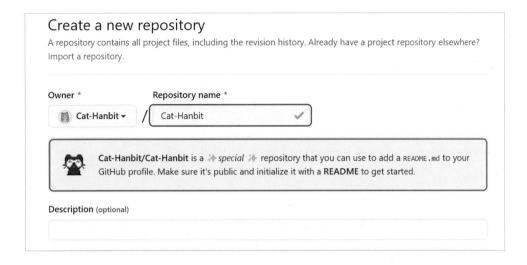

03 프로필 README 저장소를 만들 때는 Public 상태로 초기화해야 합니다. 다른 옵션은 그대로 두고 [Add a README file]에만 체크한 후 [Create Repository] 버튼을 클릭해 저장소를 생성합니다.

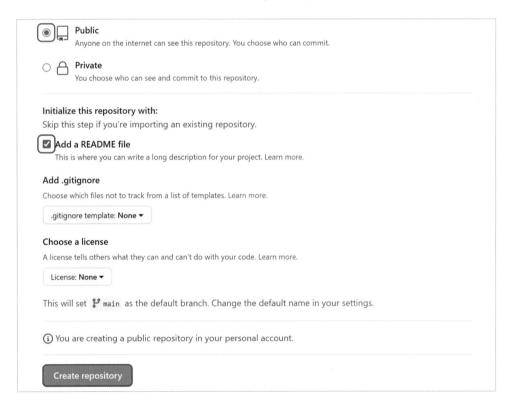

04 정상적으로 저장소가 생성되었습니다! 저장소 페이지 오른쪽을 보니 평소와는 다르네요. [About] 항목 위에 프로필 README 저장소를 수정할 수 있는 [Edit README] 버튼이 생긴 것을 볼 수 있습니다.

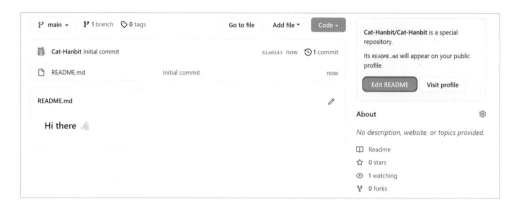

프로필 README 파일 업데이트하기

이제 프로필의 README 파일을 수정해 볼까요? 다른 저장소와 마찬가지로 로컬 PC로 클론해서 편집하고 커밋/푸시해도 되지만, README 파일만 간단히 수정하려면 [Edit README] 버튼을 클릭하고 내용을 고치면 됩니다.

01 README 파일을 작성할 때는 마크다운 문법을 사용할 수 있습니다. 다음 그림처럼 멋지게 마크다운 문법을 활용해서 프로필 저장소의 README를 업데이트합니다.

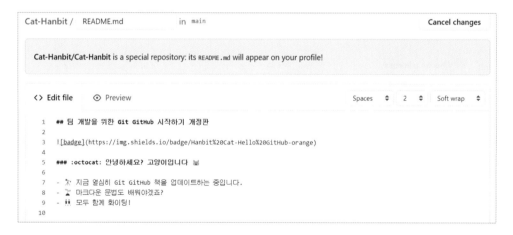

> 💡TIP 책 부록(348쪽)에 간단한 마크다운 사용법을 정리해 두었으니 참고하세요. 자세하게 알고 싶다면 구글에서 'GitHub markdown cheat sheet'와 같이 입력해 검색해도 됩니다.

02 작성을 완료했으면 페이지 하단의 [Commit changes] 버튼을 클릭합니다.

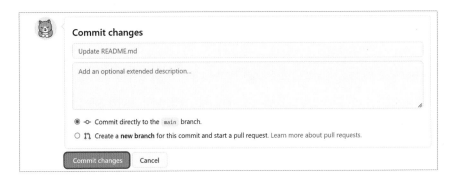

03 이제 다시 GitHub 프로필 페이지로 가 볼까요? 브라우저 주소 창에 'https://github.com/내아이디'를 입력해서 프로필 페이지에 들어가 보면 다음처럼 README 파일이 정상적으로 반영된 것을 확인할 수 있습니다.

이렇게 README 파일을 업데이트해 보았습니다. 잠시 시간을 써서 여러분만의 개성이 넘치는 멋진 프로필 페이지를 만들어 보세요!

> **여기서 잠깐!** **GitHub 뱃지로 프로필 꾸미기**
>
> 수정한 README를 보면 뭔가 귀여운 뱃지가 표시된 것을 볼 수 있었을 텐데요. GitHub의 README 파일에 뱃지를 붙이는 게 요즘 트렌드입니다. 뱃지를 붙이는 방법은 다양합니다. 여기서는 간단하게 Shields.io(https://shields.io)를 이용했습니다. Shields.io는 README에서 사용할 수 있는 다양한 뱃지를 제공하는 서비스입니다. 여러분도 해당 페이지를 살펴보고 README에 멋있는 뱃지를 부착해 보세요.
>
> 'GitHub 프로필 꾸미기'나 'GitHub 뱃지 만들기'와 같은 키워드로 구글 검색을 해 보면 프로필 꾸미기에 대한 다양한 팁을 확인할 수 있습니다.

02 더 좋은 풀 리퀘스트 만들기

고양이는 이제 풀 리퀘스트(이하 PR)를 통한 코드 통합에 어느 정도 익숙해졌습니다. 문어와 서로 코드 리뷰도 주고받고, 이전 변경 사항을 참고하고 싶을 때 내 과거 PR들도 보면서 PR을 더 잘 남기는 법을 고민하게 되었습니다.

의미를 담은 제목 짓기

좋은 PR은 좋은 제목에서 시작합니다. 그리고 좋은 제목은 잘 쪼갠 PR에서 시작합니다. 한 번에 너무 여러 가지 기능을 개발해서 PR을 작성하지 말고 하나의 기능만 담을 수 있도록 신경써 주세요. 처음에는 당연히 어렵겠지만 계속 노력하면 금방 적응할 거예요.

다음처럼 잘 쪼갠 하나의 기능을 PR 제목에 녹여냅니다. 제목 앞에 feat라는 단어가 있죠? 이는 변경 사항의 분류를 나타냅니다.

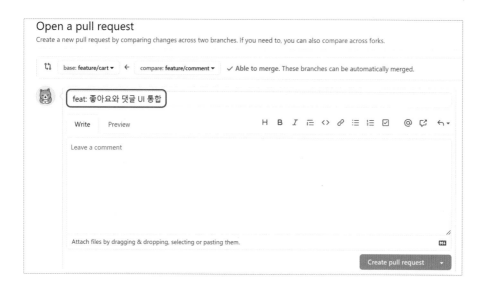

다음 표는 Conventional commits(https://www.conventionalcommits.org/en/v1.0.0) 기준으로 변경 사항을 분류해 놓은 것입니다. 내 변경 사항의 의도도 명확히 나타내고 또 프로젝트 전체의 히스토리 파악에도 도움이 됩니다. 이를 참고해서 여러분의 프로젝트에 맞는 방식으로 맞춰서 편하게 사용하세요.

▼ Conventional commits에 따른 변경 사항 분류

분류	의미
feat	새로운 기능을 구현했을 때(서비스의 기능이 수정되는 것이라면 모두 포함, 문구 수정도 포함)
fix	기능에는 수정 사항이 없고 버그가 수정되었을 때
perf	서비스나 라이브러리의 성능을 개선했을 때
refactor	기능 추가도 없고, 버그 수정도 없는 단순 리팩터링
test	테스트를 추가하거나 기존에 있는 테스트를 수정했을 때
build	빌드 시스템이나 npm 배포에 대한 수정
ci	CI 설정이 수정되었을 때(Jenkins, Travis 등)
chore	그 외 실제 코드에는 영향이 없는 단순 수정

변경 사항을 잘 담은 내용 적기

제목 다음엔 내용이죠? 내 코드를 리뷰해 줄 개발자를 배려해서 전체적인 변경 사항을 빠르게 파악할 수 있도록 핵심을 잘 담아서 작성합니다.

들어가면 좋은 내용은 다음과 같습니다.

▼ 풀 리퀘스트에 들어가면 좋은 내용

항목	내용
❶ 작동 사진/영상	UI에 변경점이 있다면 디자인 시안이나 작동 영상을 첨부하는 게 좋습니다. Giphy라는 앱을 사용하면 편하게 컴퓨터 스크린샷을 영상으로 캡쳐하거나 gif로 만들 수 있습니다.
❷ 주요 변경 사항	PR을 쓴 목적인 주요 변경 사항을 적습니다.
❸ 부가 변경 사항	주요 변경 사항에 따른 추가적인 변경 사항을 적습니다.
❹ 참고 링크	PR에 대한 히스토리를 파악할 수 있는 메신저 대화 링크, 이슈 트래커 링크, 디자인가이드 링크 등을 적습니다.
❺ 리뷰어에게	신경 써서 리뷰받고 싶은 부분을 적습니다. 혹은 리뷰어가 리뷰하기 전에 알아야하는 추가 정보를 적어도 좋습니다.

이외에 더 세부적으로 리뷰받고 싶은 곳이나 부가 설명이 필요한 코드가 있다면 다음 그림과 같이 내 PR의 코드에 내가 직접 리뷰를 다는 것도 좋은 방법이니 유용하게 활용해 보세요.

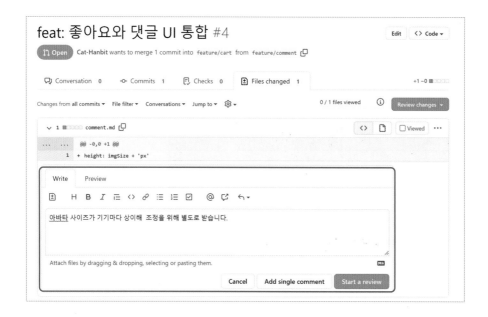

풀 리퀘스트를 병합하는 세 가지 방법

[Merge pull request] 드롭다운 버튼을 클릭하면 PR을 병합하는 데 세 가지 방법이 있는 것을 확인할 수 있습니다. 세 가지 방법 모두 장점이 뚜렷하니 협업자 또는 팀과 논의하고 원하는 방법을 골라서 병합하면 됩니다.

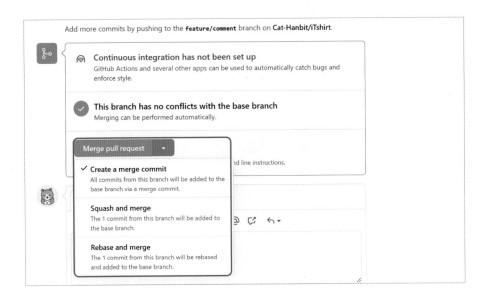

병합 커밋 생성(Create a merge commit)

가장 기본 방법입니다. 두 브랜치 상태를 비교해서 새로운 커밋을 만들면서 코드를 병합합니다. 새로운 커밋의 부모는 커밋3, 커밋4 모두를 가리킵니다.

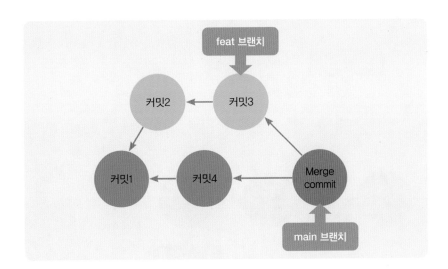

스쿼시해서 병합(Squash and merge)

커밋2와 커밋3의 변경 사항을 하나로 뭉쳐버린 후 커밋4에 합칩니다. PR에 커밋을 아무리 많이 올렸어도 [main] 브랜치의 커밋 히스토리에는 PR마다 커밋 1개만 남는다는 장점이 있습니다. 병합 커밋 생성과는 달리 새로 생긴 커밋이 커밋 4만 부모로 가리킵니다. 이로 인해 [main] 브랜치의 히스토리가 한 줄로 깔끔하게 남습니다.

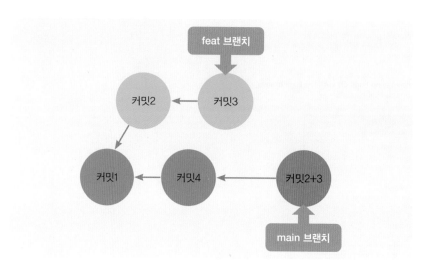

리베이스해서 병합(Rebase and merge)

4장에서 실습했던 리베이스와 동일합니다. 다만 GitHub에서 자동으로 해 주는 거죠. 내 커밋 히스토리를 그대로 살려서 최신 [main] 브랜치에 똑 떼어 붙이는 코드 병합 방식입니다. [main] 브랜치에서 커밋 히스토리를 모두 볼 수 있다는 특징이 있습니다.

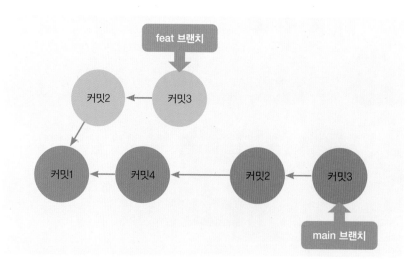

병합 방식 제한하기

저장소 설정 페이지(https://github.com/내아이디/저장소이름/settings)의 General 메뉴에 들어가면 Pull Requests 항목에서 병합 방식을 제한할 수 있습니다. 필자는 개인적으로 스쿼시 방식을 선호해서 [Allow squash merging] 외에 다른 체크 박스는 모두 해제하는 편입니다. 이렇게 한 가지 방식으로 병합을 제한해 두면 [main] 브랜치 히스토리를 일관되고 깔끔하게 관리할 수 있습니다.

Pull Requests

When merging pull requests, you can allow any combination of merge commits, squashing, or rebasing. At least one option must be enabled. If you have linear history requirement enabled on any protected branch, you must enable squashing or rebasing.

☑ **Allow merge commits**
Add all commits from the head branch to the base branch with a merge commit.

☑ **Allow squash merging**
Combine all commits from the head branch into a single commit in the base branch.

    ☐ **Default to PR title for squash merge commits**
    This will pre-populate the commit message with the PR title when performing a squash merge.

☑ **Allow rebase merging**
Add all commits from the head branch onto the base branch individually.

Control how and when users are prompted to update their branches if there are new changes available in the base branch.

☐ **Always suggest updating pull request branches**
Whenever there are new changes available in the base branch, present an "update branch" option in the pull request.

You can allow setting pull requests to merge automatically once all required reviews and status checks have passed.

☐ **Allow auto-merge**
Waits for merge requirements to be met and then merges automatically. Learn more

After pull requests are merged, you can have head branches deleted automatically.

☐ **Automatically delete head branches**
Deleted branches will still be able to be restored.

GitHub에서
풀 리퀘스트 되돌리기

고양이는 [feat/bug]라는 브랜치를 만들고 열심히 기능을 개발한 후에 PR을 보냈습니다. 그런데 안타깝게도 [feat/bug] 브랜치의 내용에 심각한 문제가 있다는 것을 알게 되었습니다. 고양이는 어쩔 수 없이 PR 전체를 되돌려야 합니다.

리버트 실습 준비하기

5장에서 설명한 리버트를 기억하고 있나요? 커밋을 리버트하면 해당 커밋을 되돌리는 새로운 커밋이 만들어집니다. 그런데 PR에 속한 커밋들을 전부 리버트하고 싶을 때는 어떻게 하면 될까요?

실무에서는 고양이처럼 PR 전체를 리버트해야 하는 상황이 종종 발생하곤 합니다. 보통 새로운 기능 개발을 완료하면 PR을 보내는데, PR 당시에는 문제가 없었더라도 운영을 하다 보면 예상하지 못한 장애를 만나고는 하거든요. 이럴 때는 일단 PR 전체를 되돌려야 할 수 있습니다.

01 실습을 위해서 5장에서 실습한 리버트와 스태시 커밋은 깔끔하게 리셋하겠습니다. 소스트리를 열면 208쪽에서 실습한 화면이 마지막 모습일 텐데요, '사이트 제목 삭제' 커밋을 오른쪽 버튼 클릭해 [이 커밋까지 현재 브랜치 초기화]를 선택합니다. 브랜치를 [Hard] 모드로 리셋합니다. 그럼 이력이 다음 그림과 같이 리버트 실습 이전의 상태로 돌아가겠죠?

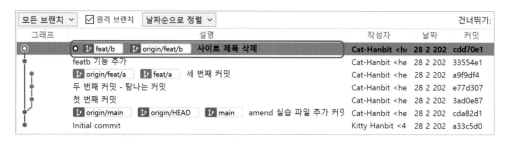

💡**TIP** [Hard] 모드 리셋이 기억나지 않으면 200쪽을 참고하세요.

02 [main] 브랜치로 체크아웃한 후 새 브랜치를 만듭니다. 상단의 [브랜치] 아이콘을 클릭해 대화 상자가 열리면 [현재 브랜치]가 main이 맞는지 한 번 더 확인하고 [새 브랜치]에 'feat/bug'를 입력합니다. [브랜치생성] 버튼을 클릭해 완료합니다.

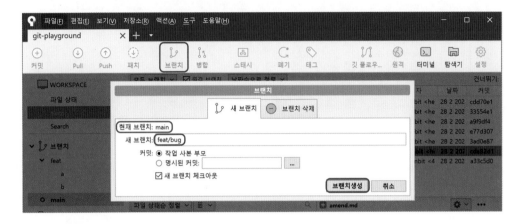

03 비주얼 스튜디오 코드로 가서 [git-playground] 폴더의 README.md 파일을 다음과 같이 수정하고 세 개의 커밋을 만듭니다. 첫 번째 버그를 입력하고 저장하고 커밋, 두 번째 버그를 추가 입력하고 저장하고 커밋, 세 번째 버그를 추가 입력하고 저장하고 커밋, 이런 식으로 커밋을 총 세 번 반복합니다.

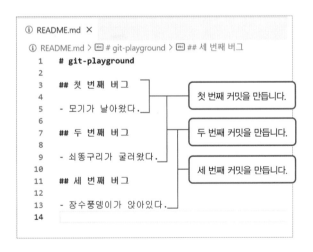

TIP 커밋할 때 [-에 바뀐 내용 즉시 푸시]를 체크하지 않고 커밋하세요. 푸시는 05단계에서 한 번에 합니다.

04 완성된 커밋 히스토리는 다음과 같습니다.

05 이제 [feat/bug] 브랜치의 내용을 푸시합니다. 소스트리 상단의 [Push] 아이콘을 클릭해 대화 상자를 엽니다. 그다음 [feat/bug]에 체크하고 [Push] 버튼을 클릭합니다.

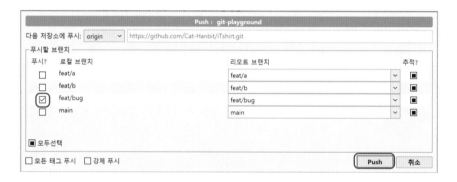

06 이제 GitHub의 [git-playground] 저장소로 이동하여 새로운 PR을 작성해 보겠습니다. [Pull Request] 탭으로 이동해 [Compare & pull request] 버튼을 클릭합니다.

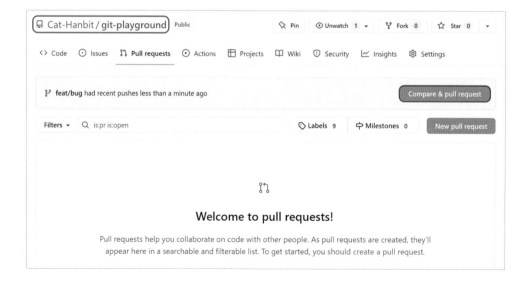

07 새로운 PR을 작성합니다. 다음과 같이 내용을 적당히 입력하고 [Create pull request] 버튼을 클릭합니다.

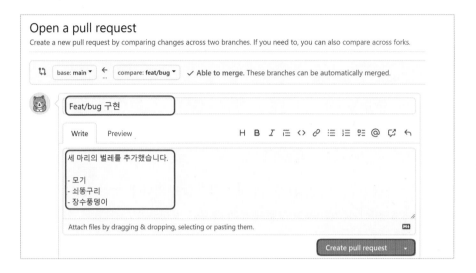

08 페이지가 이동되면 [Merge pull request]를 클릭, [Confirm merge] 버튼을 클릭해 PR을 병합합니다.

풀 리퀘스트를 한꺼번에 리버트하기

이제 이 PR의 커밋을 Git으로 되돌린다고 상상해 봅시다. 예상되는 절차는 대략 다음과 같습니다.

> 1. 로컬 저장소의 기본 브랜치를 [main] 브랜치로 변경합니다.
> 2. 원격 저장소의 내용을 가져옵니다.
> 3. 작성한 커밋들을 리버트합니다.
> 4. 다시 푸시하고 PR을 보냅니다.

어때요? 여러분이 보기에 쉬운 작업인가요? 당연히 그렇지 않을 겁니다. 여러 커밋을 한 번에 되돌리는 일은 꽤 복잡한 일이거든요. 작업 도중에 종종 충돌이 발생하기도 합니다. 그런데 이 작업을 GitHub에서는 간단하게 할 수 있답니다.

01 이미 눈치챈 분도 있겠지만 PR이 완료된 페이지를 잘 살펴보면 하단에 [Revert] 버튼이 있습니다. 이 버튼을 클릭합니다. 혹시 해당 페이지를 닫았다면 저장소 메인 페이지에서 [Pull requests] – [closed] 순서로 클릭하면 다시 열 수 있습니다.

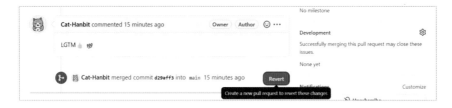

02 리버트를 위한 PR이 새로 만들어집니다. [Create pull request] 버튼을 클릭합니다.

03 화면이 바뀌면 스크롤로 화면을 조금 내려 이어서 바로 [Merge pull request] 버튼과 [Confirm merge] 버튼을 클릭합니다. 그럼 다음 그림과 같이 PR 리버트가 완료됩니다.

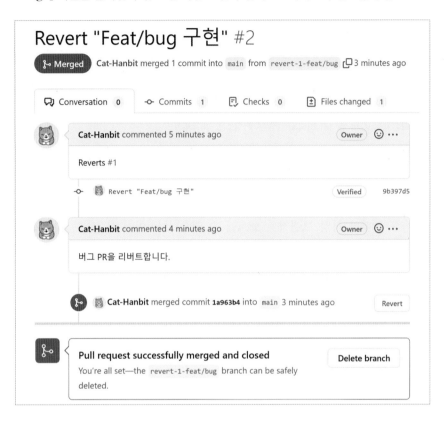

04 리버트를 마친 후에 소스트리로 돌아가서 [main] 브랜치로 체크아웃합니다. [Pull] 아이콘을 클릭해 원격 저장소의 커밋을 받으면 아래와 같은 그래프가 됩니다. 잘 살펴보면 버그 커밋 3개 위로 병합 커밋 2개, 리버트 커밋 1개가 새로 생긴 것을 알 수 있습니다.

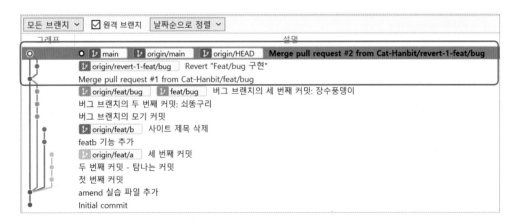

생각보다 많이 어렵지 않죠? PR 리버트도 유용한 기능이니 잘 배웠다가 요긴하게 활용해 보세요.

04 브랜치 보호하기

고양이 저장소의 편집 권한을 얻는 문어는 그만 실수로 [main] 브랜치에 불필요한 커밋을 PR을 통해 올리고 말았습니다. 실수를 들키기 싫은 문어는 [Hard] 리셋과 강제 푸시를 활용해서 완전 범죄(?)를 시도합니다. 하지만 놀랍게도 고양이 저장소의 [main] 브랜치는 강제 푸시가 허락되지 않은 저장소였습니다!

특정 브랜치를 보호하는 규칙 만들기

GitHub에서는 용도에 따라 특정 브랜치를 보호할 수 있습니다. 이때 사용하는 것이 branch protection rule 기능입니다. **branch protection rule**을 사용하면 다양한 규칙으로 브랜치에 위험한 작업이 수행되는 것을 막을 수 있습니다. 이번 절에서는 간단히 그 사용법을 살펴보겠습니다.

01 GitHub의 [git-playground] 저장소 페이지에서 상단의 [Settings] 탭을 클릭하고 왼쪽 메뉴에서 [Branches]를 클릭하여 브랜치 설정 페이지로 이동합니다. [Branch protection rules] 항목의 [Add branch protection rule] 버튼을 클릭합니다.

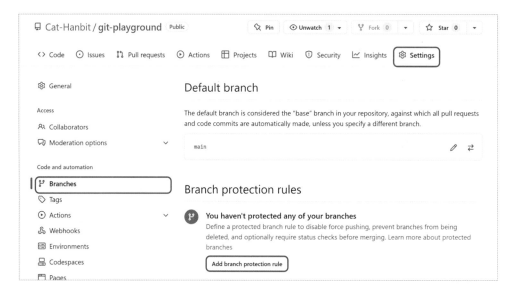

02 [Branch name pattern] 항목에는 지정할 브랜치 이름을 입력합니다. 여기서는 'main'을 입력했습니다. 브랜치 이름을 입력할 때는 와일드카드 문자인 * 기호를 활용할 수 있습니다. 예를 들어 'feat*'라고 입력하면 feat로 시작하는 모든 브랜치에 규칙을 적용할 수 있습니다

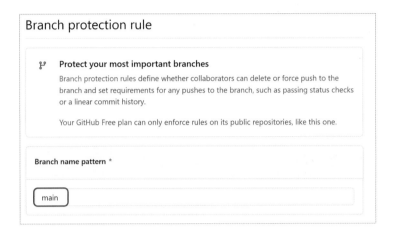

03 다음으로 [Protect matching branches] 항목에는 [Require a pull request before merging]과 [Require approvals] 옵션에 체크합니다. 보통 이 두 옵션을 함께 사용해서 리뷰를 강제하고 브랜치를 보호합니다. 이렇게 하면 지정된 [main] 브랜치에는 반드시 다른 브랜치 커밋들의 PR을 통해서만 커밋이 생성됩니다.

[Require approvals] 옵션은 지정된 숫자만큼의 리뷰어 승인이 있어야만 PR을 병합할 수 있게 하는 옵션입니다. 현재는 기본 옵션인 1로 지정되어 있으므로 최소한 한 건의 리뷰어 승인이 필요합니다.

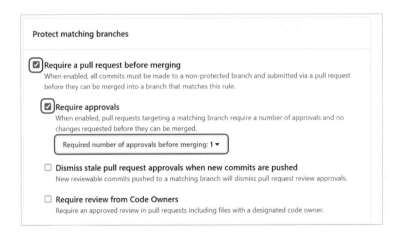

04 스크롤로 화면을 마지막까지 내려 관리자에게도 규칙이 강제로 적용되도록 [Do not allow bypassing the above settings] 옵션도 체크합니다. 규칙을 다 만들었으면 [Create] 버튼을 클릭합니다.

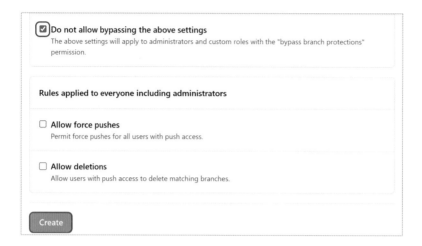

05 저장소의 브랜치 설정 페이지로 돌아와 [Branch protecton rules] 항목을 보면 규칙이 생성된 것을 확인할 수 있습니다.

06 이제 소스트리에서 [main] 브랜치에 직접 커밋을 만들고 푸시하려고 하면 다음과 같이 오류 메시지가 나타납니다.

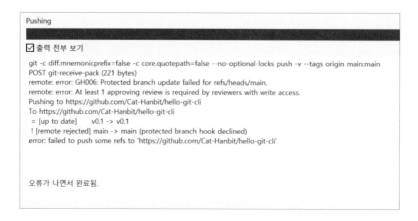

07 GitHub의 [Pull Request] 탭에서 확인해 볼까요? [feat/f]라는 브랜치를 생성한 후 아무 파일 내용을 수정하고 커밋해 푸시합니다. 그리고 PR을 하나 생성해 보면 아래와 같은 화면을 볼 수 있습니다. 최소 하나 이상의 리뷰 승인이 필요하기 때문에 병합이 차단됩니다. 참고로 PR을 작성한 고양이는 스스로 리뷰 승인을 할 수 없습니다.

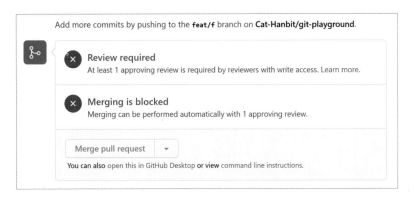

08 만약 문어가 해당 리뷰에 코멘트와 함께 승인을 하면 위 화면이 아래와 같이 바뀝니다. 이 책에서는 문어 계정을 만들지 않았기 때문에 눈으로만 살펴보아도 좋습니다.

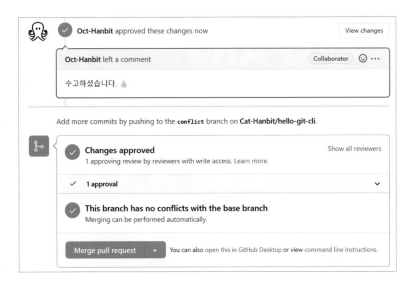

개인 저장소에서는 03단계에서 지정한 'Require a pull request before merging' 규칙이 불필요하므로 [Protect matching branches] 항목에서 해당 옵션의 체크를 해제하는 것이 좋습니다. 다만 [main] 브랜치와 같은 중요한 브랜치는 최소한의 보호를 위해서 강제 푸시나 직접 커밋하는 것을 막아 두는 것이 바람직합니다. 특정 브랜치에서 갑자기 커밋이나 푸시같은 작업이 안 되면 branch protection rules 항목에 규칙이 설정되어 있는지 확인해 보세요.

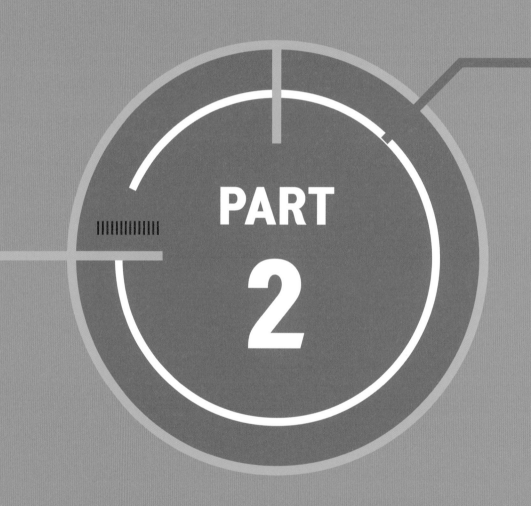

PART
2

심화편

CLI 환경에서 버전 관리 시작하기

CHAPTER 7

CLI 환경에서
Git 명령어 살펴보기

이번 장에서는 CLI 환경에서 Git 명령어를 실행하기 위해 필요한 가장 기본적인 CLI 명령어를 설명합니다. PART 2에서 다룰 Git 명령어는 소스트리로 학습했던 것입니다. 또한 0장에서 실습했던 Git 명령어도 있습니다. 그러니 크게 걱정하지 않아도 됩니다. CLI 환경이 다소 어렵지만 끈기를 가지고 공부해 봅시다.

이 장의 **To Do List**

문어는 고양이의 도움에 힘입어 소스트리로 Git을 잘 사용하게 되었습니다. 브랜치, 체크아웃, 병합도 사용할 수 있죠. 그런데 고양이의 컴퓨터를 보니 CLI 환경에서 Git을 사용하고 있네요.

왜 편리한 GUI 프로그램을 놔두고 CLI 환경에서 Git을 사용하는 거야?

후훗. 언젠가는 너도 나처럼 CLI 환경에서 Git을 사용하는 날이 올 거야. 우리가 배운 소스트리가 편리하지만 Git을 세세하게 제어하지는 못해. 작업 속도에서도 차이가 나고. 그래서 Git에 어느 정도 숙달해지면 CLI 환경에서 Git을 사용할 때가 많아.

아, 그렇구나. 개발자는 CLI 환경을 좋아해서 불편함을 감수하면서까지 고집하는 줄 알았지.

개발자라고 모두 CLI 환경을 좋아하는 건 아니야. 다만 GUI 환경에서는 할 수 없는 것을 할 수 있고, 작업 속도에서도 장점이 있어서 사용하는 거지. 그리고 CLI 환경도 네가 생각하는 것만큼 불편하지 않아. 난 두 개의 환경을 모두 사용해서 효율적으로 작업하는 걸 가장 좋아해 ^^.

왜 CLI를 사용할까?

제가 모 연구소의 연구원으로 일했던 시절의 이야기입니다. 기획팀 과장님 한 분이 제 자리를 힐끗 쳐다보았습니다. 저도 평소처럼 코딩하고 있었죠. 이때는 리눅스 관련 일을 하느라 터미널에서 작업을 하고 있었는데 제 모니터를 본 과장님이 평소와는 달리 한 말씀 하시더군요.

"와 선임님, 까만 창에서 개발하니까 엄청 멋있어 보여요! (엄지척)"

마우스 클릭 vs 키보드 입력

개발자가 아닌 일반인이 보기에 터미널이나 명령 프롬프트 같은 **CLI** 환경은 무언가 범접하기 어려운 존재처럼 보이나 봅니다. 그런데 우리는 이번 장부터 그 어려워 보이는 CLI 환경에서 Git을 사용해야 합니다. 그런데 왜 갑자기 CLI 환경으로 전환하는 걸까요?

사실 Git을 온전히 이해하고 더 잘 사용하기 위해서는 CLI 환경을 익히는 것이 좋습니다. Git은 원래 유명한 리눅스 운영체제를 만든 리누스 토발즈$^{Linus\ torvalds}$가 리눅스의 소스 관리를 위해 만들었는데 처음에는 CLI 환경만 지원했습니다. GitHub와 Git은 점점 유명해졌고 최근에는 거의 모든 개발자가 사용한다고 해도 과언이 아닙니다. 그러나 입문자들은 여전히 CLI 환경에서 Git을 사용하는 것을 어려워하기 때문에 이 문제를 해결하기 위해 GUI 환경에서 사용할 수 있는 프로그램이 등장했습니다.

GUI 프로그램은 CLI 기능 중 자주 쓰는 기능만 모아서 만들었기 때문에 Git의 모든 기능을 100% 사용할 수 없습니다. 몇 가지 고급 명령은 CLI 환경에서만 동작합니다. 또한 리눅스 서버 같은 실행 환경에서는 GUI 프로그램을 사용할 수 없는 경우도 있습니다. 따라서 우리는 CLI 환경에서 Git을 사용할 수 있어야 합니다.

널리 사용하는 윈도우 운영체제는 GUI 환경, 즉 마우스로 명령 버튼을 클릭해서 실행하는 방식입니다. 지금까지 배운 소스트리도 GUI 환경에서 사용하는 프로그램이지요. 하지만 지금부터 사용할 CLI 환경은 GUI 환경과 매우 다릅니다. 마우스보다 키보드를 사용할 일이 더 많습니다.

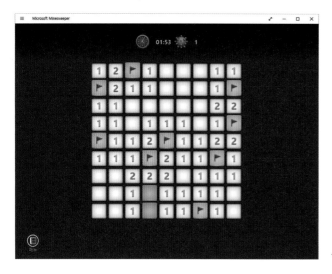

◀ GUI 프로그램 중 대표적인 지뢰찾기 게임

간단한 작업 실행 과정을 통해 GUI 환경과 CLI 환경을 비교해 보겠습니다. 먼저 GUI 프로그램을 사용하면 아래와 같은 절차로 일합니다.

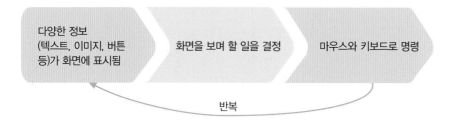

한편 CLI 프로그램을 사용하면 다음과 같은 방법으로 일합니다.

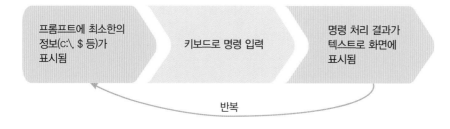

GUI 프로그램과 CLI 프로그램의 가장 큰 차이는 화면에 모든 정보를 보여 주는지, 명령을 능동적으로 입력하는지의 여부입니다. 이러한 차이점과 익숙하지 않다는 점 때문에 많은 입문자가 막연하게 CLI 프로그램을 어렵다고 느끼지만 사실은 그렇지 않습니다. CLI 프로그램을 능숙하게 사용하게 되면 GUI 프로그램보다 다양한 기능을 사용할 수 있고, 작업 속도 또한 빨라집니다.

Git도 마찬가지입니다. CLI 프로그램을 사용하면 소스트리로는 할 수 없는 작업을 할 수 있고, 작업 속도 또한 빨라집니다. 앞서 제 얘기를 말씀드렸지만, 분위기 좋은 카페에서 사과 로고가 선명한 스페이스 그레이 컬러의 노트북을 켜고 검은색의 터미널에서 또각또각 타이핑하는 모습은 우리가 꿈꾸는 개발자의 모습이 아닐까요(안타깝게도 신경 쓰는 사람은 없습니다만...)?

물론 GUI 프로그램으로 손쉽게 다룰 수 있는 것은 GUI 프로그램을 사용하면 됩니다. 상황에 맞춰 GUI 프로그램과 CLI 프로그램을 적절하게 활용하는 것이 가장 좋습니다.

CLI 시작하기 전 유의할 점

CLI 프로그램은 그다지 반갑지 않은 특징이 있습니다. 텍스트, 그것도 주로 영어로 된 정보를 보여 주는 데 그친다는 것입니다. 이마저도 금세 흘러가지요. 대부분의 입문자는 이 정보를 읽지 않고 그냥 넘깁니다. 그러나 이 정보는 매우 중요합니다. 절대로 그냥 넘기지 마세요. 앞으로 CLI가 화면에 보여 주는 모든 정보는 세심하게 읽을 것을 권장합니다.

다음 명령은 오류 메시지를 보기 위해 실제 작동하지 않는 임의의 명령을 실행한 결과입니다. 다행히도 의도한 바대로 오류가 발생했습니다. 중요한 점은 '오류가 발생했네?' 하며 끝내면 안 된다는 겁니다. 대체로 입문자는 본인이 의도한 대로 실행되면 만족해하지만, 의도대로 되지 않으면 좌절하는 경우가 많습니다. 문제는 이 지점입니다. 잘 되든, 잘 안되든 반드시 꼼꼼하게 메시지를 읽어야 하는데, 이 메시지를 읽지 않고 넘어간다는 것이지요.

CLI 예제 – 오류 발생 사례

```
$ git it is good day to code
git: 'it' is not a git command. See 'git --help'.

The most similar command is
        init
```

위 사례에 표시된 메시지를 읽어 보면 아래와 같습니다.

❶ 'it'이라는 명령은 없으니 'git --help'를 한번 확인해 봐라.

❷ 가장 근접한 명령은 'init'이다.

실행 결과 화면에 나오는 메시지는 매우 중요합니다. **다시 한번 당부드립니다. 귀찮더라도 화면에 나오는 메시지를 읽어 주세요!**

이 책에서 명령어를 읽는 법

이제부터 본격적으로 CLI 환경에서 다양한 Git 명령을 살펴볼 예정입니다. 그 전에 이후 원활한 실습을 위해 간단한 약속을 확인하고 넘어갑니다.

❶ 명령어 중 [옵션인자]처럼 대괄호로 둘러싸인 부분은 생략 가능하다는 뜻으로 표시했습니다. 여러분이 이 책의 실습을 따라 하면서 명령어를 기재할 때 대괄호는 입력하지 않도록 주의합니다.

❷ 명령어에서 〈필수인자〉처럼 부등호로 둘러싸인 부분은 꼭 입력해야 한다는 뜻입니다. 마찬가지로 부등호는 입력하지 않습니다.

❸ CLI 예시에서 # 표시 이후는 주석으로 명령어에 대한 부연 설명입니다. 이 부분도 실습할 때는 입력하지 않습니다.

❹ CLI 예시에서 입력한 명령은 $ 기호로 시작합니다. $ 기호는 Git에서 기본으로 표시하는 기호이므로 여러분이 추가로 입력하지 않습니다.

❺ $ 기호 다음에 붙은 노란색 음영의 텍스트가 여러분이 입력해야 하는 명령입니다.

❻ 오류 메시지나 중요한 메시지는 빨간색으로 구분해서 표시했습니다.

02 Git Bash 시작하기

Git Bash는 CLI 프로그램입니다. 먼저 Git Bash의 기본 명령을 살펴보겠습니다. Git Bash의 기능 전부를 익힐 필요는 없지만, 폴더 이동 및 파일 목록 표시와 같은 기능을 알고 있어야 무리 없이 사용할 수 있습니다.

Git Bash 실행 및 CLI 기본 명령어 파악하기

우리는 이미 Git과 소스트리를 설치했기 때문에 두 가지 방법으로 Git Bash를 실행할 수 있습니다. 윈도우 작업표시줄의 [시작] 버튼 또는 돋보기가 있는 검색 창을 클릭해 여기서 Git Bash를 찾아서 실행할 수 있고, 소스트리에서 오른쪽 상단에 있는 [터미널] 아이콘을 클릭하는 방법으로도 실행할 수 있습니다.

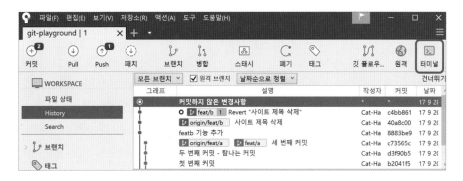

💡 **TIP** 소스트리에서 Git Bash 실행에 문제가 생길 경우 git-scm.com(https://git-scm.com/downloads)에서 내 OS에 맞는 버전을 다시 다운받아서 설치합니다.

Git Bash를 찾아서 실행하면 아래 그림과 같이 CLI 명령을 입력할 수 있는 창이 나옵니다.

$ 기호와 윗줄에 표시된 경로 등을 합쳐서 **프롬프트**prompt라고 합니다. 프롬프트는 CLI에서 가장

기본적인 정보를 보여 줍니다. 'cat-hanbit'은 내 컴퓨터의 사용자 아이디, 'HANBIT101'은 현재 PC 이름, '~'는 현재 폴더 위치입니다. 기본적으로 Git Bash를 시작하면 현재 폴더는 사용자의 홈 폴더에서 시작합니다. 홈 폴더의 전체 경로는 윈도우 10 기준으로 'c:\Users\사용자ID'가 되는데 이를 줄여서 '~'로 나타내는 것입니다.

만약 소스트리에서 실행했다면 아래와 같이 프롬프트의 모양이 달라집니다. 이는 Git Bash의 시작 폴더가 사용자의 홈 폴더가 아닌 Git 작업 폴더로 변경되고, '(main)'과 같은 현재의 브랜치명이 추가로 표시되었기 때문입니다.

💡 **TIP** 프롬프트 끝에 브랜치명이 보인다면 이는 Git 작업 폴더라는 의미임을 기억해 두세요.

본격적으로 Git 명령어를 실습하기 전에 우선 Git Bash에서 사용할 기본 CLI 명령어, 즉 폴더를 만들거나 위치를 이동하는 방법 등을 소개합니다. 지금 당장 필요한 명령 몇 가지만 정리한 것이므로 관련하여 더 자세히 공부하고 싶다면 '리눅스 명령어 공부하기'와 같은 키워드로 검색하거나 관련 도서를 찾아보길 바랍니다.

`pwd`	현재 폴더의 위치를 확인합니다.
`ls -a`	현재 폴더의 파일 목록을 확인합니다. -a 옵션을 이용해 숨김 파일도 볼 수 있습니다.
`cd`	홈 폴더로 이동합니다. 홈 폴더는 사용자 이름과 폴더명이 같고 내 문서 폴더의 상위 폴더입니다.
`cd <폴더 이름>`	특정 위치의 디렉터리로 이동합니다.
`cd ../`	현재 폴더의 상위 폴더로 이동합니다.
`mkdir <새 폴더 이름>`	현재 폴더의 아래에 새로운 폴더를 만듭니다.
`echo "Hello Git"`	메아리라는 뜻 화면에 " " 안의 문장인 `"Hello Git"`을 표시합니다.

Git 로컬 저장소 생성하고 상태 확인하기

Git Bash를 이용해 로컬 저장소를 만들고 Git 프로젝트를 시작해 봅시다. Git Bash를 실행한 후 다음과 같이 **cd** 명령어를 사용해 [Documents(내 문서)] 폴더로 이동합니다. 참고로 Git Bash에서는 폴더명의 일부를 입력하고 Tab 키를 누르면 자동 완성 기능을 사용할 수 있습니다.

내 문서로 이동하기

```
cat-hanbit@HANBIT101 MINGW64 ~
$ cd # 홈 폴더로 이동

cat-hanbit@HANBIT101 MINGW64 ~
$ cd Documents/ # 내 문서 폴더로 이동

cat-hanbit@HANBIT101 MINGW64 ~/Documents
$ pwd # 현재 폴더의 위치 확인
/c/Users/cat-hanbit/Documents
```

> **TIP** Git Bash 창은 검은색 바탕이나 가독성을 위해 이 책에서는 위처럼 표기합니다. # 기호부터는 주석입니다. 여러분의 이해를 돕기 위해 설명을 붙인 것이므로 입력하지 않습니다. 노란색 음영 부분의 텍스트만 입력하세요.

사실 처음 입력한 cd 명령어는 입력하지 않아도 됩니다. cd 명령어는 홈 폴더로 이동하는 명령인데 처음 Git Bash의 기본 시작 폴더가 홈 폴더이기 때문이죠. 혹시나 독자 여러분이 소스트리를 이용해서 실행했거나 기타 실수를 방지하기 위해서 추가한 것입니다. cd Documents 명령이 끝난 이후에 현재 폴더의 위치를 확인하기 위해 **pwd** 명령어도 수행했습니다. 현재 폴더는 프롬프트에 표시된 경로를 통해서도 확인할 수 있지만 좀 더 확실히 하기 위해 pwd 명령을 사용했습니다. 그만큼 CLI에서는 꼼꼼한 확인이 매우 중요합니다.

이어서 Git 로컬 저장소를 만들기 위해 **mkdir** 명령어로 [hello-git-cli] 폴더를 만들고 이동합니다.

Git 로컬 저장소를 위한 새 폴더 만들기

```
cat-hanbit@HANBIT101 MINGW64 ~/Documents
$ mkdir hello-git-cli # 새로운 폴더 생성

cat-hanbit@HANBIT101 MINGW64 ~/Documents
$ cd hello-git-cli/ # 폴더로 이동

cat-hanbit@HANBIT101 MINGW64 ~/Documents/hello-git-cli
$ pwd
/c/Users/user1/Documents/hello-git-cli
```

위 명령으로 아래 경로에 [hello-git-cli] 폴더가 생성됩니다.

> 내 컴퓨터 ▶ Documents ▶ hello-git-cli

이제 **git status** 명령으로 새로 만든 폴더 정보를 확인해 보겠습니다. git status는 Git 저장소의 상태를 확인할 수 있기 때문에 자주 사용합니다. 반드시 기억해 주세요.

Git 로컬 저장소를 위해 만든 새 폴더 정보 보기

```
cat-hanbit@HANBIT101 MINGW64 ~/Documents/hello-git-cli
$ git status
fatal: Not a git repository (or any of the parent directories): .git
```

그런데 막상 git status 명령을 실행하면 오류가 발생합니다. 오류 메시지를 보면 '.git 폴더가 없다(현재 디렉터리는 Git 작업 폴더가 아니다)'라고 알려 줍니다. 즉, git status 명령은 Git 작업 폴더(정확하게는 워킹트리)에서만 정상적으로 수행되는 명령입니다. Git 워킹트리에 대해서는 바로 이어서 설명하겠습니다. git status 명령에 대해 정리하면 다음과 같습니다.

`git status`	Git 워킹트리의 상태를 보는 명령으로 매우 자주 사용합니다. 워킹트리가 아닌 폴더에서 실행하면 오류가 발생합니다.
`git status -s`	git status 명령보다 짧게 요약해서 상태를 보여 주는 명령으로 변경된 파일이 많을 때 유용합니다.

여기서 잠깐! **위 실습에서 git status 명령이 오류 없이 실행되었어요**

git status 명령이 오류 없이 정상 동작되는 경우도 있습니다. 이 경우는 새로 만든 폴더가 git 프로젝트의 하위 폴더라는 의미입니다. 다시 말해 [hello-git-cli] 폴더의 상위 폴더 중 어떤 폴더가 Git 저장소로 이미 초기화되어 있다는 뜻입니다. 이는 Git을 처음 접하는 입문자가 많이 하는 실수로 대부분 내 문서(Documents) 폴더가 Git 저장소인 경우가 많습니다. 이때 혹시라도 실수로 git push 명령을 사용한다면 내 문서 내의 자료가 통채로 GitHub에 공개되는 상황이 발생합니다. 이 문제를 해결하는 방법은 뭘까요?

정답은 어딘가에 만들어진(생성된) [.git] 폴더를 삭제하는 것입니다. 아마도 [Documents/.git] 폴더가 있을 확률이 상당히 높은데 이 폴더를 삭제하면 됩니다. 참고로 [.git] 폴더는 숨김 처리되어 있습니다.

또 다른 하나는 여러분이 폴더 이동을 하지 않고 명령어를 입력한 경우입니다. 예를 들어 이전 장에서 아래 경로에 프로젝트 폴더를 만들었는데 이 폴더에서 명령을 수행했다면 git status 명령이 정상적으로 수행됩니다.

> 내 PC ▶ 바탕 화면 ▶ Programming ▶ iTshirt-cat

이 경우에는 cd 명령어로 먼저 내 문서(~/Documents) 폴더로 이동하고 새로운 폴더를 만들어서 이후 과정을 진행해 주세요.

이제 우리가 만든 폴더를 Git 저장소로 만들어 보겠습니다. 앞서 생성한 [hello-git-cli] 폴더에서 다음처럼 실행합니다.

Git 저장소 초기화하기

```
cat-hanbit@HANBIT101 MINGW64 ~/Documents/hello-git-cli
$ git init -b main # main 브랜치 초기화 및 git 저장소 생성
Initialized empty Git repository in
C:/Users/cat-hanbit/Documents/hello-git-cli/.git/

cat-hanbit@HANBIT101 MINGW64 ~/Documents/hello-git-cli (main)
$ ls -a # 파일 목록 확인
./  ../  .git/

cat-hanbit@HANBIT101 MINGW64 ~/Documents/hello-git-cli (main)
$ git status # 워킹 트리 상태 확인
On branch main

No commits yet

nothing to commit (create/copy files and use "git add" to track)
```

> **여기서 잠깐!**
>
> **왜 [내 문서] 폴더에 저장소를 만드나요?**
>
> 많은 PC 사용자에게 가장 친숙한 폴더는 바탕 화면 폴더일 것입니다. 그래서 이전까지는 바탕 화면에 폴더를 만들고 Git 저장소를 만들었는데, 이번 장부터는 내 문서를 기준으로 저장소를 만듭니다. 개발자는 CLI를 사용할 때 바탕 화면을 잘 사용하지 않습니다. 리눅스나 맥OS에 친숙한 개발자에게 바탕 화면 폴더나 다운로드 폴더는 작업 폴더라기보다는 임시 폴더에 가까운 느낌이라서 약간 꺼려지는 것 같습니다. 저도 이 기준을 따라 내 문서 폴더에 Git 저장소를 만들었습니다.

git init 명령은 현재 폴더에 Git 저장소를 생성합니다. -b 옵션으로 기본 브랜치를 main으로 지정했다는 것도 기억해 주세요. 명령의 결과는 '비어 있는 Git 저장소를 .git 폴더에 만들었다'라는 내용입니다. 그리고 ls -a 명령으로 현재 폴더 내 파일 목록을 확인해 보면 [.git]이라는 폴더가 생긴 걸 알 수 있습니다. 이 폴더가 Git의 로컬 저장소입니다.

또한 앞서 실습에서 오류가 발생한 git status 명령도 정상 실행되었습니다. 이로써 [hello-git-cil] 폴더가 이제 Git 저장소가 되었다는 걸 알 수 있습니다. git init 명령 전후에 프롬프트의 변화도 확인했나요? 다시 한번 위 코드를 살펴보세요. '(main)' 표시를 확인할 수 있습니다.

`git init -b main`	기본 브랜치를 main으로 지정하고 현재 폴더에 Git 저장소를 생성합니다. 현재 폴더에는 [.git]이라는 숨김 폴더가 생성되는데 사실 이 폴더가 로컬 저장소입니다.

지금까지 실습으로 기억해야 하는 중요한 개념이 하나 더 있습니다. 로컬 저장소가 있는 현재 폴더, 다시 말해서 일반적인 작업 폴더를 Git 용어로 뭐라고 할까요? Git에서는 작업 폴더를 **워킹트리**working tree라고 합니다. 이 단어도 꼭 기억해 주세요.

Git을 처음 배우면 몇 가지 헷갈리는 용어가 있습니다. 별것 아닌 것 같지만 용어를 혼동하면 Git의 개념을 이해하는 데 큰 오해가 생길 수 있기 때문에 정확히 정리하고 넘어갑시다.

▼ 풀 리퀘스트에 들어가면 좋은 내용

용어	설명
워킹트리	워크트리, 워킹 디렉터리, 작업 디렉터리, 작업 폴더 모두 같은 뜻으로 사용됩니다. 일반적으로 사용자가 파일과 하위 폴더를 만들고 작업 결과물을 저장하는 곳을 Git에서는 워킹트리라고 부릅니다. 공식 문서에서는 워킹트리를 '커밋을 체크아웃하면 생성되는 파일과 디렉터리'로 정의하고 있습니다. 정확하게는 작업 폴더에서 [.git] 폴더(로컬 저장소)를 뺀 나머지 부분이 워킹트리입니다.
로컬 저장소	git init 명령으로 생성되는 [.git] 폴더가 로컬 저장소입니다. 커밋, 커밋을 구성하는 객체, 스테이지가 모두 이 폴더에 저장됩니다.
원격 저장소	로컬 저장소를 업로드하는 곳을 원격 저장소라고 부릅니다. 우리가 사용하고 있는 GitHub 저장소가 원격 저장소입니다(G와 H가 대문자라는 것에 유의하세요).
Git 저장소	Git 명령으로 관리할 수 있는 폴더 전체를 일반적으로 Git 프로젝트 혹은 Git 저장소라고 부릅니다. 사실 이 말은 상당히 모호합니다만 많은 분이 이렇게 생각하기 때문에 이 책에서도 처음 설명에 Git 저장소라는 단어를 사용했습니다. 일반적으로 Git 저장소를 작업 폴더와 혼동하기도 하고 워킹트리 + 로컬 저장소의 느낌으로 사용하는 듯 합니다. 다만 공식 문서에서는 로컬 저장소와 Git 저장소를 같은 뜻으로 사용합니다. git init 명령을 수행할 때 나오는 메시지도 '비어있는 Git 저장소를 .git에 만듭니다'라고 나온 것 기억하시죠?

여기서
잠깐! **용어를 꼭 기억해 주세요**

용어를 다시 한번 간략하게 정리하면 아래와 같습니다.

- **워킹트리**: 일반적인 작업이 일어나는 곳입니다.
- **로컬 저장소**: .git 폴더, 커밋은 로컬 저장소에 저장됩니다.
- **원격 저장소**: GitHub 저장소, 로컬 저장소를 업로드하는 곳입니다.
- **Git 저장소**: 엄밀하게는 로컬 저장소를 의미하지만 넓은 의미로 작업 폴더(워킹트리 + 로컬 저장소)를 의미하기도 합니다.

Git 명령어 옵션 설정하기

Git을 사용하기 위해서 해야 할 일이 더 있습니다. **git config** 명령을 사용해서 Git 옵션을 설정해야 합니다. 소스트리를 사용하면 소스트리가 알아서 해 주니 편리하죠.

git config --global <옵션명>	지정한 전역 옵션의 내용을 살펴봅니다.
git config --global <옵션명> <새로운 값>	지정한 전역 옵션의 값을 새로 설정합니다.
git config --global --unset <옵션명>	지정한 전역 옵션을 삭제합니다.
git config --local <옵션명>	지정한 지역 옵션의 내용을 살펴봅니다.
git config --local <옵션명> <새로운 값>	지정한 지역 옵션의 값을 새로 설정합니다.
git config --local --unset <옵션명>	지정한 지역 옵션의 값을 삭제합니다.
git config --system <옵션명>	지정한 시스템 옵션의 내용을 살펴봅니다.
git config --system <옵션명> <값>	지정한 시스템 옵션의 값을 새로 설정합니다.
git config --system --unset <옵션명> <값>	지정한 시스템 옵션의 값을 삭제합니다.
git config --list	현재 프로젝트의 모든 옵션을 살펴봅니다.

git config 명령으로는 옵션을 보거나, 값을 바꿀 수 있습니다. Git의 옵션에는 **지역**local 옵션과 **전역**global 옵션, **시스템**system 환경 옵션의 세 종류가 있습니다. 시스템 환경 옵션은 PC 전체의 사용자를 위한 옵션, 전역 옵션은 현재 사용자를 위한 옵션이고, 지역 옵션은 현재 Git 저장소에서만 유효한 옵션입니다. 우선순위는 지역 옵션 〉 전역 옵션 〉 시스템 옵션 순으로 지역 옵션이 가장 높습니다. 일반적으로 개인 PC에서는 전역 옵션을 많이 사용하는데, 공용 PC처럼 여러 사람이 사용하거나 Git을 잠깐만 써야 할 일이 있다면 지역 옵션을 사용해야 합니다. 시스템 옵션은 Git이나 소스트리 설치 시에 몇 가지 값들이 지정되는데 직접 수정하는 일은 그리 많지 않습니다.

옵션값을 이용하면 여러 가지 설정이 가능합니다. 지금은 필수 설정인 user.name(사용자 이름), user.email(이메일), core.editor(기본 에디터) 세 옵션의 값을 입력해 보겠습니다. 이미 소스트리를 사용했었기 때문에 값이 이미 있는 경우는 바꾸지 않아도 됩니다. 먼저 이름만 바꿔 보겠습니다.

```
cat-hanbit@HANBIT101 MINGW64 ~/Documents/hello-git-cli (main)
$ git config --global user.name # 현재 user.name 확인
Hoyoung Jung

cat-hanbit@HANBIT101 MINGW64 ~/Documents/hello-git-cli (main)
$ git config --global user.name "Cat Hanbit"

cat-hanbit@HANBIT101 MINGW64 ~/Documents/hello-git-cli (main)
$ git config --global user.name
Cat Hanbit
```

📝**TIP** git config --global user.name 명령을 실행했을 때 아무런 결과도 출력되지 않는다면 현재 설정된 값이 없다는 의미입니다. 이럴 때는 새로운 값을 설정하면 됩니다.

위 예시는 전역 변수인 user.name의 값을 기존의 Hoyoung Jung에서 Cat Hanbit으로 바꾼 것입니다. 앞서 말했듯이 작업 PC가 공용이거나 프로젝트마다 값을 따로 설정하고 싶을 경우 --global 옵션을 빼고 지역 옵션을 설정하면 됩니다.

중요한 설정이 하나 더 남아 있습니다. CLI를 사용하면 텍스트 에디터를 쓸 일이 생기는데, 현재 Git Bash의 기본 에디터는 보통 리눅스 운영체제에서 주로 쓰는 vim이나 nano로 설정되어 있습니다. vim을 잘 사용하면 그대로 둬도 되지만 그렇지 않다면(또는 vim이 뭔지 모를 경우) 기본 에디터를 비주얼 스튜디오 코드로 변경하는 것이 좋습니다. 만약 이미 비주얼 스튜디오 코드가 기본 에디터로 되어 있다면 그대로 두면 됩니다. 그럼 기본 에디터가 어떤 것을 설정되어 있는지 확인해 보겠습니다.

```
cat-hanbit@HANBIT101 MINGW64 ~/Documents/hello-git-cli (main)
$ git config core.editor

cat-hanbit@HANBIT101 MINGW64 ~/Documents/hello-git-cli (main)
$ git config --global core.editor

cat-hanbit@HANBIT101 MINGW64 ~/Documents/hello-git-cli (main)
$ git config --system core.editor
'C:\Program Files (x86)\Notepad++\notepad++.exe' -multiInst -notabbar -nosession
-noPlugin
```

시스템 옵션을 통해 저의 PC에는 기본 에디터가 notepad++로 설정되어 있는 것을 확인했습니다.

기본 에디터는 git config 명령으로 변경해도 되는데 여러분이 실수할 가능성이 많아서 git-scm. com에서 다시 Git을 다운받아서 재설치하는 것을 권장합니다. 일단 작업 중이던 Git bash 창을 모두 닫고 재설치 과정을 진행합니다. 재설치 과정에서 기본 에디터 를 선택할 수 있는데, 아래 그림처럼 기본 에디터를 비주얼 스튜디오 코드로 지정해야 합니다.

> ! 여기서
> 잠깐! **처음 Git 설치할 때 왜 기본 에디터를 설정하지 않았나요?**
>
> 0장에서 Git을 설치했을 때는 비주얼 스튜디오 코드를 기본 에디터로 설정할 수가 없었습니다. 이유는 비주얼 스튜디오 코드를 1장에서 설치했기 때문입니다. 지금은 비주얼 스튜디오 코드가 설치된 상태이므로 Git을 재설 치할 때 비주얼 스튜디오 코드를 기본 에디터로 설정할 수 있습니다.

[Next] 버튼을 클릭해 다음 단계로 넘어가면 Git bash의 기본 브랜치를 지정할 수 있는 창이 나타납니다. CLI 환경에서 init 명령어를 사용해서 로컬 저장소를 생성하면 기본적으로 master 브랜치가 생성되는데, [Override the default branch name for new repositories]를 선택하고 'main'을 입력해 주면 로컬 저장소를 생성했을 때 바로 main 브랜치에서 시작합니다.

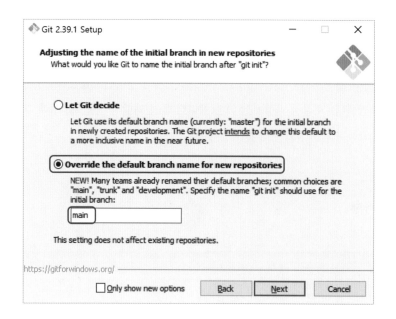

나머지 단계는 기본 설정 그대로 [Next] 버튼을 클릭해 재설치를 완료합니다.

> **여기서 잠깐!** **Git을 설치할 때 기본 브랜치 이름을 지정하면?**
>
> Git을 설치할 때 기본 브랜치 이름을 'main'으로 지정하면 다음 그림처럼 git init 명령을 수행했을 때 −b 옵션 없이도 main 브랜치가 기본으로 실행되는 것을 확인할 수 있습니다.
>
>

다시 한번 Git 환경 변수를 살펴보겠습니다. [hello-git-cli] 폴더로 이동해 Git Bash를 실행합니다. 그다음 명령을 실행하면 기본 에디터가 정상적으로 비주얼 스튜디오 코드로 변경된 것을 알 수 있습니다.

```
cat-hanbit@HANBIT101 MINGW64 ~/Documents/hello-git-cli (main)
$ git config --system core.editor

"C:\Users\cat-hanbit\AppData\Local\Programs\Microsoft VS Code\Code.exe" --wait
```

TIP 간혹 PC에 따라 시스템 환경 옵션이 변경되지 않는 경우가 있는데 이때 당황하지 말고 git config --global core.editor 명령을 입력해 확인해 보세요. 에디터가 정상적으로 지정되어 있는 경우도 있습니다. 전역 옵션은 시스템 옵션보다 우선하므로 이 경우에도 정상적으로 비주얼 스튜디오 코드가 실행됩니다.

이제 마지막으로 user.email 값과 color.ui 값도 설정해 보겠습니다. user.email 값에는 GitHub 를 가입할 때 사용한 여러분의 이메일을 지정하고, color.ui 값에는 가독성을 위해 auto로 지정해 주세요.

```
cat-hanbit@HANBIT-101 MINGW64 ~/Documents/hello-git-cli (main)
$ git config --global user.email "hello.git.github@gmail.com"

cat-hanbit@HANBIT-101 MINGW64 ~/Documents/hello-git-cli (main)
$ git config --global color.ui auto
```

TIP color.ui를 auto로 지정하면 Git Bash 창의 Git 컬러가 자동으로 설정되어 출력됩니다.

기본 Git 명령어 살펴보기

여러분은 이미 소스트리를 이용해 add, commit, push, pull 명령어의 의미와 사용법을 배웠습니다. 이번 절에서는 복습한다는 생각으로 앞서 배운 기초 명령어를 CLI에서 실습해 보겠습니다. 이미 배운 내용이고, 어렵지 않은 내용이니 가볍게 읽고 넘어가도 좋습니다.

add와 commit: 파일을 스테이지에 올리고 커밋하기

먼저 기본 Git 명령어를 간단히 복습하고, 실습해 보겠습니다.

`git add <파일명> ...`	파일들을 스테이지에 추가합니다. 새로 생성한 파일을 스테이지에 추가하고 싶다면 반드시 add 명령어를 사용합니다.
`git commit`	스테이지에 있는 파일들을 커밋합니다.
`git commit -a`	add 명령어를 생략하고 바로 커밋하고 싶을 때 사용합니다. 변경된 파일과 삭제된 파일은 자동으로 스테이징되고 커밋됩니다. 주의할 점은 untracked 파일은 커밋되지 않습니다.
`git push [-u] [원격 저장소 별명] [브랜치 이름]`	현재 브랜치에서 새로 생성한 커밋들을 원격 저장소에 업로드합니다. -u 옵션으로 브랜치의 업스트림을 등록할 수 있습니다. 한 번 등록한 후에는 git push 명령만 입력해도 됩니다.
`git pull`	원격 저장소의 변경 사항을 워킹트리에 반영합니다. 사실은 git fetch + git merge 명령입니다.
`git fetch [원격 저장소 별명] [브랜치 이름]`	원격 저장소의 브랜치와 커밋들을 로컬 저장소와 동기화합니다. 옵션을 생략하면 모든 원격 저장소에서 모든 브랜치를 가져옵니다.
`git merge <대상 브랜치>`	지정한 브랜치의 커밋들을 현재 브랜치 및 워킹트리에 반영합니다.

커밋을 실행하기 위해 먼저 간단한 파일을 만들겠습니다. 비주얼 스튜디오 코드를 사용해도 되지만 번거로우니 CLI에서 바로 작업하겠습니다.

먼저 **echo** 명령어와 'hello git'을 입력해 텍스트를 출력해 보고, 이 텍스트로 file1.txt 파일을 만들어 보겠습니다. CLI 환경이 익숙하지 않다면 탐색기로 작업 폴더를 열어서 확인해 보는 것도 좋은 방법입니다.

TIP echo 명령어는 텍스트를 출력하는 CLI 명령어입니다.

```
cat-hanbit@HANBIT101 MINGW64 ~/Documents/hello-git-cli (main)
$ echo "hello git" # 화면에 큰 따옴표(" ") 안의 텍스트를 보여준다.
hello git

cat-hanbit@HANBIT101 MINGW64 ~/Documents/hello-git-cli (main)
$ echo "hello git" > file1.txt # 큰 따옴표 안의 텍스트로 file1.txt 파일 생성

cat-hanbit@HANBIT101 MINGW64 ~/Documents/hello-git-cli (main)
$ ls # 현재 폴더의 파일 목록 확인
file1.txt

cat-hanbit@HANBIT101 MINGW64 ~/Documents/hello-git-cli (main)
$ git status
On branch main

No commits yet

Untracked files:
  (use "git add <file>..." to include in what will be committed)

        file1.txt

nothing added to commit but untracked files present (use "git add" to track)
```

git status 명령으로 상태를 살펴보니 file1.txt라는 파일이 생성되었고 untracked 상태임을 확인할 수 있습니다. 또한 git add 〈file〉... 명령을 사용하면 커밋에 포함할 수 있다는 내용도 볼 수 있습니다.

🔖 **TIP** ...은 한 번에 여러 파일 이름을 지정할 수도 있다는 뜻입니다.

이번에는 변경 내용을 git add 명령으로 스테이지에 추가해 보겠습니다. 파일을 스테이지에 올린다 하여 **스테이징**이라고도 합니다.

```
cat-hanbit@HANBIT101 MINGW64 ~/Documents/hello-git-cli (main)
$ git add file1.txt
warning: LF will be replaced by CRLF in file1.txt.
The file will have its original line endings in your working directory.

cat-hanbit@HANBIT101 MINGW64 ~/Documents/hello-git-cli (main)
$ git status
On branch main

No commits yet

Changes to be committed:
  (use "git rm --cached <file>..." to unstage)

        new file:   file1.txt ─────────── 변경 내용이 스테이지에 올라간 상태
```

우리가 만든 file1.txt 파일이 스테이지 영역에 추가된 것을 확인할 수 있습니다.

reset: 스테이지에서 내리기

위 실행 결과의 마지막에서 두 번째 줄 부분을 보면 git rm --cached ⟨file⟩... 명령으로 스테이지에서 내릴 수 있다(unstage)는 메시지가 있습니다. 그런데 스테이지에서 내리기 위해 저 명령보다 자주 사용하는 명령이 있습니다. 바로 **git reset** 명령인데요, 이것을 사용하면 더 쉽게 파일을 스테이지에서 내릴 수 있습니다.

git reset [파일명]...	스테이지 영역에 있는 파일을 스테이지에서 내립니다(언스테이징). 워킹트리의 내용은 변경되지 않습니다. 옵션을 생략할 경우 스테이지의 모든 변경 사항을 초기화합니다.

이 명령은 워킹트리의 내용은 그대로 두고 해당 파일을 스테이지에서만 내립니다. 세 가지 옵션(soft, mixed, hard)을 사용할 수 있는데 지금처럼 옵션 없이 사용하면 mixed reset으로 동작합니다. 다른 옵션에 대해서는 나중에 다시 살펴보겠습니다. 이렇게 스테이지에서 내리는 작업을 **언스테이징**이라고 합니다. 꼭 기억해 주세요.

다음 실습은 file1.txt를 git reset 명령으로 언스테이징하고, cat 명령어로 파일 내용이 변경되었는지 확인합니다.

파일 언스테이징하기

```
cat-hanbit@HANBIT101 MINGW64 ~/Documents/hello-git-cli (main)
$ git status
On branch main

No commits yet

Changes to be committed:
  (use "git rm --cached <file>..." to unstage)

        new file:   file1.txt ─────────────────── 변경 내용이 스테이지에 올라간 상태


cat-hanbit@HANBIT101 MINGW64 ~/Documents/hello-git-cli (main)
$ git reset file1.txt # file1.txt 파일 언스테이징

cat-hanbit@HANBIT101 MINGW64 ~/Documents/hello-git-cli (main)
$ git status
On branch main

No commits yet

Untracked files:
  (use "git add <file>..." to include in what will be committed)

        file1.txt ─────────────────────── 스테이지에서 내려간 상태

nothing added to commit but untracked files present (use "git add" to track)

cat-hanbit@HANBIT101 MINGW64 ~/Documents/hello-git-cli (main)
$ ls
file1.txt

cat-hanbit@HANBIT101 MINGW64 ~/Documents/hello-git-cli (main)
$ cat file1.txt
hello git
```

파일의 내용은 그대로 두고 단지 언스테이징만 진행한 것을 알 수 있습니다.

commit: 커밋 생성하기

이제 커밋을 실행해 보겠습니다. 좀 전에 언스테이징을 했으므로 다시 git add 명령을 실행한 후 커밋합니다. 커밋은 git commit 명령으로 수행합니다.

CLI로 첫 번째 커밋하기

```
cat-hanbit@HANBIT101 MINGW64 ~/Documents/hello-git-cli (main)
$ git add file1.txt
warning: LF will be replaced by CRLF in file1.txt.
The file will have its original line endings in your working directory.

cat-hanbit@HANBIT101 MINGW64 ~/Documents/hello-git-cli (main)
$ git status
On branch main

No commits yet

Changes to be committed:
  (use "git rm --cached <file>..." to unstage)

        new file:   file1.txt


cat-hanbit@HANBIT101 MINGW64 ~/Documents/hello-git-cli (main)
$ git commit  # 커밋 실행, 비주얼 스튜디오 코드가 열리면 커밋 메시지 입력 후 저장&닫기
hint: Waiting for your editor to close the file...
[main 2022-06-02T05:17:51.218Z] update#setState idle
[main 2022-06-02T05:18:21.218Z] update#setState checking for updates
[main 2022-06-02T05:18:21.400Z] update#setState idle
[main (root-commit) b1f0322] 첫 번째 커밋
 1 file changed, 1 insertion(+)
 create mode 100644 file.txt
```

git commit 명령을 실행하면 다음 그림과 같이 비주얼 스튜디오 코드가 열립니다.

여기서 커밋 메시지를 다음 그림과 같이 잘 적어 줍니다. 이때 첫째 줄과 둘째 줄 사이는 반드시 한 줄 비워야 합니다. 그리고 첫 줄에는 작업 내용의 요약, 다음 줄에는 작업 내용을 자세하게 기록합니다. 첫 줄은 제목이고 그 다음 줄은 본문이라고 생각하면 됩니다. 로그를 볼 때나 GitHub의 Pull Request 메뉴 등에서 이 규칙을 활용해서 내용을 자동으로 구성하기 때문에 꼭 지키는 것이 좋습니다.

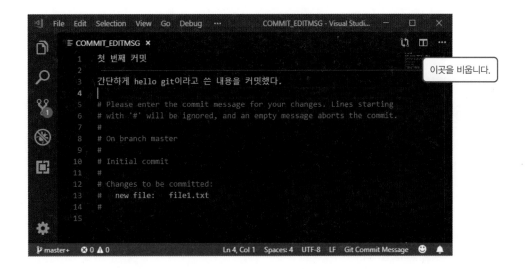

이곳을 비웁니다.

Ctrl + S 키를 눌러 저장한 후 비주얼 스튜디오 코드를 닫습니다. 그럼 소스트리처럼 커밋이 생성됩니다. 어렵지 않죠? 만약 git commit 명령을 실행한 후 갑작스런 변심 등의 이유로 커밋을 하고 싶지 않다면 비주얼 스튜디오 코드에서 아무 것도 추가하지 않고 창을 닫아 종료합니다. 그럼 커밋도 자동으로 취소됩니다.

> **여기서 잠깐! 비주얼 스튜디오 코드가 아니라 vim 에디터가 실행되었어요**
>
> git commit 명령을 실행했는데 vim 에디터가 실행될 수 있습니다. 이는 Git 재설치 시 옵션에서 기본 에디터를 비주얼 스튜디오 코드로 변경하지 않았기 때문입니다. vim 에디터가 실행됐다면 esc 키를 눌러 vim 명령 모드를 실행한 후 :q!를 입력하고 Enter 키를 누르면 종료할 수 있습니다. 이때 커밋도 자동으로 취소됩니다. vim 에디터 모드에서 빠져 나왔다면 앞 절의 Git 재설치(249쪽) 내용을 참고해 비주얼 스튜디오 코드를 기본 에디터로 설정합니다.

커밋을 성공했다면 git status 명령을 실행해 상태를 확인해 보세요. 워킹트리와 스테이지 영역이 깨끗해진 걸 확인할 수 있을 것입니다.

커밋 확인해 보기

```
cat-hanbit@HANBIT101 MINGW64 ~/Documents/hello-git-cli (main)
$ git status
On branch main
nothing to commit, working tree clean
```

커밋이 만들어지면 그 커밋 시점의 파일 상태로 언제라도 복구할 수 있습니다. 그리고 커밋은 절대 사라지지 않습니다. (해병대도 아닌 것이) 커밋은 영원합니다. 😄

여기서 잠깐! **좋은 커밋 메시지의 일곱 가지 규칙**

1. 제목과 본문을 빈 줄로 분리합니다.

2. 제목은 50자 이내로 씁니다.

3. 제목을 영어로 쓸 경우 첫 글자는 대문자로 씁니다.

4. 제목에는 마침표를 넣지 않습니다.

5. 제목을 영어로 쓸 경우 동사원형(현재형)으로 시작합니다.

6. 본문을 72자 단위로 줄바꿈합니다.

7. 어떻게 보다 무엇과 왜를 설명합니다.

---

log: 커밋 히스토리 확인하기

git log 명령으로 Git의 커밋 히스토리를 확인해 보겠습니다.

`git log`	현재 브랜치의 커밋 이력을 보는 명령입니다.
`git log -n<숫자>`	전체 커밋 중에서 최신 n개의 커밋만 살펴봅니다. 아래의 다양한 옵션과 조합해서 쓸 수 있습니다.
`git log --oneline --graph --all --decorate`	자주 사용하는 옵션입니다. 로그를 간결하고 멋지게 보여 줍니다. 사실 소스트리로 보는 것이 더 알아보기 좋습니다. --oneline: 커밋 메시지를 한 줄로 요약해서 보여 줍니다. 생략하면 커밋 정보를 자세히 표시합니다. --graph: 커밋 옆에 브랜치의 흐름을 그래프로 보여 줍니다. GUI와 유사한 모습으로 나옵니다. --all: all 옵션을 지정하지 않으면 HEAD와 관계없는 옵션은 보여 주지 않습니다. --decorate: 브랜치와 태그 등의 참조를 간결히 표시합니다. 원래는 --decorate=short 옵션을 의미합니다.

커밋 히스토리 확인하기

```
cat-hanbit@HANBIT101 MINGW64 ~/Documents/hello-git-cli (main)
$ git log --oneline --graph --all --decorate
* cd6e80a (HEAD -> main) 첫 번째 커밋
```

커밋 히스토리에 보이는 앞의 16진수 7자리 숫자는 **커밋 체크섬** 혹은 **커밋 아이디**입니다. SHA1 해시 체크섬 값을 사용하는데, 전 세계에서 유일한 값을 가지므로 여러분은 저와 다른 값이 나올 것입니다. 실제로 커밋 체크섬은 40자리인데 앞의 7자리만 화면에 보여 줍니다.

> **여기서 잠깐! cd6e80acb5973e69d758ff47aa2c4e4597b9bb7c? SHA1 해시 체크섬**
>
> Git의 커밋은 일반적으로 커밋 아이디라고 하는 영문 소문자와 숫자 조합의 40자리 SHA1 해시 체크섬 값을 가집니다. 이 값은 어떤 커밋을 전 우주에서 유일하게 식별할 수 있는 값으로 생성됩니다. 해시라는 단어는 프랑스어인 hache가 어원인데 손도끼라는 뜻입니다. 거기서 파생된 해시는 무언가를 잘게 쪼개서 섞어놓은 걸 말하고, 체크섬은 데이터의 정확성을 확인하기 위해서 계산한 어떤 값을 말합니다. 결국 SHA1 해시 체크섬은 SHA1이라는 알고리즘을 사용해서 만들어낸 체크섬 값을 말합니다. 이 값을 통해서 Git은 커밋 객체를 구별할 수 있고 오류 없이 안전하게 저장되어 있는지를 알 수 있습니다. 아무튼 이름이 너무 기니까, 보통 커밋 아이디, 커밋 해시, 커밋 체크섬 등으로 많이 부릅니다.

보통 git log 명령은 옵션 없이 써도 되지만 위 실습에서는 여러 옵션을 사용했습니다. 이는 필자의 개인적인 성향으로, 옵션 여러 가지를 조합하면 예쁘고, 간결한 결과가 출력됩니다. 외우는 편이 좋은데 좀 복잡하죠? 저도 처음에는 외우기 힘들었는데, 마침 '원기'라는 이름의 친구가 있어서 원기올때(Oneline, Graph, All, Decorate)로 외웠습니다.

실행 결과는 옵션 조합에 따라 달라집니다. 개인적으로 자주 사용하는 git log 명령의 옵션들은 아래와 같은데 여러분도 다양한 조합으로 실험하고 익혀 보세요.

`git log`	HEAD와 관련된 커밋들이 자세하게 나옵니다.
`git log --oneline`	간단히 커밋 해시와 제목만 보고 싶을 때 사용합니다.
`git log --oneline --graph --decorate`	HEAD와 관련된 커밋들을 조금 더 자세히 보고 싶을 때 사용합니다.
`git log --oneline --graph --all --decorate`	모든 브랜치들을 보고 싶을 때 사용합니다.
`git log --oneline -n5`	내 브랜치의 최신 커밋을 5개만 보고 싶을 때 사용합니다.

help: 도움말 기능 사용하기

Git에는 각 명령의 도움말을 볼 수 있는 명령이 있습니다. 이 책에서 여러분은 정말 많은 명령과 옵션을 살펴보겠지만 사실 우리가 살펴보는 명령과 옵션은 빙산의 일각일 뿐입니다. 다 살펴보면 아마 법전만큼이나 두꺼운 책이 될테고, 그럼 끝까지 읽는 사람이 거의 없겠죠? 여러분이 모르는 명령이 있거나 그 명령의 자세한 옵션들이 보고 싶을 때에는 **git help** 명령을 사용하면 됩니다.

`git help <명령어>`	해당 명령어의 도움말을 표시합니다. 도움말에는 명령의 의미와 세부적인 옵션들이 매우 자세하게 표시됩니다.

이것도 직접 해 보는 것이 좋겠죠? 몇 가지 도움말을 한번 살펴보겠습니다.

Git 도움말 사용해 보기

```
$ git help status
$ git help commit
$ git help add
```

도움말 명령을 수행하면 웹 브라우저가 열리면서 다음과 같이 해당 명령어에 대한 내용이 표시됩니다. 해당 명령이 정확히 의미하는 바가 무엇인지 알 수 있고, 사용할 수 있는 옵션이 총망라되어 있습니다. 영어로 표기된다는 점이 아쉽지만, 그래도 매우 유용한 기능입니다.

---

git-status(1) Manual Page

NAME

git-status - Show the working tree status

SYNOPSIS

git status [<options>...] [--] [<pathspec>...]

DESCRIPTION

Displays paths that have differences between the index file and the current HEAD commit, paths that have differences between the working tree and the index file, and paths in the working tree that are not tracked by Git (and are not ignored by gitignore(5)). The first are what you *would* commit by running `git commit`; the second and third are what you *could* commit by running *git add* before running `git commit`.

04 원격 저장소 관련 Git 명령어 살펴보기

이번 절에서는 원격 저장소와 관련된 Git 명령어를 살펴보겠습니다. GitHub에서 원격 저장소를 생성하는 내용이 기억나지 않는다면 0장 3절을 참고해 주세요.

remote와 push: 원격 저장소 등록하고 커밋 업로드하기

커밋을 했으니 이제 남은 작업은 원격 저장소에 푸시하는 것입니다. 그럼 원격 저장소를 등록할 차례겠죠?

GitHub에 접속한 후 새로운 프로젝트를 하나 만듭니다. 저는 'hello-git-cli' 이름으로 만들었습니다. 이때 주의할 점은 아래 그림처럼 옵션을 선택하지 않은 상태로 비어 있는 프로젝트를 만들어야 합니다. 이렇게 하면 저장소를 클론해 와도 비어 있는 폴더만 생기고, 최초 커밋을 직접 생성할 수 있습니다. 그렇지 않을 경우에는 이미 생성된 커밋과 우리가 생성할 커밋이 충돌을 발생시키므로 push --force 옵션을 이용해 강제 푸시해야 합니다.

push --force는 사실 좋지 않은 명령입니다. 소스트리에서는 디폴트 값으로 비활성화되어 있습니다. Git 사용에 익숙해질 때까지는 가급적 자제하는 편이 좋습니다.

원격 저장소를 등록하는 Git 명령을 살펴보면 다음과 같습니다.

`git remote add <원격 저장소 이름> <원격 저장소 주소>`	원격 저장소를 등록합니다. 원격 저장소는 여러 개 등록할 수 있지만 같은 별명의 원격 저장소는 하나만 가질 수 있습니다. 통상 첫 번째 원격 저장소를 origin으로 지정합니다.
`git remote -v`	원격 저장소 목록을 살펴봅니다.

프로젝트를 만들면 원격 저장소 URL이 표시됩니다. 이 URL을 'origin'이라는 이름으로 등록하고 푸시를 시도해 보겠습니다.

여러분과 저는 아이디가 다르기 때문에 원격 저장소 URL도 다릅니다. 여러분이 방금 생성한 저장소의 URL을 Git Bash에 붙여넣기하세요.

TIP Git Bash에서 붙여넣기하는 단축키는 일반적으로 사용하는 Ctrl+V가 아니라 Shift+Insert입니다.

원격 저장소 등록 및 푸시하기

```
cat-hanbit@HANBIT101 MINGW64 ~/Documents/hello-git-cli (main)
$ git remote add origin https://github.com/cat-hanbit/hello-git-cli.git

cat-hanbit@HANBIT101 MINGW64 ~/Documents/hello-git-cli (main)
$ git remote -v
origin  https://github.com/cat-hanbit/hello-git-cli (fetch)
origin  https://github.com/cat-hanbit/hello-git-cli (push)

cat-hanbit@HANBIT101 MINGW64 ~/Documents/hello-git-cli (main)
$ git push
fatal: The current branch main has no upstream branch.
To push the current branch and set the remote as upstream, use

    git push --set-upstream origin main
```

아쉽게도 git push 명령이 실패했습니다. 오류 메시지를 꼼꼼하게 읽어야 할 타이밍입니다. 오류 메시지를 읽어 보면 로컬 저장소의 [main] 브랜치와 연결된 원격 저장소의 브랜치가 없어서 발생한 오류라는 걸 알 수 있습니다.

오류 메시지에 **업스트림**upstream이라는 텍스트가 보이는데, 업스트림 브랜치는 로컬 저장소와 연결된 원격 저장소를 일컫는 단어입니다. 영어로는 상류라는 뜻이니 꽤 적절한 단어라고 생각됩니다.

업스트림 브랜치 설정을 하려면 오류 메시지가 알려준 대로 --set-upstream 명령을 쓰거나 이 명령의 단축 명령인 -u 옵션을 사용합니다. 그러면 이후에는 origin 저장소의 [main] 브랜치가 로컬 저장소의 [main] 브랜치의 업스트림으로 지정되어 git push 명령만으로도 오류 없이 푸시할 수 있습니다. 참고로 Git Bash에서 긴 명령은 대시 두 개(--), 짧은 명령은 대시 한 개(-)로 시작하는 경우가 많으니 이것도 기억해 두세요.

이제 업스트림을 지정하면서 다시 푸시해 보겠습니다. 만약 인증 관련 정보가 저장되어 있지 않다면 업스트림 지정 및 최초 푸시를 할 때 GitHub 로그인 창이 나타납니다. 계정 정보를 입력하고 로그인하면 명령이 실행됩니다.

푸시 재시도하기

```
cat-hanbit@HANBIT101 MINGW64 ~/Documents/hello-git-cli (main)
$ git push -u origin main # 푸시와 동시에 업스트림 지정
Counting objects: 3, done.
Writing objects: 100% (3/3), 308 bytes ¦ 308.00 KiB/s, done.
Total 3 (delta 0), reused 0 (delta 0)
To https://github.com/cat-hanbit/hello-git-cli.git
 * [new branch]      main -> main
Branch 'main' set up to track remote branch 'main' from 'origin'.

cat-hanbit@HANBIT101 MINGW64 ~/Documents/hello-git-cli (main)
$ git log --oneline -n1
cd6e80a (HEAD -> main, origin/main) 첫 번째 커밋

cat-hanbit@HANBIT101 MINGW64 ~/Documents/hello-git-cli (main)
$ git push
Everything up-to-date
```

> **여기서 잠깐!** **인증 관련 오류가 발생했어요**
>
> 인증 관련 오류가 발생한 경우 소스트리의 [도구]-[옵션]-[일반] 메뉴에서 [기본 사용자 정보]를 변경하고 다시 시도해 보세요. 그래도 오류가 발생한다면 토큰 관련 오류일 수 있습니다.
>
> 인증 관련 오류의 원인은 다양하지만, 2020년 12월 15일부터 GitHub에서 인증 정책(https://github. blog/2020-12-15-token-authentication-requirements-for-git-operations)을 변경하여 토큰 관련 오류가 자주 발생합니다.
>
> 토큰 관련 오류가 발생하지 않도록 하려면 GitHub 사이트 로그인에 사용하는 패스워드 대신, 토큰을 만들어서 사용해야 합니다. 즉 로그인을 위해 패스워드를 넣는 곳에 웹사이트 패스워드가 아닌 토큰을 넣어야 합니다. 토큰을 만드는 방법은 0장에서 다루었는데 잘 적어두었나요? 만약 적어두지 않았다면 8쪽을 참고하여 다시 만들어 주세요. 생성한 토큰은 다음과 같이 적용합니다.

1. Git Bash의 경우 인증 관련 정보가 저장되어 있지 않으면 git push 등을 실행하면 GitHub 로그인 창이 나타납니다. 이때 [Token] 탭을 클릭하고 8쪽에서 생성한 토큰을 입력합니다.

2. 소스트리의 경우 계정을 추가할 때 [호스팅 계정 편집] 대화 상자에서 OAuth 인증을 선택하면 패스워드를 사용하고, Basic 인증을 선택하면 토큰을 사용합니다. [인증]을 Basic으로 선택하고 사용자명을 입력한 후 [비밀번호 새로고침] 버튼을 클릭하면 [Windows 보안] 창이 나타납니다. 이때도 마찬가지로 [암호] 란에 패스워드가 아닌 토큰을 입력합니다. 이미 추가된 계정은 [도구]–[옵션]–[인증] 메뉴에서 계정을 편집할 수 있습니다.

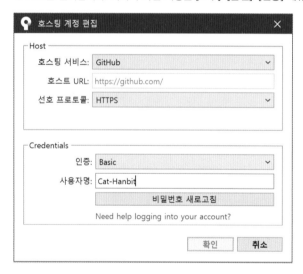

💡 **TIP** 맥OS는 터미널에서 이메일과 패스워드를 입력하는 경우도 있는데, 이때도 마찬가지로 패스워드 대신 토큰을 입력합니다.

-u 옵션을 지정해서 푸시를 성공했습니다.

git log 명령으로 최신 커밋 1개를 확인해 보면 HEAD는 [main]을 가리키고 있고, [origin/main] 브랜치가 생겨난 것도 볼 수 있습니다. HEAD는 항상 현재 작업 중인 브랜치 혹은 커밋을 가리킵니다. 지금 HEAD가 가리키는 [main]은 로컬의 [main] 브랜치이고, [origin/main]은 원격 저장소인 GitHub의 메인 브랜치입니다. 따라서 지금 HEAD, main, origin/main 모두 똑같이 커밋 cd6e80a를 가리키는 것을 알 수 있습니다.

마지막으로 git push 명령을 한 번 더 수행했는데 이번에는 오류 없이 잘 수행되었습니다. 이전에 이미 -u 옵션으로 업스트림을 지정했기 때문이겠죠? 더 이상 푸시할 게 없었기 때문에 Everything up-to-date라는 결과 메시지가 화면에 표시됩니다.

이제 지금까지 작업한 폴더를 소스트리에 추가해 봅시다.

01 소스트리를 실행하여 상단 탭에서 ⊞ 버튼을 클릭해 탭을 하나 생성하고 거기서 [Add] 아이콘을 클릭합니다. Add a repository 화면에서 [탐색] 버튼을 클릭해 좀 전에 만들었던 Git 저장소 폴더를 선택한 후 [추가] 버튼을 클릭합니다.

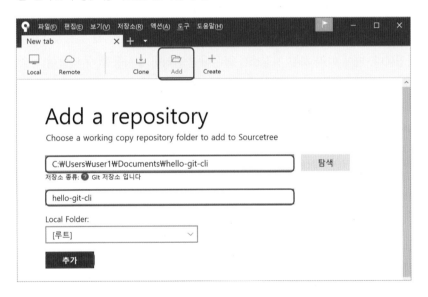

02 소스트리 왼쪽에서 [main]을 선택하면 지금까지 Git Bash에서 작업한 내용들을 확인할 수 있습니다. 소스트리를 쓰면 굉장히 간단한 작업인데 CLI로 하려니 어딘지 어렵고 불편하게 느껴지는 것도 사실입니다. 그래도 시작이 반이라는데 어려운 CLI를 이용해서 스테이지에 파일 추가하고 커밋, 푸시까지 해 보았으니 자부심을 좀 가져도 좋겠네요.

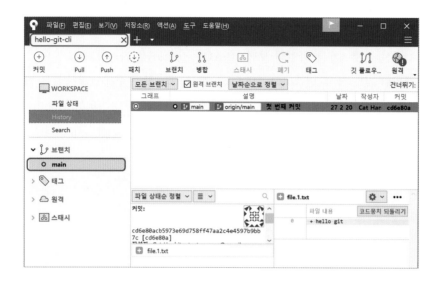

clone: 저장소 클론하기

이번에는 CLI에서 저장소를 클론해 보겠습니다. **git clone** 명령을 이용하면 소스트리에서 [Clone] 버튼을 클릭해 저장소를 복제하는 것과 똑같은 작업을 할 수 있습니다.

git clone 명령을 사용할 때 한 가지 팁이 있습니다. 바로 저장소 주소가 꼭 원격 저장소의 주소일 필요는 없다는 것입니다. 때에 따라 로컬 저장소를 클론하면 편리하게 사용할 수 있습니다.

원격 저장소 클론하기

```
cat-hanbit@HANBIT101 MINGW64 ~/Documents/hello-git-cli (main)
$ pwd
/c/Users/user1/Documents/hello-git-cli

cat-hanbit@HANBIT101 MINGW64 ~/Documents/hello-git-cli (main)
$ cd ../ # 반드시 상위 디렉터리로 이동할 것!

cat-hanbit@HANBIT101 MINGW64 ~/Documents
$ git clone https://github.com/cat-hanbit/hello-git-cli.git
fatal: destination path 'hello-git-cli' already exists and is not an empty
directory.
```

[hello-git-cli] 원격 저장소를 클론하려다 실패했습니다. 왜 그럴까요? 명령을 실행할 때 [새로운 폴더명] 옵션을 지정하지 않으면 클론한 프로젝트 이름과 같은 폴더를 만들게 되는데 이미 [hello-git-cli]라는 폴더가 있기 때문에 실패한 것입니다.

git clone <저장소 주소> [새로운 폴더명]	저장소 주소에서 프로젝트를 클론(복제)해 옵니다. 이때 새로 생길 폴더명은 생략 가능하며 폴더명을 생략하면 프로젝트 이름과 같은 이름의 폴더가 새로 생성됩니다. 주소는 꼭 원격 저장소가 아니어도 되며 로컬 저장소도 git clone 명령으로 클론할 수 있습니다.

이번에는 [새로운 폴더명] 옵션을 지정해서 다시 시도해 봅니다.

원격 저장소 클론 재시도하기

```
cat-hanbit@HANBIT101 MINGW64 ~/Documents
$ git clone https://github.com/cat-hanbit/hello-git-cli.git hello-git-cli2
Cloning into 'hello-git-cli2'...
done.

cat-hanbit@HANBIT101 MINGW64 ~/Documents
$ ls

hello-git-cli2/ hello-git-cli/

cat-hanbit@HANBIT101 MINGW64 ~/Documents
$ cd hello-git-cli2

cat-hanbit@HANBIT101 MINGW64 ~/Documents/hello-git-cli2 (main)
$ git log --oneline
cd6e80a (HEAD -> main, origin/main, origin/HEAD) 첫 번째 커밋

cat-hanbit@HANBIT101 MINGW64 ~/Documents/hello-git-cli2 (main)
$ git remote -v # 원격 저장소 목록 확인
origin  https://github.com/cat-hanbit/hello-git-cli.git (fetch)
origin  https://github.com/cat-hanbit/hello-git-cli.git (push)
```

이번에는 git clone 명령을 성공했습니다. 명령의 결과로 [hello-git-cli2] 폴더가 생기고, 그 안에는 [main] 브랜치의 최신 커밋으로 체크아웃되었습니다.

두 번째 저장소에서 다시 한번 커밋과 푸시를 실행해 보겠습니다. 이후 저장소의 상태는 다음과 같습니다. 이때 git add 명령을 사용하지 않고 git commit 명령에 −a 옵션을 사용하면 기존에 커밋 이력이 있는 파일, 즉 modified 상태인 파일의 스테이징 과정을 생략할 수 있습니다.

```
cat-hanbit@HANBIT101 MINGW64 ~/Documents/hello-git-cli2 (main)
$ echo "second" >> file1.txt # 파일에 내용 한 줄 추가

cat-hanbit@HANBIT101 MINGW64 ~/Documents/hello-git-cli2 (main)
$ cat file1.txt
hello git
second

cat-hanbit@HANBIT101 MINGW64 ~/Documents/hello-git-cli2 (main)
$ git commit -a # 스테이징 없이 바로 커밋

[main cf1f4d1] 두 번째 커밋
 1 file changed, 1 insertion(+)

cat-hanbit@HANBIT101 MINGW64 ~/Documents/hello-git-cli2 (main)
$ git push
Counting objects: 100% (5/5), done.
Writing objects: 100% (3/3), 283 bytes ¦ 283.00 KiB/s, done.
Total 3 (delta 0), reused 0 (delta 0)
To https://github.com/cat-hanbit/hello-git-cli.git
   cd6e80a..cf1f4d1  main -> main

cat-hanbit@HANBIT101 MINGW64 ~/Documents/hello-git-cli2 (main)
$ git log --oneline
cf1f4d1 (HEAD -> main, origin/main, origin/HEAD) 두 번째 커밋
cd6e80a 첫 번째 커밋
```

TIP git commit -a 명령을 실행하면 비주얼 스튜디오 코드 창이 나타납니다. 첫 번째 줄에 커밋 메시지로 '두 번째 커밋'이라고 입력하고 저장한 후 창을 닫습니다.

이제 원격 저장소의 변경 사항을 워킹트리에 반영해 보겠습니다. 첫 번째 저장소로 돌아가서 git pull 명령을 실행합니다.

```
cat-hanbit@HANBIT101 MINGW64 ~/Documents/hello-git-cli2 (main)
$ cd ~/Documents/hello-git-cli # 처음 저장소로 이동

cat-hanbit@HANBIT101 MINGW64 ~/Documents/hello-git-cli (main)
$ git log --oneline # 결과를 보면 커밋은 하나뿐
cd6e80a (HEAD -> main, origin/main) 첫 번째 커밋

cat-hanbit@HANBIT101 MINGW64 ~/Documents/hello-git-cli (main)
$ git pull
remote: Counting objects: 100% (5/5), done.
remote: Total 3 (delta 0), reused 3 (delta 0), pack-reused 0
Unpacking objects: 100% (3/3), done.
From https://github.com/cat-hanbit/hello-git-cli
   cd6e80a..cf1f4d1  main      -> origin/main
Updating cd6e80a..cf1f4d1
Fast-forward
 file1.txt ¦ 1 +
 1 file changed, 1 insertion(+)

cat-hanbit@HANBIT101 MINGW64 ~/Documents/hello-git-cli (main)
$ git log --oneline
cf1f4d1 (HEAD -> main, origin/main) 두 번째 커밋
cd6e80a 첫 번째 커밋

cat-hanbit@HANBIT101 MINGW64 ~/Documents/hello-git-cli (main)
$ cat file1.txt
hello git
second
```

위 과정을 보면 일단 처음 생성했던 [hello-git-cli] 저장소로 이동한 후 git pull 명령을 실행했습니다. 나중에 다시 살펴보겠지만 pull = fetch + merge라는 사실을 떠올리고 이 장을 마치면됩니다.

다음 장에서는 branch와 switch, merge 명령어에 대해 살펴보겠습니다. CLI가 익숙지 않아서어려움이 느껴진다면 이 장에서 배운 개념을 떠올리면서 실습을 다시 한번 진행해 보세요.

CHAPTER 8

CLI 환경에서
브랜치 생성 및 조작하기

7장에서는 기본 명령어를 알아봤습니다. 이번 장에서는 조금 더 나아가서 상위 명령어를 살펴봅니다. 여기서 다루는 명령어는 1부 소스트리에서 실습했던 내용과 같습니다. 따라서 이 장까지 배우고 나면 CLI 환경에서도 대부분의 Git 작업을 처리할 수 있을 것입니다. 다소 어렵더라도 익숙해질 때까지 반복해서 사용해 봅시다!

이 장의 **To Do List**

드디어 문어는 GUI 환경에서 실습했던 Git 명령어 중 일부를 CLI에서도 성공적으로 해냈습니다. 여전히 GUI보다 어려운 CLI를 왜 사용하는지 이해가 되지 않았지만 고양이처럼 시니어 프로그래머로 나아가고 있다는 성취감이 듭니다. 내친 김에 이번에는 브랜치와 추가 기능까지 CLI로 도전해 보기로 했습니다.

확실히 CLI는 어렵네. 그래도 해 볼 만한 거 같아. 다음에는 뭘 배워야 해?

이번에는 브랜치를 다루는 Git 명령어를 알아보자! branch, switch, merge, reset, rebase 명령어 등을 사용해 볼 거야.

살짝 겁이 나기도 하지만, 네가 있으니까 힘을 내 볼게.

그래. 너는 충분히 해낼 수 있어. 우리는 이미 소스트리에서 해 봤었어. 뭐든지 익숙해지려면 많이 사용해 봐야 하지. 당분간 소스트리는 쓰지 말고 CLI만 사용해.

01 브랜치 생성하기

우리는 이미 소스트리를 사용해서 브랜치를 배웠습니다. 일반적으로 새로운 기능을 개발하기 위해서 브랜치를 생성하고 개발한 다음, 개발이 완료되면 이것을 [main] 브랜치로 병합합니다. 이제 CLI 환경에서 복습해 보겠습니다.

커밋과 브랜치의 관계

아래 그림은 Learn Git Branching(https://learngitbranching.js.org)이라는 브랜치를 사용하는 방법을 배울 수 있는 사이트를 이용해서 만든 커밋과 브랜치입니다.

C0부터 C5까지 다섯 개의 커밋이 있고, 두 개의 브랜치(main, feature1)가 생성되어 있습니다. [feature1] 브랜치에는 * 기호가 붙어 있는데 이는 현재 작업 중인 브랜치, 즉 HEAD를 나타냅니다. 소스트리에서는 굵은 글씨로 표시되는 브랜치가 HEAD 브랜치라는 것, 기억하고 있죠?

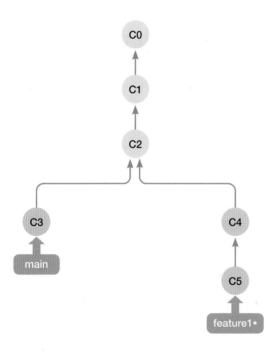

그림으로 표시할 때는 최신 커밋에서 부모 커밋으로 화살표를 그립니다. 따라서 커밋은 부모 커밋에 대한 정보를 담고 있습니다. 반면 부모 커밋은 자식 커밋에 대한 정보를 담고 있지 않습니다. 어느 커밋에서 정보를 가져 오면 그 커밋의 부모 커밋은 알 수 있지만, 자식 커밋은 알 수 없습니다. 또한 병합을 통해 생성된 병합 커밋에는 부모 커밋이 두 개 존재합니다. 생각해 보면 당연한 얘기입니다.

여러분이 꼭 기억해야 할 내용은 두 가지입니다.

1. 커밋하면 커밋 객체가 생깁니다. 커밋 객체에는 부모 커밋에 대한 참조와 실제 커밋을 구성하는 파일 객체가 들어 있습니다.
2. 브랜치는 논리적으로는 어떤 커밋과 그 조상들을 묶어서 뜻하지만, 사실은 단순히 커밋 객체 하나를 가리킬 뿐입니다. 앞의 그림에서 [main] 브랜치는 정확하게 C3 커밋 객체, [feature1] 브랜치는 C5 커밋 객체 하나만을 가리킵니다.

여기서
잠깐! **브랜치, 언제 사용하나요?**

저는 주로 아래와 같은 이유 때문에 사용합니다. 특별히 정해진 답은 없지만, 협업을 하고 있다면 팀원들과 함께 브랜치를 사용하는 경우에 대해 토의해 보는 것도 좋습니다.

▼ 브랜치를 사용하는 다섯 가지 경우

상황	이유
새로운 기능 추가	가장 대표적으로 브랜치를 사용하는 경우입니다. [main] 브랜치에는 정상적으로 동작하는 안정적인 버전의 프로젝트가 저장되어 있기 때문에 새로운 기능을 추가할 때는 [main] 브랜치의 최신 커밋으로부터 브랜치를 생성해서 개발합니다. 이때는 개발, 코드 리뷰, 테스트까지 모두 완료해서 이상이 없으면 [main] 브랜치로 병합합니다.
버그 수정	오류와 버그는 놀랍지 않게도(없으면 그게 더 놀라운 일) 항상 발생합니다. 버그가 발생하면 [main] 브랜치로부터 새로운 브랜치를 생성해서 작업합니다. 이때 브랜치 이름은 hotFix, 또는 bugFix 같은 이름을 사용합니다. 버그 수정이 끝나면 당연히 [main] 브랜치로 병합합니다. 이 경우, 이후에 새로 개발한 내용을 다시 [main] 브랜치에 병합할 때 버그 수정으로 인해 충돌이 생길 수 있기 때문에 주의해야 합니다.
병합과 리베이스 테스트	병합이나 리베이스는 입문자에게 가장 까다로운 일 중에 하나입니다. 물론 리셋을 이용해서 언제든지 취소할 수 있지만 그 조차도 어려울 수 있습니다. 이럴 때 임시 브랜치를 만들어서 병합과 리베이스 테스트를 해 보면 상당히 편리합니다. 잘못되었을 경우 그냥 브랜치를 삭제해 버리면 됩니다.
이전 코드 개선	이미 기능 구현은 완료되었는데, 코드가 마음에 들지 않아서 함수의 로직 등을 개선하고 싶을 때가 있습니다. 많은 사람이 이런 상황에 기존 코드를 주석 처리하고 그 아래에 새로운 개선 코드를 작성하는데, 이 방법보다 브랜치 사용을 추천합니다. 새로 브랜치를 만들어 이전 코드는 과감하게 삭제하고 새 코드를 작성하는 거죠. 다른 브랜치의 이전 커밋에는 잘 돌아가는 코드가 여전히 남아 있기 때문에 걱정할 필요가 전혀 없습니다.

특정 커밋으로 돌아가고 싶을 때	이미 저장되어 있는 특정 커밋으로 돌아가고 싶을 때 일반적으로 hard 모드 리셋이나 리버트를 사용합니다. hard 모드 리셋은 커밋이 없어질 수 있기 때문에 추천하지 않고, 리버트는 사용이 조금 까다롭습니다. 따라서 이 경우 브랜치를 새로 만들어서 작업을 하고, 이후 리베이스나 병합하는 것이 좋습니다.

branch: 브랜치 확인하고 만들기

자 이제, 드디어 본격적인 실습입니다. 브랜치를 만들어 볼 텐데요, 먼저 브랜치를 다루는 명령과 옵션을 살펴보면 다음과 같습니다.

`git branch [-v]`	로컬 저장소의 브랜치 목록을 보는 명령으로 -v 옵션을 사용하면 마지막 커밋도 함께 표시됩니다. 표시된 브랜치 중 이름 왼쪽에 *가 붙어 있으면 HEAD 브랜치입니다.
`git branch [-f] <브랜치 이름> [커밋 체크섬]`	새로운 브랜치를 생성합니다. 커밋 체크섬 값을 주지 않으면 HEAD로부터 브랜치를 생성합니다. 이미 있는 브랜치를 다른 커밋으로 옮기고 싶을 때는 -f 옵션을 사용해야 합니다.
`git branch -r[v]`	원격 저장소에 있는 브랜치를 보고 싶을 때 사용합니다. 마찬가지로 -v 옵션을 추가하여 커밋 요약도 볼 수 있습니다.
`git switch <브랜치 이름>`	특정 브랜치로 변경(스위치)할 때 사용합니다.
`git switch -c <브랜치 이름> [커밋 체크섬]`	특정 커밋에서 브랜치를 새로 생성하고 동시에 변경까지 합니다. 두 명령을 하나로 합친 명령이기 때문에 간결해서 자주 사용합니다.
`git merge <대상 브랜치>`	현재 브랜치와 대상 브랜치를 병합할 때 사용합니다. 병합 커밋이 새로 생기는 경우가 많습니다.
`git rebase <대상 브랜치>`	현재 브랜치의 커밋들을 대상 브랜치에 재배치합니다. 히스토리가 깔끔해져서 자주 사용하지만 조심해야 합니다. 이유는 301쪽에서 설명합니다.
`git branch -d <브랜치 이름>`	특정 브랜치를 삭제할 때 사용합니다. HEAD 브랜치나 병합이 되지 않은 브랜치는 삭제할 수 없습니다.
`git branch -D <브랜치 이름>`	브랜치를 강제로 삭제하는 명령입니다. -d로 삭제할 수 없는 브랜치를 지우고 싶을 때 사용합니다. 역시 조심해야 합니다.

6장에 이어서 작업을 하고 있다면 현재 두 개의 커밋이 있을 것입니다. 혼자서 작업할 때 가장 흔하게 사용하는 워크플로를 만들어 볼 예정입니다.

💡 TIP 이 실습은 지난 6장부터 이어진 실습입니다. 다시 실습을 시작했다면 아래 명령을 입력해서 [hello-git-cli] 폴더로 이동해서 실습을 하기 바랍니다.

```
$ cd ~/Documents/hello-git-cli
```

이번 절에서는 새로운 브랜치를 만들고 두 번 커밋한 후에 다시 [main] 브랜치로 병합해 보겠습니다. 이 경우에는 [main] 브랜치로 빨리 감기 병합이 가능하므로 CLI로도 간단히 수행할 수 있습니다.

현재 브랜치를 확인하고 새로운 브랜치를 만들 수 있는 **git branch** 명령을 실행해 보겠습니다.

💡TIP   이번 장에서는 소스 코드 박스에 Git Bash의 현재 폴더 경로를 모두 표시하지 않고, Git 명령 앞에 브랜치명만 간결하게 표시합니다.

브랜치 만들기

```
(main) $ git log --oneline # ❶ 커밋 로그 보기
cf1f4d1 (HEAD -> main, origin/main) 두 번째 커밋
cd6e80a 첫 번째 커밋

(main) $ git branch # ❷ 현재 브랜치 확인
* main

(main)$ git branch mybranch1 # ❸ 새로운 브랜치 생성

(main)$ git branch # ❹ 현재 브랜치 확인
* main
  mybranch1

(main)$ git log --oneline --all # ❺ 변경된 브랜치 확인
cf1f4d1 (HEAD -> main, origin/main, mybranch1) 두 번째 커밋
cd6e80a 첫 번째 커밋
```

여기서
잠깐!   **HEAD에 대해 반드시 기억할 점**

1. HEAD는 현재 작업 중인 브랜치를 가리킵니다.
2. 브랜치는 커밋을 가리키므로 HEAD도 커밋을 가리킵니다.
3. 결국 HEAD는 현재 작업 중인 브랜치의 최근 커밋을 가리킵니다.

위 실습 순서대로 알아보겠습니다.

❶ git log 명령을 통해 현재 커밋과 브랜치의 상태를 확인합니다. [origin]으로 시작하는 브랜치는 원격 브랜치이므로 현재 로컬에는 [main] 브랜치만 존재하는 것을 알 수 있습니다. 그리고 HEAD가 [main] 브랜치를 가리키는 것도 확인할 수 있습니다.

❷ git branch 명령을 수행 시 *main 문구는 HEAD → main과 동일한 의미입니다. 그리고 프롬프트에 보이는 (main) 역시 HEAD가 [main] 브랜치라는 것을 알려 줍니다.

❸ git branch mybranch1 명령을 통해 새로운 브랜치인 [mybranch1] 브랜치를 생성합니다.

❹, ❺ git branch와 log 명령으로 결과를 확인합니다. 가장 최신 커밋인 cf1f4d1 커밋에 HEAD, main, mybranch1 모두 위치하고 있는 것을 알 수 있습니다. 아직 체크아웃 전이기 때문에 여전히 HEAD는 [main] 브랜치를 가리키고 있습니다.

여기서 잠깐! revert 명령어를 사용해서 커밋을 되돌려야 하는 경우

이 책의 집필 막바지에 판교의 모 IT기업 직원 대상으로 Git 교육을 하게 되었습니다. 마침 K 개발팀에서 해결하지 못한 문제를 가져왔는데 긴급하게 [main] 브랜치에 있는 기능 하나를 취소하는 것이었습니다. 아래처럼 이 기능 하나는 여러 개의 커밋(F1, F2)으로 나누어져 있고 사이사이 다른 커밋(C2, C3)이 포함되어 있었습니다.

C1 ← F1 ← C2 ← F2 ← C3 (main)

이런 상황에서 K 개발팀은 ❶ 새로운 브랜치를 만들고 한 땀 한 땀 수동으로 변경 사항을 직접 수정해서 이를 [main] 브랜치에 풀 리퀘스트를 통해 병합하거나, ❷ rebase -i 등을 이용해 필요한 커밋만 남기고 [main] 브랜치에 강제 푸시(push -force)를 했다고 합니다. 두 방법 모두 문제는 해결되는데 뭔가 찜찜했죠.

git revert 명령을 이용하면 이런 상황을 간편하게 해결할 수 있습니다. 참고로 git revert를 실행할 때는 최신 커밋부터 취소하는 것이 좋습니다.

```
git revert F2
git revert F1
```

C1 ← F1 ← C2 ← F2 ← C3 ← RF2 ← RF1 (main)

이렇게 하면 F2와 F1을 취소하는 커밋(RF2, RF1)을 각각 만들어 냅니다. 이전의 히스토리를 변경하지 않고도 깔끔하게 히스토리 중간의 여러 커밋 내용을 작업 이전 상태로 되돌릴 수 있으므로 현업에서 유용하게 사용됩니다. 오픈 소스인 리눅스 관리에서도 지금 설명한 것처럼 기능을 취소하기 위해 revert 명령어를 많이 사용합니다. 교육받은 팀원들은 Git이 이렇게 멋진 툴이었냐고 감동했다고 말씀해 주셨답니다!

02 브랜치 기본 조작하기

switch 명령어는 브랜치의 내용을 워킹트리에 반영할 때 사용합니다. 정확하게 말하면 브랜치가 가리키고 있는 커밋의 내용을 워킹트리에 반영한다고 할 수 있습니다. 이번 절에서는 CLI에서 switch 명령어로 브랜치를 변경해 보고, 브랜치를 병합하거나 되돌리는 등 브랜치를 다루는 다양한 방법까지 살펴보겠습니다.

switch: 브랜치 변경하기

앞서 소스트리에서는 체크아웃이라는 기능을 통해 브랜치를 이동할 수 있다고 배웠습니다. 그래서 이를 '체크아웃한다'라고 하기도 했죠.

23쪽에서도 잠깐 언급했듯이 이제 CLI 환경에서는 브랜치를 이동할 때 git checkout 명령 대신 **git switch** 명령을 사용하겠습니다. [main] 브랜치에서 [mybranch1] 브랜치로 변경하고, 새로운 커밋을 생성한 뒤에 결과를 확인해 봅니다. HEAD가 현재 작업 중인 브랜치의 최근 커밋을 가리킨다는 점을 기억하고 차근차근 명령을 입력해 볼까요?

브랜치 변경하고 새 커밋 생성하기

```
(main)$ git switch mybranch1 # ❶ 브랜치 변경
Switched to branch 'mybranch1'

(mybranch1)$ git branch # ❷ 현재 브랜치 확인
  main
* mybranch1

(mybranch1)$ git log --oneline --all # ❸ HEAD 변경 확인
cf1f4d1 (HEAD -> mybranch1, main) 두 번째 커밋
cd6e80a 첫 번째 커밋

(mybranch1)$ cat file1.txt # 파일 내용 확인
hello git
second

(mybranch1)$ echo "third - my branch" >> file1.txt # 파일에 내용 추가

(mybranch1)$ cat file1.txt # 변경 내용 확인
hello git
```

```
second
third - my branch

(mybranch1)$ git status # 스테이지 상태 확인
On branch mybranch1

Changes not staged for commit:

        modified:   file1.txt

(mybranch1)$ git add file1.txt # 스테이지에 변경 사항 추가

(mybranch1)$ git commit # ❹ 커밋
[mybranch1 905dda3] mybranch1 첫 번째 커밋
 1 file changed, 1 insertion(+)

(mybranch1)$ git log --oneline --all # ❺ 변경된 브랜치 확인
905dda3 (HEAD -> mybranch1) mybranch1 첫 번째 커밋
cf1f4d1 (origin/main, main) 두 번째 커밋
cd6e80a 첫 번째 커밋
```

위 실행 과정을 설명하면 다음과 같습니다.

❶ git switch 명령을 수행해서 브랜치를 변경합니다. 보통 브랜치 변경과 동시에 작업 폴더의 내용도 함께 변경되는데, 이번에는 mybranch1 커밋이 이전 브랜치였던 [main]의 커밋과 같은 커밋이라서 작업 폴더의 내용은 변경되지 않습니다.

❷ git branch 명령으로 현재 브랜치를 확인합니다.

❸ git log 명령을 통해 HEAD가 [mybranch1]로 변경된 것을 확인할 수 있습니다. 여기서 주의 깊게 살펴봤다면 ❷에서 프롬프트도 mybranch1으로 변경된 것을 확인할 수 있었을 것입니다.

❹ 커밋 메시지를 'mybranch1 첫 번째 커밋'이라고 입력해 새로운 커밋을 생성합니다.

❺ 커밋 히스토리를 확인합니다.

여기서
잠깐! **git checkout 〈커밋 체크섬〉을 하면 어떤 일이 벌어질까?**

checkout 명령어는 switch 명령어가 생기기 전에 동일한 기능을 수행하던 명령어입니다. checkout 명령어는 switch 명령어와는 달리 〈커밋 체크섬〉을 옵션으로 사용할 수 있지만, 매우 권장하지 않습니다. 앞 장에서 몇 번 언급했듯이 이 경우 HEAD와 브랜치가 분리되는 Detached HEAD 상황이 됩니다. 이 상황에서도 여전히 커밋을 생성할 수 있지만, 다른 브랜치로 이동하는 순간 Detached HEAD의 커밋들은 다 사라져서 안 보이게 됩니다. 사실 커밋은 여전히 로컬 저장소에 남아 있기 때문에 이후에 설명할 git reflog 명령으로 복구할 수 있지만 권장하지 않는 작업 방법입니다.

커밋 전과 커밋 후의 상태는 다음 그림과 같습니다. 소스트리로 할 때와 다른 점이 별로 없죠?

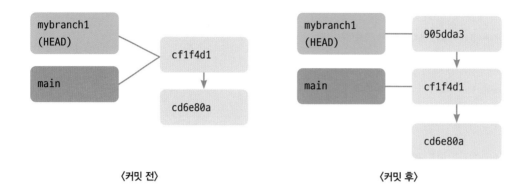

〈커밋 전〉　　　　　　　　　　　〈커밋 후〉

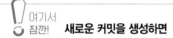

여기서 잠깐!　새로운 커밋을 생성하면

1. 새로 커밋을 생성하면 그 커밋의 부모는 언제나 이전 HEAD 커밋입니다.

2. 커밋이 생성되면 HEAD는 새로운 커밋으로 갱신됩니다.

3. HEAD가 가리키는 브랜치도 HEAD와 함께 새로운 커밋을 가리킵니다.

fast-forward merge: 빨리 감기 병합하기

이번에는 CLI에서 병합해 보겠습니다. 브랜치를 병합하는 명령은 **git merge**입니다. 별도로 옵션을 지정하지 않으면 기본적으로 빨리 감기 병합이 수행됩니다.

이번 실습에서는 [mybranch1] 브랜치에서 파일을 수정한 후 추가로 한 번 더 커밋하겠습니다. 그다음 [main] 브랜치로 변경해 [main] 브랜치와 [mybranch1] 브랜치를 병합해 보겠습니다.

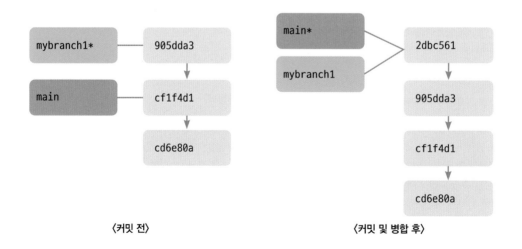

〈커밋 전〉　　　　　　　　　　　〈커밋 및 병합 후〉

```
(mybranch1)$ echo "fourth - my branch" >> file1.txt # 파일에 내용 추가
(mybranch1)$ cat file1.txt # 파일 내용 확인
hello git
second
third - my branch
fourth - my branch

(mybranch1)$ git status # 스테이지 상태 확인
On branch mybranch1
        modified:   file1.txt

(mybranch1)$ git add file1.txt # 스테이징
(mybranch1)$ git commit # ❶ 신규 커밋 추가
[mybranch1 2dbc561] mybranch1 두 번째 커밋
 1 file changed, 1 insertion(+)

(mybranch1)$ git log --oneline --all --graph # ❷ 커밋 로그 보기
* 2dbc561 (HEAD -> mybranch1) mybranch1 두 번째 커밋
* 905dda3 mybranch1 첫 번째 커밋
* cf1f4d1 (origin/main, main) 두 번째 커밋
* cd6e80a 첫 번째 커밋

(mybranch1) $ git switch main # ❸ main 브랜치로 변경
Switched to branch 'main'
Your branch is up to date with 'origin/main'.

(main) $ cat file1.txt # ❹ 파일이 이전으로 돌아갔는지 확인
hello git
second

(main)$ git merge mybranch1 # ❺ 빨리 감기 병합
Updating cf1f4d1..2dbc561
Fast-forward
 file1.txt | 2 ++
 1 file changed, 2 insertions(+)

(main) $ git log --oneline --all --graph # 로그 확인
* 2dbc561 (HEAD -> main, mybranch1) mybranch1 두 번째 커밋
* 905dda3 mybranch1 첫 번째 커밋
* cf1f4d1 (origin/main) 두 번째 커밋
* cd6e80a 첫 번째 커밋

(main)$ cat file1.txt # 파일 상태 재확인
```

```
hello git
second
third - my branch
fourth - my branch
```

위 명령에 대해 살펴보면 다음과 같습니다.

❶ 커밋 메시지를 'mybranch1 두 번째 커밋'으로 입력해 커밋합니다. 그 결과 새로운 커밋인 '2dbc561'을 생성했습니다.

❷ 로그를 보면 기존 커밋을 부모로 하는 새로운 커밋이 생성되었습니다. 그리고 HEAD는 mybranch1, mybranch1은 새 커밋을 각각 가리키는 것을 확인할 수 있습니다.

❸ git switch 명령을 이용해서 [main] 브랜치로 변경합니다.

❹ cat 명령어를 통해 텍스트 파일의 내용이 이전으로 돌아간 것을 확인할 수 있습니다.

❺ [main] 브랜치에 [mybranch1] 브랜치를 병합합니다. git merge 명령의 출력 결과를 보면 'Updating cf1f4d1..2dbc561 Fast-forward' 메시지를 확인할 수 있습니다.

이번 병합은 작업의 흐름이 하나였기 때문에 예상했던 것처럼 빨리 감기 병합으로 완료되었습니다.

reset --hard: 브랜치 되돌리기

git reset 명령은 현재 브랜치를 특정 커밋으로 되돌릴 때 사용합니다. 이 중에서 많이 사용하는 **git reset --hard** 명령을 실행하면 현재 브랜치를 지정한 커밋으로 옮긴 후 해당 커밋의 내용을 작업 폴더에도 반영합니다.

git reset --hard <이동할 커밋 체크섬>	현재 브랜치를 지정한 커밋으로 옮깁니다. 작업 폴더의 내용도 함께 변경됩니다.

git reset --hard 명령을 사용하려면 커밋 체크섬을 알아야 합니다. 커밋 체크섬은 git log를 통해 확인할 수 있지만 CLI에서 복잡한 커밋 체크섬을 타이핑하는 건 꽤 번거로운 작업입니다. 이럴 때는 보통 HEAD~ 또는 HEAD^로 시작하는 약칭을 사용할 수 있습니다.

HEAD~<숫자>	HEAD~은 헤드의 부모 커밋, HEAD~2는 헤드의 할아버지 커밋을 말합니다. HEAD~n은 n번째 위쪽 조상이라는 뜻입니다.
HEAD^<숫자>	HEAD^은 똑같이 부모 커밋입니다. 반면 HEAD^2는 두 번째 부모를 가르킵니다. 병합 커밋처럼 부모가 둘 이상인 커밋에서만 의미가 있습니다.

이번 절에서는 [main] 브랜치 커밋을 두 커밋 이전 커밋으로 옮겨 보겠습니다.

현재 브랜치를 두 단계 이전으로 되돌리기

```
(main) $ git reset --hard HEAD~2   # ❶ 브랜치 되돌리기
HEAD is now at cf1f4d1 두 번째 커밋


(main) $ git log --oneline --all    # ❷ 로그 확인
2dbc561 (mybranch1) mybranch1 두 번째 커밋
905dda3 mybranch1 첫 번째 커밋
cf1f4d1 (HEAD -> main, origin/main) 두 번째 커밋
cd6e80a 첫 번째 커밋
```

❶ reset --hard HEAD~2를 실행해서 HEAD를 2단계 이전으로 되돌립니다.

❷ log 명령으로 확인해 보면 HEAD → main이 달라진 것을 알 수 있습니다.

TIP 7장에서는 스테이지에서 파일을 내리기(언스테이징) 위해 mixed reset을 사용했고, 이번에는 브랜치를 되돌리기 위해 hard reset을 사용했습니다. 남은 soft reset은 전자책으로 제공하는 무료 특별판 1장 3절을 참고하세요.

이번 절에서 수행한 명령을 그림으로 나타내면 다음과 같습니다.

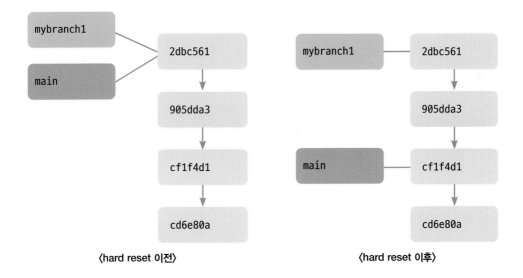

⟨hard reset 이전⟩   ⟨hard reset 이후⟩

rebase: 빨리 감기 병합 상황에서 리베이스하기

이번에는 빨리 감기 병합이 가능한 상황에서 **git rebase** 명령을 사용해 보겠습니다. git rebase 〈대상 브랜치〉 명령은 현재 브랜치에만 있는 새로운 커밋을 대상 브랜치 위로 재배치합니다. 그런데 현재 브랜치에 재배치할 커밋이 없을 경우 git rebase 명령은 아무런 동작을 하지 않습니다. 또한 빨리 감기 병합이 가능한 경우에는 git merge 명령처럼 동작합니다. 이를 그림으로 표현하면 다음과 같습니다.

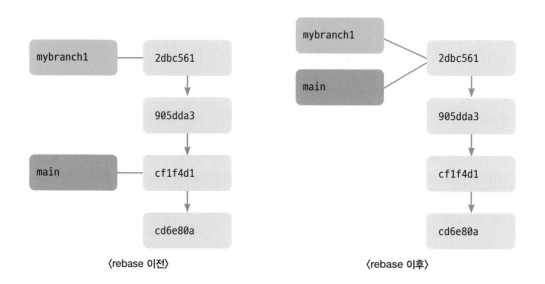

〈rebase 이전〉　　　　　　　　　　〈rebase 이후〉

그럼 git merge 명령 대신 git rebase 명령으로 빨리 감기 병합을 하고 [mybranch1] 브랜치를 제거해 보겠습니다.

리베이스, 푸시, 브랜치 제거하기

```
(main) $ git switch mybranch1 # ❶ mybranch1 브랜치로 변경
Switched to branch 'mybranch1'

(mybranch1) $ git rebase main # ❷ 리베이스 시도
Current branch mybranch1 is up to date.

(mybranch1) $ git log --oneline --all # 로그 확인, 변한 게 없다.
2dbc561 (HEAD -> mybranch1) mybranch1 두 번째 커밋
905dda3 mybranch1 첫 번째 커밋
cf1f4d1 (origin/main, main) 두 번째 커밋
cd6e80a 첫 번째 커밋
```

```
(mybranch1) $ git switch main # ❸ 다시 main 브랜치로 변경
Switched to branch 'main'
Your branch is up to date with 'origin/main'.

(main) $ git rebase mybranch1 # ❹ 반대 방향에서 리베이스
First, rewinding head to replay your work on top of it...
Fast-forwarded main to mybranch1.

(main) $ git log --oneline --all # 변경 사항을 확인해 보면 빨리 감기 병합이 되었다.
2dbc561 (HEAD -> main, mybranch1) mybranch1 두 번째 커밋
905dda3 mybranch1 첫 번째 커밋
cf1f4d1 (origin/main) 두 번째 커밋
cd6e80a 첫 번째 커밋

(main) $ git push # ❺ 푸시
...
To https://github.com/cat-hanbit/hello-git-cli
   cf1f4d1..2dbc561  main -> main

(main) $ git branch -d mybranch1 # ❻ 브랜치 삭제
Deleted branch mybranch1 (was 2dbc561).

(main) $ git log --oneline --all -n2 # 로그 확인
2dbc561 (HEAD -> main, origin/main) mybranch1 두 번째 커밋
905dda3 mybranch1 첫 번째 커밋
```

❶ [mybranch1] 브랜치로 변경합니다.

❷ [mybranch1] 브랜치는 이미 [main] 브랜치 위에 있기 때문에 재배치할 커밋이 없습니다. 그래서 git rebase main을 수행해도 아무 일도 일어나지 않습니다.

❸ 다시 [main] 브랜치로 변경합니다.

❹ git rebase 명령으로 [main] 브랜치를 [mybranch1] 브랜치로 재배치를 시도합니다. 빨리 감기가 가능한 상황이기 때문에 git merge 명령처럼 빨리 감기 병합을 하고 작업을 종료합니다.

❺ git push 명령으로 [main] 브랜치를 원격에 푸시합니다.

❻ git branch -d 명령으로 필요 없어진 [mybranch1] 브랜치를 삭제합니다.

tag: 배포 버전에 태그 달기

이번에는 CLI에서 커밋에 태그를 달아 보겠습니다. 이를 태깅이라고 하는데요. **태그**^{tag}에는 사실 주석이 있는 태그와 간단한 태그의 두 종류가 있습니다. 일반적으로 주석이 있는 태그의 사용을 권

장합니다. 실습 전에 관련된 명령부터 살펴볼까요? 기본적으로 태그를 생성하는 명령은 **git tag**입니다.

git tag -a -m <간단한 메시지> <태그 이름> [브랜치 또는 체크섬]	-a 로 주석 있는(annotated) 태그를 생성합니다. 메시지와 태그 이름은 필수이며 브랜치 이름을 생략하면 HEAD에 태그를 생성합니다.
git push <원격 저장소 이름> <태그 이름>	원격 저장소에 태그를 업로드합니다.

그럼 CLI에서 태그를 작성해 보겠습니다.

태그 작성하기

```
(main) $ git log --oneline # 로그 확인
2dbc561 (HEAD -> main, origin/main) mybranch1 두 번째 커밋
...

(main) $ git tag -a -m "첫 번째 태그 생성" v0.1 # 주석 있는 태그 작성

(main) $ git log --oneline # 태그 생성 확인
2dbc561 (HEAD -> main, tag: v0.1, origin/main) mybranch1 두 번째 커밋
...

(main) $ git push origin v0.1 # 태그 푸시
Counting objects: 1, done.
Writing objects: 100% (1/1), 193 bytes ¦ 193.00 KiB/s, done.
Total 1 (delta 0), reused 0 (delta 0)
To https://github.com/Cat-Hanbit/hello-git-cli.git
 * [new tag]          v0.1 -> v0.1
```

태그는 차후에 커밋을 식별할 수 있는 유용한 정보이므로 잘 활용하는 것이 좋습니다. 태그를 사용하면 GitHub의 [Tags] 탭에서 확인할 수 있고, [Release] 탭에서 다운받을 수 있다는 것도 기억하시길 바랍니다.

지금까지 CLI를 통해서 브랜치를 생성하고 브랜치 변경과 빨리 감기 병합을 했습니다. 그리고 빨리 감기가 가능한 상황에서 rebase 명령어는 merge 명령어와 같은 동작을 보인다는 것도 확인했습니다.

마지막으로 tag 명령어의 사용법에 대해서도 알아봤습니다. 태그는 정말 유용한 기능이니까 잘 배워서 꼭꼭 활용해 주세요. 이제 조금 더 복잡한 상황에서의 병합과 리베이스를 알아볼 것입니다.

특히 입문자 분들이 싫어하는 충돌 상황과 히스토리가 꼬인 상황에서의 해결법에 대해서도 알아보겠습니다. 겁먹지 말고 차근차근 천천히 살펴보도록 합시다.

여기서 잠깐! **switch 명령어와 restore 명령어**

Git을 공부하다 보면 checkout 명령어를 볼 수 있습니다. 이 명령어는 이전까지 자주 사용하던 명령인데 최근에는 잘 사용하지 않게 되었습니다. checkout 명령어의 기능을 크게 두 가지로 나누면 ❶ 브랜치 변경 ❷ 워킹트리의 파일 내용 복구입니다.

브랜치를 변경하는 명령은 278쪽에서 살펴본 switch 명령어로 대치되었고, 파일을 복구하는 명령은 restore 명령어로 대치되었습니다. 드물게 checkout 명령어가 필요한 경우도 있긴 하지만, 입문자 여러분은 거의 사용할 필요가 없는 명령어가 되었습니다.

restore 명령어는 유용한 기능을 많이 담고 있습니다. 이 책에서 따로 다루지는 않지만, Git Bash 창에 git restore -help 명령을 입력해 한번 살펴보세요.

03 3-way 병합하기

긴급한 버그 처리는 모든 개발자가 항상 겪는 일입니다. 버그가 생기지 않는 코딩 같은 건 존재하지 않기 때문이죠. 이번 절에서는 두 번째 시나리오인 긴급한 버그 처리 시나리오와 함께 3-way 병합에 대해 살펴봅시다.

긴급한 버그 처리 시나리오

갑작스레 버그를 발견한 상황을 생각해 보겠습니다. 보통 이 경우 하나 이상의 브랜치로 다른 기능 개선을 하고 있을 것입니다. 이런 상황에서 버그 수정은 다음과 같은 단계로 이루어집니다.

1. (옵션) 오류가 없는 버전(주로 Tag가 있는 커밋)으로 롤백합니다.
2. [main] 브랜치로부터 [hotfix] 브랜치를 생성합니다.
3. 빠르게 소스 코드를 수정하고 테스트를 완료합니다.
4. [main] 브랜치로 빨리 감기 병합 및 배포합니다.
5. 개발 중인 브랜치에도 병합합니다(단, 충돌 발생 가능성이 높습니다).

버그가 발생한 상황에서는 원래 작업 중이던 브랜치도 [main] 브랜치로부터 시작했으므로 같은 버그를 가지고 있을 것입니다. 그래서 [hotfix] 브랜치의 내용은 [main] 브랜치와 개발 브랜치 모두에 병합되어야 합니다. 보통 [main] 브랜치의 병합은 '빨리 감기'이기 때문에 쉽게 되는 반면, 개발 중인 브랜치의 병합은 병합 커밋이 생성되고, 충돌이 일어날 가능성이 높습니다.

이러한 상황을 가정하고 실습을 해 보겠습니다. 먼저 [feature1] 브랜치를 만들고 커밋을 하나 생성합니다.

새로운 브랜치 및 커밋 생성하기

```
$ git switch main # main 브랜치로 변경

(main) $ git switch -c feature1 # feature1 브랜치 생성 및 변경

(feature1) $ echo "기능 1 추가" >> file1.txt # 파일 내용 수정
```

```
(feature1) $ git add file1.txt # 스테이징
(feature1) $ git commit # 커밋 ─────────────    커밋 메시지를 '새로운 기능1 추가'로 입력해 커밋합니다.

(feature1) $ git log --oneline --graph --all -n2 # 로그 확인
* e9fd195 (HEAD -> feature1) 새로운 기능 1 추가
* 2dbc561 (tag: v0.1, origin/main, main) mybranch1 두 번째 커밋
```

지금 이 시점에서 장애가 발생했습니다. 그나마 다행인 점은 이미 커밋을 한 상태에서 장애가 발생했다는 점입니다. 현실에서는 커밋을 하기 모호한 상황에서 장애가 발생하게 됩니다. 이럴 때는 206쪽에서 살펴보았던 스태시를 사용할 수 있지만 stash 명령어에 대해서는 뒷 장에서 설명할테니 일단 커밋을 한 직후에 장애가 발생했다고 가정합니다.

이제 버그를 고치기 위해 [main] 브랜치에서 [hotfix] 브랜치를 먼저 만들어야 합니다. 그리고 버그를 고쳐 커밋한 후 [hotfix] 브랜치를 [main] 브랜치에 병합합니다. 이렇게 하면 [main] 브랜치의 최신 커밋을 기반으로 [hotfix] 브랜치 작업을 했기 때문에 빨리 감기 병합이 가능한 상황입니다.

hotfix 브랜치 생성, 커밋, main에 병합하기

```
(feature1) $ git switch -c hotfix main # main에서 hotfix 브랜치를 생성한 후 브랜치 변경
Switched to a new branch 'hotfix'

(hotfix) $ git log --oneline --all -n2 # 2개의 커밋 로그만 보기
e9fd195 (feature1) 새로운 기능 1 추가
2dbc561 (HEAD -> hotfix, tag: v0.1, origin/main, main) mybranch1 두 번째 커밋

(hotfix) $ echo "some hot fix" >> file1.txt

(hotfix) $ git add file1.txt

(hotfix) $ git commit ─────────         커밋 메시지를 'hotfix 실습'으로 입력해 커밋합니다.
[hotfix e07e822] hotfix 실습
 1 file changed, 1 insertion(+)

$ git log --oneline -n1
e07e822 (HEAD -> hotfix) hofix 실습

(hotfix) $ git switch main
Switched to branch 'main'

(main) $ git merge hotfix # 빨리 감기 병합
Updating 2dbc561..e07e822
```

```
Fast-forward

(main) $ git push # 원격 저장소로 푸시
Counting objects: 5, done.
Delta compression using up to 8 threads.
```

아직 추가 작업이 남아 있습니다. 물론 긴급한 작업은 끝났으니 한시름 놓은 상태입니다. hotfix의
커밋은 버그 수정이었기 때문에 이 내용을 현재 개발 중인 [feature1] 브랜치에도 반영해야 합니
다. 그런데 [feature1] 브랜치와 [main] 브랜치는 아래 그림처럼 서로 다른 분기로 진행되고 있습
니다. 이 경우에는 빨리 감기 병합이 불가능하므로 3-way 병합을 해야 합니다. 따라서 병합 커밋
이 생성되겠죠?

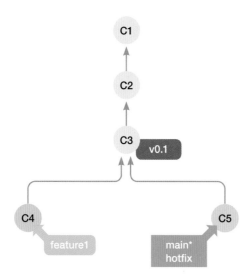

게다가 모든 3-way 병합이 충돌을 일으키는 것은 아닙니다만 이번 실습에서는 고의적으로 두 브
랜치 모두 file1.txt를 수정했기 때문에 충돌이 발생합니다.

▼ 충돌이 발생한 file1.txt 파일

main 브랜치의 file1.txt	feature1 브랜치의 file1.txt
hello git	hello git
second	second
third - my branch	third - my branch
fourth	fourth
some hot fix	**기능 1 추가**

일단 3-way 병합을 해 봅시다.

```
(main) $ git switch feature1 # feature1 브랜치로 변경
Switched to branch 'feature1'

(feature1) $ git log --oneline --all # 로그 확인
e07e822 (origin/main, main, hotfix) hotfix 실습
e9fd195 (HEAD -> feature1) 새로운 기능 1 추가
...

(feature1) $ git merge main  # ❶ main 브랜치와 병합 시도
Auto-merging file1.txt
CONFLICT (content): Merge conflict in file1.txt
Automatic merge failed; fix conflicts and then commit the result.

(feature1¦MERGING) $ git status # ❷ 실패 원인 파악하기
On branch feature1
You have unmerged paths.
  (fix conflicts and run "git commit")
  (use "git merge --abort" to abort the merge)

Unmerged paths:
  (use "git add <file>..." to mark resolution)

        both modified:   file1.txt

no changes added to commit (use "git add" and/or "git commit -a")
```

❶ git merge main 명령이 충돌로 인해 실패합니다.

❷ git status 명령을 실행하여 충돌 대상 파일을 확인할 수 있습니다. 결과 메시지에서 볼 수 있는 것처럼 git merge --abort 명령을 통해 병합을 취소할 수도 있습니다.

이제 3장에서 살펴본 것처럼 충돌이 일어난 파일을 비주얼 스튜디오 코드로 열면 다음 그림처럼 충돌 부분이 다른 색으로 표시되고 위 쪽에는 흐릿한 글씨로 4개의 선택 메뉴가 보입니다. 첫 번째는 HEAD의 내용만 선택, 두 번째는 main의 내용만 선택, 세 번째는 둘 다 선택, 네 번째는 다른 내용을 확인하는 버튼입니다.

여기서는 둘 다 필요한 내용이므로 [두 변경 사항 모두 수락]을 선택합니다.

파일의 최종 텍스트는 아래와 같이 됩니다. 지저분한 〈〈〈〈HEAD, ======, 〉〉〉〉 main 같은 내용을 자동으로 제거되어 한결 보기 편해졌습니다.

```
hello git
second
third - my branch
fourth - my branch
기능 1 추가
some hot fix
```

이제 변경 내용을 저장하고 다시 스테이지에 추가 및 커밋을 하면 수동 3-way 병합이 완료됩니다.

병합 및 충돌 해결하기 2

```
(feature1¦MERGING) $ cat file1.txt  # 최종 변경 내용 확인
hello git
second
third - my branch
fourth - my branch
기능 1 추가
some hot fix


(feature1¦MERGING) $ git add file1.txt # ❶ 스테이징

(feature1¦MERGING) $ git status
All conflicts fixed but you are still merging.
    (use "git commit" to conclude merge)
```

```
Changes to be committed:
        modified:   file1.txt

(feature1¦MERGING) $ git commit # ❷ 병합 커밋 생성
[feature1 7deaaf6] Merge branch 'main' into feature1

(feature1) $ git log --oneline --all --graph -n4 # 로그 확인
*   7deaaf6 (HEAD -> feature1) Merge branch 'main' into feature1
|\
| * e07e822 (origin/main, main, hotfix) hotfix 실습
* | e9fd195 새로운 기능 1 추가
|/
* 2dbc561 (tag: v0.1) mybranch1 두 번째 커밋
```

❶ git add 및 git status 명령을 수행하면 충돌한 파일의 수정을 완료한 후에 git commit 명령을
수행하면 된다는 것을 알 수 있습니다.

❷ git commit 명령으로 충돌난 3-way 병합을 마무리 짓습니다. 병합 커밋이므로 커밋 메시지는
군이 편집하지 않고 저장한 후에 에디터를 빠져 나오면 됩니다. 그러고 나면 병합이 완료되고
이제 버그 처리 작업도 끝난 것입니다.

지금까지 많은 입문자들을 공포로 몰아 넣은 충돌 상황을 CLI를 이용해서 해결했습니다. 1부에서
했던 내용과 크게 다르지 않았음을 느꼈을 것입니다. 저는 처음으로 충돌을 해결했을 때 꽤 큰 희
열이 느껴졌습니다. 수영에서 자유형 50미터를 처음 완주했을 때와 비슷한 흐뭇함을 느꼈던 것 같
네요.

리베이스하기

여러분은 GUI로 리베이스(재배치) 기능을 얼마나 많이 사용해 봤나요? 입문자 분들은 아직까지 리베이스가 익숙하진 않을 것이라고 생각됩니다. 이번 절에서는 잘 사용하면 유용하고 강력한 기능인 리베이스를 rebase 명령어로 실습해 봅시다.

커밋을 재배치해 트리를 깔끔하게 하기

3-way 병합을 하면 병합 커밋이 생성되기 때문에 트리가 다소 지저분해진다는 단점이 있습니다. 이럴 때 트리를 깔끔하게 하고 싶다면 **git rebase** 명령을 사용할 수 있습니다. rebase는 소스트리 한글판에서 '재배치'라고 표기되는데 상당히 좋은 번역이라고 생각합니다. 말 그대로 내 브랜치의 커밋들을 재배치하는 것이기 때문이죠.

> **TIP** 1부 GUI 환경에서는 리베이스를 3장 3절에서 설명했습니다.

리베이스의 원리를 다시 살펴보면 다음과 같습니다.

1. HEAD와 대상 브랜치의 공통 조상을 찾습니다(아래 그림의 C2).
2. 공통 조상 이후에 생성한 커밋들(C4, C5 커밋)을 대상 브랜치 뒤로 재배치합니다.

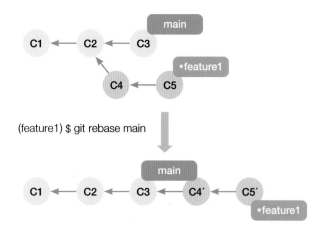

앞의 그림을 유심히 살펴봅시다. 먼저 [feature1] 브랜치는 HEAD이므로 *이 붙어 있습니다. 여기서 git rebase main 명령을 수행하면 공통 조상인 C2 이후의 커밋인 C4와 C5를 [main] 브랜치의 최신 커밋인 C3 뒤 쪽으로 재배치합니다. 그런데 재배치된 C4와 C5 커밋은 각각 C4'와 C5'가 되었습니다. 이 말은 이 커밋은 원래의 커밋과 다른 커밋이라는 뜻입니다. 실습을 할 때도 리베이스 전과 후에 커밋 체크섬을 확인해 보면 값이 달라진 것을 직접 확인할 수 있습니다.

> ### 여기서 잠깐! 리베이스는 어떤 경우에 사용해야 하나요?
>
> rebase 명령어는 주로 로컬 브랜치를 깔끔하게 정리하고 싶을 때 사용합니다. 원격에 푸시한 브랜치를 리베이스할 때는 조심해야 합니다. 여러 Git 가이드에서도 원격 저장소에 존재하는 브랜치에 대해서는 리베이스를 하지 말 것을 권합니다.

그럼 앞 절에서 만들었던 병합 커밋을 git reset --hard 명령으로 브랜치를 한 단계 되돌리고, git rebase 명령으로 커밋을 재배치해 보겠습니다.

병합 커밋을 되돌리고 리베이스하기

```
(feature1) $ git switch feature1 # ❶ feature1으로 전환. 이미 HEAD일 경우 생략 가능

(feature1) $ git reset --hard HEAD~ # ❷ 현재 브랜치를 한 단계 되돌린다
HEAD is now at e9fd195 새로운 기능 1 추가

(feature1) $ git log --oneline --graph --all -n3 # ❸ 로그 확인
* e07e822 (origin/main, main, hotfix) hotfix 실습
¦ * e9fd195 (HEAD -> feature1) 새로운 기능 1 추가
¦/
* 2dbc561 (tag: v0.1) mybranch1 두 번째 커밋


(feature1) $ git rebase main # ❹ HEAD 브랜치의 커밋들을 main으로 재배치
Applying: 새로운 기능 1 추가
error: Failed to merge in the changes.
CONFLICT (content): Merge conflict in file1.txt
Resolve all conflicts manually, mark them as resolved with
"git add/rm <conflicted_files>", then run "git rebase --continue".
```

❶ HEAD를 [feature1] 브랜치로 전환합니다.

❷ git reset --hard HEAD~ 명령으로 커밋을 한 단계 이전으로 되돌립니다. 이렇게 하면 병합

커밋이 사라집니다.

❸ 로그를 통해 커밋 체크섬을 확인합니다. 재배치 대상 커밋의 체크섬 값이 'e9fd195'라는 것을 알 수 있습니다.

❹ 리베이스를 시도하지만 병합을 시도했을 때와 마찬가지로 충돌로 인해 리베이스는 실패합니다. 여기서 실패 메시지를 잘 보면 수동으로 충돌을 해결한 후에 스테이지에 추가를 할 것을 알려줍니다. 또한 git rebase --continue 명령을 수행하라는 것도 알려줍니다.

다시 충돌을 해결하고 리베이스를 계속해 보겠습니다.

충돌 해결 및 리베이스 이어서 하기

```
(feature1¦REBASE 1/1) $ git status # ❶ 병합과 마찬가지로 비주얼 스튜디오 코드로 충돌 대상 확인
및 수동으로 충돌 해결
Unmerged paths:
        both modified:    file1.txt

(feature1¦REBASE 1/1) $ git add file1.txt # ❷ 변경 사항 스테이징 및 상태 확인

(feature1¦REBASE 1/1) $ git status
rebase in progress; onto e07e822
You are currently rebasing branch 'feature1' on 'e07e822'.
  (all conflicts fixed: run "git rebase --continue")
(modified: file1.txt)

Changes to be committed:
  (use "git restore --staged <file>..." to unstage)
        modified:    file1.txt

(feature1¦REBASE 1/1) $ git rebase --continue # ❸ 리베이스 계속 진행
Applying: 새로운 기능 1 추가

(feature1) $ git log --oneline --graph --all -n2 # ❹ 로그 확인
* 06c3d92 (HEAD -> feature1) 새로운 기능 1 추가
* e07e822 (origin/main, main, hotfix) hotfix 실습

(feature1) $ git switch main
Switched to branch 'main'

(main) $ git merge feature1 # ❺ 빨리 감기 병합
Updating e07e822..b6bb8c1
Fast-forward
 file1.txt ¦ 1 +
 1 file changed, 1 insertion(+)
```

❶ 충돌 파일을 확인하고 이전과 같은 방식으로 비주얼 스튜디오 코드를 이용해서 수동으로 파일 내용을 수정하고 저장합니다.

❷ 스테이지에 변경된 파일을 추가합니다.

❸ git rebase --continue 명령을 수행해서 이어서 리베이스 작업을 진행합니다. 여기서 차이점은 git merge 명령은 마지막 단계에서 git commit 명령을 사용해서 병합 커밋을 생성한 후 마무리 하지만, git rebase 명령은 git rebase --continue 명령을 사용해야 합니다. 비주얼 스튜디오 코드 창이 열리면 수정하지 않고 저장한 후 창을 닫으세요. 이어서 리베이스가 진행됩니다.

❹ 로그를 확인합니다. 병합과는 달리 병합 커밋도 없고 히스토리도 한 줄로 깔끔해졌습니다. 또한 [feature1] 브랜치가 가리키는 커밋의 체크섬 값이 '06c3d92'로 바뀐 것을 볼 수 있습니다. 이는 앞서 설명한 것처럼 리베이스를 하면 커밋 객체가 바뀌기 때문입니다.

❺ 마지막으로 [main] 브랜치에서 [feature1] 브랜치로 병합합니다. 한 줄이 되었기 때문에 빨리 감기 병합을 수행합니다.

리베이스와 병합의 마지막 단계에서 명령어가 다른 것이 이상하다고 여길 수 있는데요, 3-way 병합은 기존 커밋의 변경 없이 새로운 병합 커밋을 하나 생성합니다. 따라서 충돌도 한 번만 발생 합니다. 충돌 수정 완료 후 git commit 명령을 수행하면 병합 작업이 완료되는 것이죠.

그러나 리베이스는 재배치 대상 커밋이 여러 개일 경우 여러 번 충돌이 발생할 수 있습니다. 또한 기존의 커밋을 하나씩 단계별로 수정하기 때문에 git rebase --continue 명령으로 충돌로 인해 중단된 git rebase 명령을 재개하게 됩니다. 여러 커밋에 충돌이 발생했다면 충돌을 해결할 때마 다 git rebase --continue 명령을 매번 입력해야 합니다. 복잡해지고 귀찮기 때문에 이런 경우 에는 병합을 수행하는 것이 더 간단할 수도 있습니다.

▼ 3-way 병합과 리베이스의 차이점

	3-way 병합	리베이스
특징	병합 커밋 생성	현재 커밋들을 수정하면서 대상 브랜치 위로 재배치함
장점	한 번만 충돌 발생	깔끔한 히스토리
단점	트리가 약간 지저분해짐	여러 번 충돌이 발생할 수 있음

다음 그림을 보고 3-way 병합과 리베이스의 차이를 다시 한번 천천히 생각해 보기 바랍니다.

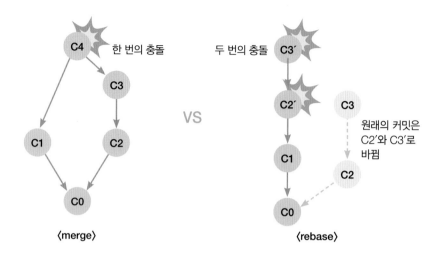

트리에서 뻗어나온 가지 없애기

제가 Git에 입문하고, 막 즐겁게 사용하던 시절 자주 겪었던 상황이 있습니다. 바로 아래 그림과 같은 모양이 만들어지는 것입니다. 처음에 이걸 보고 '서울 지하철 2호선 노선도 같은 게 생겼네'라는 생각이 들었습니다만... 여러분도 Git을 어느 정도 사용했다면 몇 번 정도 겪어 봤을 겁니다.

당시에는 Git에 익숙하지 않아서 [main] 브랜치만 사용했었는데 왜 이런 일이 일어났을까요? 보통 이런 상황은 두 대의 PC에서 한 브랜치에 작업을 하는 경우에 생깁니다. 한 PC에서 커밋을 만들고 푸시했는데, 다른 PC에서 또 다른 커밋을 하게 되면 이전 커밋을 부모로 한 커밋이 생깁니다. 그 상황에서 뒤늦게 풀을 시도하면 자동으로 3-way 병합이 되기 때문에 위 그림 같은 모양이 되는 것입니다.

지금 같은 경우는 불필요하게 병합 커밋이 생긴 상황입니다. 그렇다면 위 상황을 어떻게 깔끔하게 정리할 수 있을까요? 책의 내용을 보기 전에 직접 한 번 해결 방법을 생각해 보세요. 지금까지 배운 내용을 기반으로 고민하면 해결할 수 있을 것입니다.

답은 reset --hard 명령으로 병합 커밋을 되돌리고 git rebase 명령을 사용하는 것입니다. 정말 간단하고 효과적인 방법으로 종종 사용되니 잘 기억하고 활용합시다.

먼저 가지 커밋을 하나 만들어 봅시다. 가지를 만들기 위해 정상인 커밋을 만들고 푸시합니다.

보통 커밋 만들기

```
$ echo "main1" > main1.txt # main1.txt 파일 생성

$ git add main1.txt # 스테이지에 추가

$ git commit -m "main 커밋 1" # 커밋
[main a5aaa9d] main 커밋 1
 1 file changed, 1 insertion(+)
 create mode 100644 main1.txt

$ git push origin main # 푸시
(생략)

$ git log --oneline -n1 # 로그 확인
a5aaa9d (HEAD -> main, origin/main) main 커밋 1

$ ls # 작업 디렉터리 상태 확인
file1.txt  main1.txt
```

> git commit -m 명령을 사용해 커밋 메시지를 작성하면 비주얼 스튜디오 코드에 입력하지 않아도 커밋할 수 있습니다.

일단 평범하게 커밋을 하나 생성했습니다. 이제 reset --hard 명령을 이용해서 한 단계 이전 커밋으로 이동합니다. 여기에서 다시 커밋을 생성하면 가지가 하나 생겨날 것입니다.

가지 커밋 만들기

```
$ git reset --hard HEAD~ # ❶ HEAD를 한 단계 되돌리기
HEAD is now at b6bb8c1 새로운 기능 1 추가

$ echo "main2" > main2.txt # main2.txt 파일 생성

$ git add . # 스테이징
```

```
$ git commit -m "main2 커밋" # ❷ 커밋
[main a5000ce] main2 커밋
 1 file changed, 1 insertion(+)
 create mode 100644 main2.txt

$ git log --oneline --graph --all -n3 # ❸ 로그 확인
* a5000ce (HEAD -> main) main2 커밋
¦ * a5aaa9d (origin/main) main 커밋 1
¦/
* b6bb8c1 (feature1) 새로운 기능 1 추가
```

❶ hard reset 모드로 [main] 브랜치를 한 단계 되돌립니다.

❷ main2.txt 파일을 생성하고 커밋을 합니다.

❸ 로그를 확인해 보면 main1 커밋과 main2 커밋 모두 b6bbc8c1 커밋을 부모로 하는 커밋이므로 가지가 생긴 것을 알 수 있습니다.

지금 상황에서 풀을 하면 어떻게 될까요? git pull 명령은 git fetch + git merge이기 때문에 가지를 병합하기 위해서 병합 커밋이 생기고 괜히 커밋 히스토리가 지저분해집니다.

git pull 수행 결과

```
$ git pull # ❶ git pull 수행, 병합 메시지 창은 그냥 닫자.
Merge made by the 'recursive' strategy.
 main1.txt ¦ 1 +
 1 file changed, 1 insertion(+)
 create mode 100644 main1.txt

$ git log --oneline --graph --all -n4 # ❷ 병합 커밋 생성 확인
*   281fa3f (HEAD -> main) Merge branch 'main' of https://github.com/Cat-Hanbit/
hello-git-cli
¦\
¦ * a5aaa9d (origin/main) main 커밋 1
* ¦ a5000ce main2 커밋
¦/
* b6bb8c1 (feature1) 새로운 기능 1 추가
```

❶ git pull 명령을 수행합니다. 자동으로 병합 커밋이 생성됩니다. 병합 커밋 생성 시 비주얼 스튜디오 코드가 열리는데 그냥 닫으면 됩니다.

❷ 로그를 확인해 보면 병합 커밋이 생성된 것을 알 수 있습니다.

저는 예전에는 불필요한 병합 커밋이 싫어서 git pull 명령을 잘 사용하지 않았는데, 최근에는 사용하게 되었습니다. 사실 병합 커밋이 생기는 빈도는 그리 높지 않습니다. 따라서 병합 커밋이 생성되면 그때 hard reset 모드를 이용해 커밋을 되돌리고 재배치하면 됩니다. 이제 병합 커밋을 되돌린 후에 git rebase 명령으로 가지를 없애 보겠습니다.

리베이스로 가지 없애기

```
$ git reset --hard HEAD~ # ❶ 병합 커밋 되돌리기
HEAD is now at a5000ce main2 커밋

$ git rebase origin/main # ❷ 리베이스, 현재 커밋 재배치
First, rewinding head to replay your work on top of it...
Applying: main2 커밋

$ git log --oneline --all --graph -n3 # 로그 확인
* 7ec4012 (HEAD -> main) main2 커밋
* a5aaa9d (origin/main) main 커밋 1
* b6bb8c1 (feature1) 새로운 기능 1 추가

$ git push # ❸ 푸시
Enumerating objects: 4, done.
(생략)
```

❶ reset --hard HEAD~ 명령을 이용해서 커밋을 하나 되돌립니다. 이 경우 마지막 커밋은 병합 커밋이었으므로 병합되기 전 커밋(a5000ce)으로 돌아가게 됩니다. 이제 HEAD는 가지로 튀어나온 커밋을 가리키고 있으므로 이 커밋을 재배치해야 합니다.

❷ git rebase origin/main 명령을 수행하면 로컬 [main] 브랜치의 가지 커밋이 [origin/main] 브랜치 위로 재배치됩니다.

❸ 로그를 확인하고 원격 저장소에 푸시합니다.

이제 튀어나온 가지가 사라졌습니다. 보기 좋죠?

리베이스 주의사항

리베이스할 때 중요한 주의사항이 있습니다. 원격 저장소에 푸시한 브랜치는 리베이스하지 않는 것이 원칙입니다. 예를 들어 C1 커밋을 원격에 푸시하고 리베이스하게 되면 원격에는 C1이 존재하고 로컬에는 다른 커밋인 C1'가 생성됩니다. 이때 내가 아닌 다른 사용자는 원격에 있던 C1을 병합할 수 있습니다. 그런데 변경된 C1'도 언젠가는 원격에 푸시되고 그럼 원격에는 실상 같은 커

밋이었던 C1과 C1'이 동시에 존재하게 됩니다. 이 상황에서 또 누군가는 충돌을 해결하기 위해 병합과 리베이스하게 되는데…, 정말 끔찍한 상황이 일어나게 됩니다. 동일한 커밋의 사본도 여러 개 존재하고, 충돌도 발생하고, 히스토리는 꼬여만 갑니다.

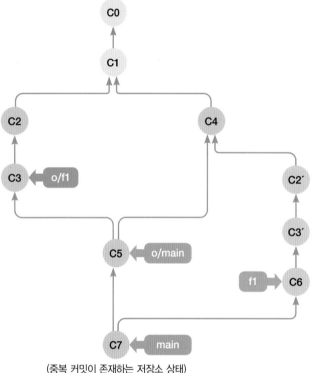

(중복 커밋이 존재하는 저장소 상태)

따라서 리베이스와 Git의 동작 원리를 잘 이해하기 전까지는 가급적 리베이스 기능은 아직 원격에 존재하지 않는 로컬의 브랜치들에만 적용하기를 강력하게 권장합니다.

임시 브랜치에서 테스트 작업하고 삭제하기

많은 입문자가 충돌 해결, 병합, 리베이스 등을 할 때 막연히 걱정부터 합니다. 소스가 깨지거나 열심히 한 작업의 내용이 사라지는 두려움, 그리고 Git의 커밋 히스토리가 꼬일 것 같은 느낌이 동시에 들기 때문이죠.

이럴 때 걱정을 덜 수 있는 아주 쉬운 방법이 있습니다. 임시 브랜치를 활용하는 것입니다. 원래 작업하려고 했던 브랜치의 커밋으로 임시 브랜치를 만들고 나면 해당 브랜치에서는 아무 작업이나 막해도 전혀 상관없습니다. 나중에 그 브랜치를 삭제하기만 하면 모든 내용이 원상 복구됩니다. 임시 브랜치가 필요 없어지는 시점에 **git branch −d 〈브랜치 이름〉** 명령으로 삭제할 수 있습니다.

```
$ git branch test feature1   # feature1 브랜치에서 임시로 test 브랜치 생성

$ git switch test   # test 브랜치로 변경
Switched to branch 'test'

$ echo "아무말 대잔치" > test.txt

$ git add .

$ git commit -m "임시 커밋"   # 새로운 커밋 생성
[test 1614cad] 임시 커밋
 1 file changed, 1 insertion(+)
 create mode 100644 test.txt

$ git log --oneline --graph --all -n4   # 커밋 로그 보기
* 1614cad (HEAD -> test) 임시 커밋
¦ * 7ec4012 (origin/main, main) main2 커밋
¦ * a5aaa9d main 커밋 1
¦/
* b6bb8c1 (feature1) 새로운 기능 1 추가

$ git switch main
Switched to branch 'main'
Your branch is up to date with 'origin/main'.

$ git branch -D test   # test 브랜치 삭제
Deleted branch test (was 1614cad).

$ git log --oneline --graph --all -n3   # 로그 확인
* 7ec4012 (HEAD -> main, origin/main) main2 커밋
* a5aaa9d main 커밋 1
* b6bb8c1 (feature1) 새로운 기능 1 추가
```

위의 예제는 임시 브랜치인 [test] 브랜치를 생성하고 커밋한 후에 다시 [main] 브랜치로 돌아가서 [test] 브랜치를 삭제한 결과입니다. 최종적으로 보이는 것처럼 아무 작업도 남지 않았습니다. 커밋, 병합, 리베이스 등 다양한 작업을 미리 테스트해 보고 싶을 때 간단하게 임시 브랜치를 만들어서 사용하고 불필요해지면 삭제하는 것은 좋은 Git 활용 팁입니다.

이번 장에서는 CLI를 이용해서 브랜치 생성하기, 병합, 리베이스 등 브랜치와 커밋 관리에 대한 주요 기능을 살펴봤습니다. CLI든, GUI든 결국 Git의 동작 원리를 정확하게 이해한다면 사용이 크

게 다르지 않습니다. Git을 익숙하게 사용하기 위해서는 브랜치와 커밋의 개념을 잘 이해하고 상황에 맞춰서 이를 조작하는 연습을 많이 해야 합니다.

아마 여러분은 GUI 파트는 술술 읽혔지만, CLI 파트에서는 많은 어려움을 느꼈을 것입니다. 주위의 리뷰어분들도 쉽지 않다고 했습니다. 만약 아직 이해가 잘 안 되면 억지로 이해하려고 하지 말고 넘어가는 것도 하나의 방법입니다. 그리고 찬찬히 다시 해 보면 점차 나아질 것입니다.

CHAPTER 9

Git 내부 동작 원리

이번 장에서는 Git의 내부 동작 원리를 간략하게 살펴봅니다.
꼭 필요하지 않을 수도 있지만 여러분이 이번 장을 읽고 나면
Git과 조금 더 친해질 수 있을 거예요.

이 장의 **To Do List**

문어는 고군분투하며 여러 가지 Git의 기능을 익히고 있습니다. 그런데 가끔씩 다른 Git 명령어가 같은 결과를 가져올 때도 있다는 것을 깨달았습니다. 문어는 왜 그런지 궁금합니다.

GUI든 CLI든 어떨 때는 다른 명령어가 같은 결과를 가져올 때도 있더라.

그건 Git 명령이 결국 도구일 뿐이니까 그런 거야. 우리가 미술 시간에 만들기를 할 때 가위를 쓰거나 칼을 쓰거나 비슷한 결과물을 만들 수 있는 것처럼 말야

으음… 그렇구나. Git에는 명령어가 많아서 어려운 것 같아.

그렇지만 자주 쓰는 명령은 그다지 많지 않아. 그리고 원리를 알면 조금 더 쉽게 이해할 수 있기도 하고. 그럼 이번 기회에는 Git의 동작 원리를 알아 보자. 누군가(?)가 그러는데 이번 장만 잘 이해해도 본전은 뽑은 거라고 하더라.

우우웅.. 원리라고?

01 git add 명령의 동작 원리

이번 절에서는 CLI를 이용해서 저장소를 생성하고 파일을 스테이지에 추가할 것입니다. 네? 이미 여러 번 해 봤다구요? 그런데 이번에는 그냥 단순히 명령어를 실행하는 게 아니라 실제 로컬 저장소에서 어떤 일이 벌어지는지를 함께 보려고 합니다. 저는 개인적으로 굉장히 재미있는 내용이 될 것 같은데, 여러분도 재미를 느끼면 좋겠네요.

로컬 저장소 생성하기

먼저 명령을 실습할 로컬 저장소를 만들어 줍니다. [내 문서] 폴더로 이동해 Git Bash 창을 띄웁니다. 그리고 [내 문서] 폴더 안에 [git-test] 이름의 폴더를 만든 후 **git init** 명령으로 로컬 저장소를 생성합니다.

git init 명령 수행 시 변경 사항 확인하기

```
$ pwd # 현재 폴더 확인
/c/Users/cat-hanbit/Documents

$ mkdir git-test # ❶ 빈 폴더 생성

$ cd git-test # 폴더 이동

$ git init # ❷ Git 로컬 저장소 생성
Initialized empty Git repository in
C:/Users/cat-hanbit/Documents/git-test/.git/

(main) $ ls -al # .git 폴더 생성을 확인
total 8
drwxr-xr-x 1 cat-hanbit 197121 0 6월   3 01:00 ./
drwxr-xr-x 1 cat-hanbit 197121 0 6월   3 01:00 ../
drwxr-xr-x 1 cat-hanbit 197121 0 6월   3 01:00 .git/

(main) $ ls -al .git/ # ❸ .git 폴더 내부를 확인
total 11
drwxr-xr-x 1 cat-hanbit 197121    0 6월   3 01:00 ./
drwxr-xr-x 1 cat-hanbit 197121    0 6월   3 01:00 ../
-rw-r--r-- 1 cat-hanbit 197121  130 6월   3 01:00 config
-rw-r--r-- 1 cat-hanbit 197121   73 6월   3 01:00 description
-rw-r--r-- 1 cat-hanbit 197121   23 6월   3 01:00 HEAD
drwxr-xr-x 1 cat-hanbit 197121    0 6월   3 01:00 hooks/
```

```
drwxr-xr-x 1 cat-hanbit 197121    0 6월   3 01:00 info/
drwxr-xr-x 1 cat-hanbit 197121    0 6월   3 01:00 objects/
drwxr-xr-x 1 cat-hanbit 197121    0 6월   3 01:00 refs/
```

❶ 먼저 비어 있는 폴더를 git-test라는 이름으로 생성합니다.

❷ git init 명령을 수행하면 현재 폴더 아래에 [.git] 폴더가 생성됩니다. 이 폴더가 로컬 저장소라
는 건 이제 알고 있을 것입니다.

❸ ls -al 명령으로 [.git] 폴더 내부를 확인해 보면 다양한 폴더가 생성되어 있다는 것을 알 수 있
습니다. 각각의 폴더와 파일의 내용은 차근차근 살펴볼 예정입니다.

여기서
잠깐! **ls -al 명령에서 각 컬럼의 의미는 뭘까요?**

```
-rw-r--r-- 1   cat-hanbit 197121    23    6월    3 01:00 HEAD
drwxr-xr-x 1   cat-hanbit 197121     0    6월    3 01:00 hooks/
```

▼ ls -al 명령 결과 의미

컬럼	의미
-rw-r--r-- 1	첫 번째 열은 파일의 권한과 상태인데 우리에게는 크게 중요하지 않습니다. '-'로 시작하면 일반 파일, 'd'로 시작하면 폴더라는 것만 기억하면 됩니다.
cat-hanbit	파일의 소유자 아이디
23	파일의 크기, 바이트로 표시, 폴더는 0으로 표시됩니다.
6월 3 01:0	파일 생성 시간
HEAD	파일 이름, 폴더의 경우 / 가 붙습니다.

동작 원리를 살펴볼 수 있는 명령은 다음과 같습니다. 이 명령들은 저수준[low level] 명령어라고 하는
데 실제로 많이 사용되는 명령은 아닙니다. 이번 실습에서 동작 원리를 이해하기 위해서 사용하는
명령이라고 생각하면 됩니다.

git hash-object <파일명>	일반 파일의 체크섬을 확인할 때 사용합니다.
git show <체크섬>	해당 체크섬을 가진 객체의 내용을 표시합니다.
git ls-files --stage	스테이지 파일의 내용을 표시합니다. 스테이지 파일은 git add 명령을 통해 생성되는데 .git/index 파일이 스테이지 파일입니다.

파일 상태 확인하기

이제 cat-hanbit이라는 텍스트를 담은 cat.txt 파일을 하나 생성한 후 **git status** 명령을 실행해 워킹트리의 상태를 확인해 보겠습니다. 반드시 아래 실습과 똑같은 내용의 텍스트를 생성하기 바랍니다.

파일 생성 및 워킹트리 상태 확인하기

```
$ echo "cat-hanbit" > cat.txt # 파일 생성, 내용을 동일하게 만들 것

$ git status
...
Untracked files:
  (use "git add <file>..." to include in what will be committed)

        cat.txt
```

💡 **TIP** 이번 장부터는 브랜치를 변경하는 경우를 제외하고 소스 코드에 브랜치명 표시를 생략합니다.

cat.txt 파일을 생성하고 git status 명령을 수행하면 바로 생성된 cat.txt 파일의 상태가 Untracked라는 것을 알 수 있습니다. git status 명령은 정확하게 어떤 일을 하는 걸까요? 바로 워킹트리와 스테이지, 그리고 HEAD 커밋 세 가지 저장 공간의 차이를 비교해서 보여 줍니다.

⟨working tree⟩　　　　⟨stage⟩　　　　⟨HEAD⟩

> 파일 하나를 생성한 직후의 상태. 스테이지는 비어 있고, HEAD 커밋은 아직 없다.

아직 없음

현재의 상태는 위 그림과 같습니다. 새로 파일을 생성할 경우 워킹트리에만 해당 파일이 존재합니다. 스테이지는 아직 비어 있는 상태이고 한 번도 커밋을 하지 않은 상태이기 때문에 HEAD 커밋은 없습니다.

이번에는 파일의 체크섬을 확인해 보겠습니다. **git hash-object 〈파일명〉** 명령을 이용하면 해당 파일의 체크섬을 확인할 수 있습니다.

파일의 체크섬 확인하기

```
$ git hash-object cat.txt # 파일의 체크섬 확인
ff5bda20472c44e0b85e570185bc0769a6adec68
```

여러분의 PC에서도 'ff5bda..' 값이 출력되었을 것입니다. 해시 체크섬은 같은 내용의 파일이라면 언제나 똑같은 값이 나옵니다. 만약 값이 다르게 나왔다면 텍스트의 내용이 다른 것입니다. 일단 cat-hanbit이라는 내용의 텍스트를 담고 있는 파일의 체크섬은 ff5bda로 시작한다는 것을 기억해 둡시다.

git add 명령 동작 원리 살펴보기

이제 git add 명령으로 스테이지에 파일을 추가한 후 파일 상태를 확인해 보겠습니다.

스테이지에 파일 추가하기

```
$ git add cat.txt # ❶ 스테이지에 파일 추가
$ git status # ❷ 파일 상태 확인
On branch main

No commits yet

Changes to be committed:
  (use "git rm --cached <file>..." to unstage)

        new file:   cat.txt

$ ls -a .git # ❸ .git 폴더 확인, index가 생성되었다.
./  ../  config  description  HEAD  hooks/  index  info/  objects/  refs/

$ file .git/index # ❹ .git/index 파일의 정체 확인
.git/index: Git index, version 2, 1 entries

$ git ls-files --stage # ❺ 스테이지 파일의 내용 확인
100644 ff5bda20472c44e0b85e570185bc0769a6adec68 0        cat.txt
```

❶ 스테이지에 untracked 상태의 파일을 추가합니다.

❷ git status 명령으로 상태를 확인합니다. cat.txt가 스테이지에 추가된 것을 확인한 후에

❸ [.git] 폴더를 보면 index라는 파일이 생긴 것을 알 수 있습니다.

❹ file 명령을 이용해 .git/index의 정체를 확인하면 Git index라는 것을 알 수 있습니다. index 는 스테이지의 다른 이름입니다. 즉, index 파일이 바로 Git의 스테이지입니다.

❺ 스테이지의 파일 내용을 확인합니다. cat.txt 파일이 스테이지에 들어 있으며 체크섬은 좀 전에 확인한 값인 'ff5bda..'와 정확하게 일치한다는 것을 알 수 있습니다.

이 상태에서 [.git] 폴더를 조금 더 살펴봅시다.

[.git] 폴더 살펴보기

```
$ ls -a .git/objects/ # ❶ .git/objects/ 폴더 확인
./   ../   ff/   info/   pack/

$ ls -a .git/objects/ff/ # ❷ .git/objects/ff/ 폴더 확인
./   ../   5bda20472c44e0b85e570185bc0769a6adec68

$ git show ff5bda # ❸ ff5bda 객체의 내용을 본다.
cat-hanbit
```

❶ [.git/ojbects] 폴더 아래에 ff/로 시작하는 폴더가 새로 생긴 것을 알 수 있습니다.

❷ [.git/objects/ff] 폴더 아래에는 5bda로 시작하는 파일이 하나 있는데 폴더명과 파일명을 합쳐 보면 'ff5bda' 입니다. 정확하게 앞에서 확인했던 체크섬 값입니다. [objects] 폴더 안에 존재하 는 파일들은 Git 객체입니다.

❸ git show 명령으로 ff5bda 객체의 내용을 확인하면 cat-hanbit이라는 텍스트 파일이라는 것 을 알 수 있습니다.

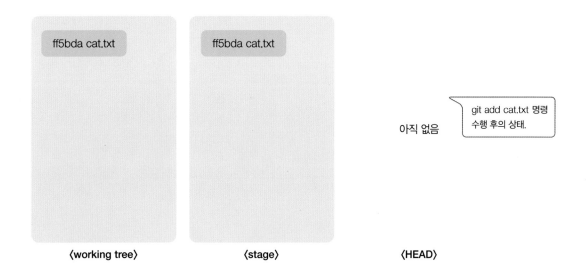

⟨working tree⟩   ⟨stage⟩   ⟨HEAD⟩

체크섬을 이용해서 객체의 종류와 내용을 확인할 수 있는 다른 명령으로 **git cat-file**도 있습니다.

`git cat-file -t <체크섬>`	해당 체크섬을 가진 객체의 타입을 알려 주는 명령입니다.
`git cat-file <객체 타입> <체크섬>`	객체의 타입을 알고 있을 때 해당 파일의 내용을 표시해 줍니다.

git cat-file 명령을 이용해서 다시 스테이지에 올라간 객체를 확인해 보겠습니다.

체크섬을 이용한 객체의 상태 확인하기

```
$ git cat-file -t ff5bda # ❶ 체크섬으로 객체의 종류 알아보기
blob

$ git cat-file blob ff5bda # ❷ 해당 객체의 내용 들여다 보기
cat-hanbit
```

❶ ff5bda 객체가 blob라는 것을 알 수 있습니다. **blob**은 binary large object의 줄임말로 스테이지에 올라간 파일 객체는 blob이 됩니다(blog로 오타가 자주 나니 유의하세요).

❷ ff5bda 객체가 blob이라는 것을 알았으므로 객체 내용을 확인하기 위해 git cat-file blob 명령을 사용합니다. cat-hanbit이라는 내용이 들어있는 텍스트 파일이라는 것을 알 수 있습니다.

이번 절에서는 git add 명령이 워킹트리에 존재하는 파일을 스테이지에 추가하는 명령이라는 것을 직접 확인했습니다. 이때 해당 파일의 체크섬 값과 동일한 이름을 가지는 blob 객체가 생성되고 이 객체는 .git/objects 파일에 저장됩니다. 그리고 스테이지의 내용은 .git/index에 기록된다는 것을 기억해 주세요.

02 git commit 명령의 동작 원리

앞 절에서 git status 명령과 git add 명령을 조금 자세히 들여다 봤습니다. 이번 절에서는 같은 방식으로 git commit 명령에 대해 살펴봅니다.

git commit 명령 동작 원리 살펴보기

자, 이제 커밋을 한 후 상태를 확인해 볼까요?

평범한 커밋과 상태 확인하기 1

```
$ git commit # 커밋
[main (root-commit) 30ac46] 커밋 확인용 커밋
 1 file changed, 1 insertion(+)
 create mode 100644 cat.txt

$ git log # 로그 확인
commit 30ac460453c17eaa4ff605c0b28d35e1e8c3341d (HEAD -> main)
Author: Cat Hanbit <hello.git.github@gmail.com>
Date:   Wed Mar 17 07:59:23 2023 +0900

    커밋 확인용 커밋

    커밋의 원리를 알아보고 싶어서 만들었다.

$ git status # 상태 확인
On branch main
nothing to commit, working tree clean
```

드디어 로컬 저장소에서 최초의 커밋을 하나 만들었습니다. 전혀 신기하지 않죠? 그리고 git status 명령으로 상태 확인을 하면 '아무것도 없고 워킹트리는 깨끗해요'라는 메시지를 볼 수 있습니다. 여기서 퀴즈입니다. 연습장을 하나 꺼내 309쪽 그림처럼 워킹트리, 스테이지, 커밋의 내용을 최대한 정확하게 그림으로 그려 보세요. 답을 보지 말고 여러분이 이해한 대로 그림을 그려 보기 바랍니다.

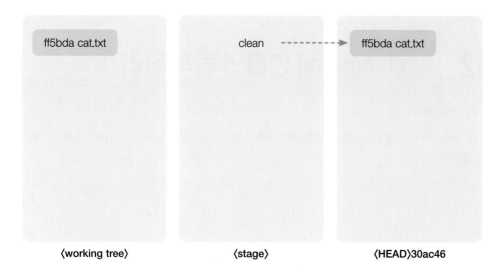

⟨working tree⟩	⟨stage⟩	⟨HEAD⟩30ac46

저의 강의 경험에 따르면 거의 99%의 입문자가 위 그림처럼 그립니다. 왜냐하면 git status 명령으로 상태를 보면 'clean' 상태였기 때문이죠.

그럼 답을 확인하기 전에 커밋을 하면 Git에 어떤 변화가 일어나는지부터 살펴봅시다. 방금 한 커밋의 체크섬인 30ac46이 있는 폴더를 확인해 보겠습니다.

커밋 상태 확인하기 2

```
$ ls -a .git/objects/ #.git/objects/ 폴더 변화 확인
./  ../  30/  7a/  ff/  info/  pack/

$ ls -a .git/objects/30/ # ❶ 30ac46 객체 존재 확인
./  ../  ac460453c17eaa4ff605c0b28d35e1e8c3341d

$ git show 30ac46 # ❷ 30ac46 객체의 정체는?
commit 30ac460453c17eaa4ff605c0b28d35e1e8c3341d (HEAD -> main)
...
```

예상했겠지만 커밋은 객체이고, 객체는 [.git/objects]에 저장됩니다.

❶ 방금 만든 커밋 30ac46은 [.git/objects/30] 폴더 아래에 있습니다. 특이한 점은 모든 커밋은 체크섬이 다르기 때문에 여러분이 생성한 체크섬은 100% 저와는 다른 체크섬 값을 가집니다. 신기하죠? 그런데 잘 보면 7a라는 폴더도 하나 생긴 것도 알 수 있는데 일단 궁금증은 잠시 접어 둡시다.

❷ git show 명령으로 30ac46 객체를 들여다 보면 타입이 commit입니다. 즉 커밋 객체라는 것을 재확인할 수 있습니다.

이 커밋 객체는 다음 절에서 자세히 살펴보도록 하고 이 상태에서 스테이지의 내용을 다시 한번 확인해 볼까요?

스테이지 확인하기

```
$ git ls-files --stage # 스테이지가 비어 있지 않다!
100644 ff5bda20472c44e0b85e570185bc0769a6adec68 0        cat.txt

$ git status
...
```

놀랍게도 스테이지는 비어 있지 않습니다. git status 명령은 앞에서 워킹트리, 스테이지, HEAD 커밋 세 저장 공간을 비교한다고 했는데, 사실 clean의 뜻은 깨끗하다는 의미가 아닌 '워킹트리와 스테이지, 그리고 HEAD 커밋의 내용이 모두 똑같다'는 뜻입니다.

git status로 clean한 상태는 '워킹트리 = 스테이지 = HEAD' 커밋이라는 점을 꼭 기억하기 바랍니다.

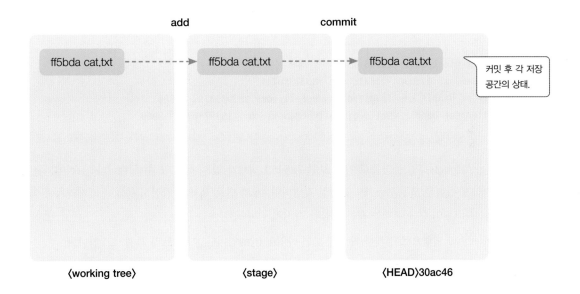

tree 객체

앞서 ls -a .git/objects/ 명령을 수행했을 때 blob과 커밋 객체 말고도 7a라는 이름의 또 다른 객체가 하나 더 있었던 것을 기억할 겁니다. 이런 걸 궁금하게 여기는 걸 요즘은 '매의 눈'이라고 하던데 제 어린 시절에는 '홈즈의 관찰력'이라고 불렀습니다. 여튼 개발자로서는 바람직한 자세입니다. 그럼 이 객체를 잠깐 살펴볼까요?

```
$ ls -a .git/objects/
./  ../  30/  7a/  ff/  info/  pack/

$ ls -a .git/objects/7a/ # ❶ object 폴더 내용 확인
./  ../  5459aa5fe7865d499c6d1c0c7c7f8b278fb74f

$ git show 7a5459 # ❷ 7a5459 객체는 무엇인가?
tree 7a5459
cat.txt

$ git ls-tree 7a5459 # ❸ 트리 객체의 내용은?
100644 blob ff5bda20472c44e0b85e570185bc0769a6adec68    cat.txt

$ git ls-files --stage # 스테이지도 확인해 보자
100644 ff5bda20472c44e0b85e570185bc0769a6adec68 0      cat.txt

$ git log --oneline -n1 # 커밋 체크섬 확인
30ac460 (HEAD -> main) 커밋 확인용 커밋

$ git cat-file -t 30ac46 # ❹ 커밋 객체 타입 확인
commit

$ git cat-file commit 30ac46 # ❺ 커밋 객체 내용 확인
tree 7a5459aa5fe7865d499c6d1c0c7c7f8b278fb74f
author Cat Hanbit <hello.git.github@gmail.com> 1539730763 +0900
committer Cat Hanbit <hello.git.github@gmail.com> 1539730763 +0900
```

❶ [.git/objects/7a] 폴더를 확인해 보면 7a5459 객체가 있는 것을 알 수 있습니다. 이번에는 신기하게 여러분 모두 7a5459 객체일 것입니다. 제가 만든 객체와 완전히 동일한 객체라는 뜻이죠. 체크섬이 같은 객체는 같은 내용을 가지게 됩니다.

❷ git show 명령으로 정체를 확인해 보면 타입이 **tree**입니다. 이를 트리 객체라고 합니다.

❸ git ls-tree 명령으로 트리 객체의 내용을 볼 수 있는데 이 내용은 예상한 것처럼 스테이지와 동일합니다.

❹ 커밋 객체의 체크섬을 이용해 타입을 확인해 보면 commit이라는 것을 알 수 있습니다.

❺ 30ac46 커밋 객체의 내용을 들여다 보면 커밋 메시지와 트리 객체로 구성되어 있다는 것을 알 수 있습니다. 트리 객체의 체크섬은 ❶에서 확인한 객체와 일치합니다.

지금까지의 내용을 요약하면 다음과 같습니다.

1. 커밋하면 스테이지의 객체로 트리 객체가 만들어집니다.

2. 커밋에는 커밋 메시지와 트리 객체가 포함됩니다.

어때요? Git의 내부가 생각보다 단순하지 않나요? 엄청나게 복잡한 기능을 수행하는 Git이지만 사실 내부 구조는 생각보다 간결하고 깔끔합니다. Git을 처음 설계한 설계자의 의도가 많이 반영되었기 때문에 그렇습니다.

커밋 객체 살펴보기

앞서 git commit 명령의 동작 원리를 살펴보며 커밋이 객체라는 것을 알 수 있었습니다. 아직 이 커밋 객체에 대한 흥미진진한 내용이 많이 남아있습니다. 이번 절에서는 파일을 수정해 스테이지에 추가해 보고, 트리 객체에 직접 커밋해 보며 커밋 객체의 내부와 동작 방식을 살펴보겠습니다.

파일 수정하고 추가한 후 살펴보기

이번에는 파일의 내용을 수정하고 스테이지에 추가해 보겠습니다. 먼저 cat.txt 파일에 내용을 한 줄 추가해 수정한 후 현재 폴더와 스테이지 그리고 커밋 객체의 내용을 살펴봅니다.

파일 내용 수정하고 파일 체크섬 확인하기

```
$ cat cat.txt
cat-hanbit

$ git hash-object cat.txt
ff5bda20472c44e0b85e570185bc0769a6adec68

$ echo "Hello, cat-hanbit" >> cat.txt # cat.txt 파일에 텍스트 추가

$ git hash-object cat.txt # 변경된 체크섬 확인
f3e6fa5c881ffb692cf2f2353dc2e90ce5a207f8

$ git ls-files --stage # 스테이지의 파일 확인
100644 ff5bda20472c44e0b85e570185bc0769a6adec68 0        cat.txt

$ git ls-tree HEAD # 헤드 커밋의 내용 확인
100644 blob ff5bda20472c44e0b85e570185bc0769a6adec68     cat.txt
```

아직 변경 사항을 스테이지에 추가하지 않았기 때문에 다음 그림처럼 현재 폴더(워킹트리)의 체크섬만 다른 것을 알 수 있습니다. 변경된 파일은 **modified**라고 했습니다. modified는 스테이지와 워킹트리의 내용이 다른 파일을 일컫는 말입니다.

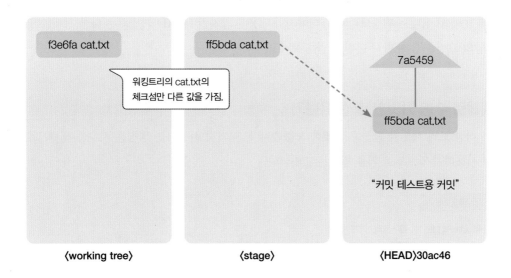

이제 변경 내용을 스테이지에 추가하면 어떻게 될까요? 예상한 것처럼 스테이지에 있는 cat.txt 파일의 체크섬이 워킹트리의 내용과 같아집니다. 이 상태는 뭘까요? 맞습니다. **staged** 상태입니다.

변경 내용 스테이지에 추가하기

```
$ git add cat.txt

$ git ls-files --stage
100644 f3e6fa5c881ffb692cf2f2353dc2e90ce5a207f8 0        cat.txt
```

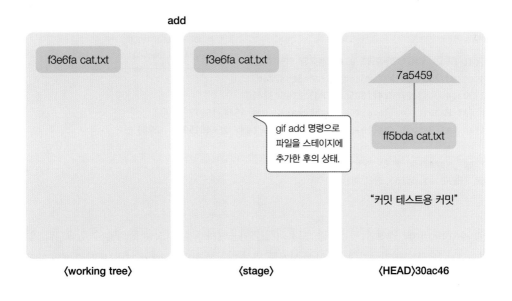

다시 말해 staged 상태는 워킹트리와 스테이지의 내용은 같지만 HEAD 커밋과는 다른 상태를 말합니다. 앞의 그림을 통해 다시 한번 확인해 보세요.

트리 객체로 수동 커밋한 후 살펴보기

이번에는 직접 트리 객체를 만들고 커밋해 보겠습니다. 여기서 사용하는 명령은 저수준 명령으로 평소에는 사용하지 않으므로 외울 필요는 없습니다.

```
$ git write-tree # ❶ 트리 객체 생성
4ced2da72db3c661af7508cec1627a0e3c6d22ac

$ git ls-tree 4ced2d # ❷ 생성된 트리 객체 확인
100644 blob f3e6fa5c881ffb692cf2f2353dc2e90ce5a207f8    cat.txt
```

❶ git write-tree 명령은 스테이지의 내용으로 트리 객체를 생성합니다. 그리고 생성된 트리 객체의 체크섬을 화면에 출력해 줍니다.

❷ 생성된 트리 객체를 확인해 보면 스테이지의 내용과 같다는 것을 알 수 있습니다.

```
$ echo "트리로 커밋하기" | git commit-tree 4ced2d -p HEAD # ❶ 트리 객체로 커밋 생성
9eae860d212b1140f7a1ac772d91c88d7e7bd8cf
                                                    중간에 '|'는 파이프입니다.
                                                    Enter 키 위에 있습니다.
$ git cat-file commit 9eae86 # ❷ 생성된 커밋 확인
tree 4ced2da72db3c661af7508cec1627a0e3c6d22ac
parent 30ac460453c17eaa4ff605c0b28d35e1e8c3341d
author Cat Hanbit <hello.git.github@gmail.com> 1544315977 +0900
committer Cat Hanbit <hello.git.github@gmail.com> 1544315977 +0900

$ git log --oneline # ❸ 커밋 로그 확인?
30ac460 (HEAD -> main) 커밋 확인용 커밋
```

❶ git commit-tree 명령을 이용하면 트리 객체를 이용해서 직접 커밋을 생성할 수 있습니다. 앞의 'echo "트리로 커밋하기"'는 커밋 메시지를 생성하는 부분이고 '4ced2d'는 트리 객체의 체크섬입니다. '-p HEAD'는 부모 커밋이 HEAD라는 사실을 알려 줍니다. 앞에서 커밋 객체는 반드시 부모 커밋을 가져야 한다고 했는데 이렇게 부모를 지정해 주는 옵션이 -p 입니다.

명령어가 문제 없이 실행되면 화면에 생성된 커밋 객체의 체크섬이 나오는데 커밋 체크섬은 각자가 다 다른 값을 가집니다. 다음 실습을 위해서 전체 커밋 체크섬(여기서는 9ea…)을 메모장 등에 붙여 넣습니다.

❷ 생성된 커밋을 확인합니다. 일반 커밋처럼 잘 생성된 것을 볼 수 있습니다.

❸ git log 명령으로 로그를 확인하니 문제가 생겼습니다. 우리가 생성한 커밋이 로그에 나오지 않습니다. 분명히 커밋은 이상없이 생성되었는데 왜 로그에 나오지 않는 걸까요? 잠시 학습을 멈추고 1분 정도 고민을 해 보고 아래 내용을 읽어 보세요.

git log 명령에 우리가 만든 커밋이 아직 나오지 않은 이유는 HEAD가 갱신이 되지 않았기 때문입니다. git commit 명령은 이전 HEAD를 부모로 하는 커밋 객체를 생성한 후 방금 만든 새 커밋이 새로운 HEAD가 됩니다. 그런데 우리가 만든 커밋은 HEAD를 갱신하지 않습니다. 이것도 직접 해 봅시다.

HEAD 갱신하기

```
$ ls .git # ❶ .git 폴더 목록 확인
COMMIT_EDITMSG  description  hooks/  info/  objects/
config          HEAD         index   logs/  refs/

$ cat .git/HEAD # ❷ HEAD 파일의 내용 확인
ref: refs/heads/main

$ cat .git/refs/heads/main # ❸ refs/heads/main 내용 확인
30ac460453c17eaa4ff605c0b28d35e1e8c3341d

$ git update-ref refs/heads/main 9eae86 # ❹ 직접 커밋한 객체로 업데이트

$ cat .git/refs/heads/main # ❺ 업데이트 확인
9eae860d212b1140f7a1ac772d91c88d7e7bd8cf

$ git log --oneline # ❻ 로그 확인
9eae860 (HEAD -> main) 트리로 커밋하기
30ac460 커밋 확인용 커밋
```

---

❶ [.git] 로컬 저장소에 어떤 파일들이 있는지 확인합니다. HEAD라는 파일이 있는 것을 볼 수 있습니다.

❷ HEAD 파일의 내용은 텍스트 파일인데 refs/heads/main이라는 내용이 들어 있습니다.

❸ [.git] 폴더 안의 refs/heads/main 파일의 내용을 열어 봅니다. 체크섬 값이 저장되어 있습니다. 값을 살펴보면 HEAD 커밋의 체크섬과 같은 값이라는 것을 알 수 있습니다.

❹ git update-ref 명령을 이용해서 refs/heads/main의 내용을 새로운 커밋의 체크섬 값으로 변경합니다. 여러분이 320쪽에서 메모해 놓은 값으로 입력해야 합니다.

❺ refs/heads/main 파일의 내용을 다시 확인해 봅니다. 우리가 직접 만든 커밋으로 값이 갱신되었습니다.

❻ git log 명령으로 로그를 확인하면 이제 제대로 표시되는 것을 알 수 있습니다.

이 단계까지 마친 이후의 과정을 그림으로 표시하면 다음과 같습니다.

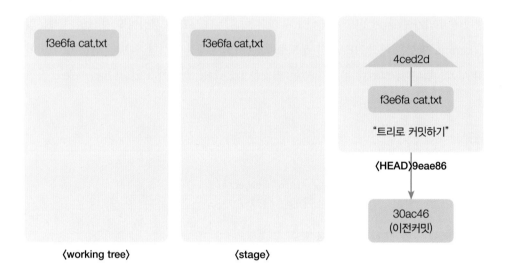

중복 파일 관리 살펴보기

Git에서 파일은 blob 객체로 관리됩니다. Git의 blob 객체는 제목이나 생성 날짜와는 관계 없이 내용이 같을 경우 같은 체크섬을 가집니다. 그래서 여러분이 생성한 파일과 제가 생성한 파일들도 내용만 같다면 같은 체크섬 값을 가지는 것입니다. 간단히 실습을 통해서 확인해 보겠습니다.

```
$ cp cat.txt cat2.txt # ❶ 파일 복사

$ echo "cat-hanbit" > cat3.txt # ❷ 이전 버전과 같은 내용의 파일 생성

$ git add cat2.txt cat3.txt # ❸ 전부 스테이지에 추가

$ git ls-files --stage # ❹ 스테이지 내용 확인
100644 f3e6fa5c881ffb692cf2f2353dc2e90ce5a207f8 0        cat.txt
100644 f3e6fa5c881ffb692cf2f2353dc2e90ce5a207f8 0        cat2.txt
100644 ff5bda20472c44e0b85e570185bc0769a6adec68 0        cat3.txt

$ git commit # ❺ 커밋
[main 7522e79] 중복 파일 관리 확인용 커밋
```

❶ cp 명령으로 cat.txt 내용을 cat2.txt에 복사합니다.

❷ cat3.txt 파일을 생성합니다. 내용은 이전 버전 cat.txt 와 같습니다.

❸ 스테이지에 각각의 파일을 추가합니다.

❹ 스테이지 내용을 확인하면 해시 체크섬이 나옵니다. cat.txt와 cat2.txt 파일의 내용은 같고 cat3.txt는 신규로 생성했지만, 이전 커밋에 있는 cat.txt와 같은 값이라는 것을 알 수 있습니다.

❺ 커밋을 합니다. 눈에 보이진 않지만 이전 blob 객체를 활용한 커밋을 하면 저장소에 별도의 blob 객체가 추가로 생기지 않습니다.

우리가 새로운 커밋을 여러 개 만들거나 같은 파일을 다른 폴더 등에 복사해서 여러 개 만들어도 그 안의 파일은 같은 내용이라면 하나의 blob 객체로 관리됩니다. 이러한 이유로 사용자들은 여기에 대해서 크게 신경쓸 필요가 없습니다. 또한 여러 브랜치에 같은 내용의 파일이 존재하더라도 역시 blob 객체는 하나만 있으면 됩니다. 이 기능으로 인해 Git은 빠르고 효율적으로 동작합니다.

이번 절에서는 커밋의 내용 및 동작 원리를 확인하기 위해서 수동으로 커밋해 보았습니다. git add 명령은 워킹트리의 내용을 스테이지에 반영하는 것이고 git commit 명령은 스테이지의 내용을 가지고 트리 객체를 만들어 이를 기반으로 기존 HEAD 커밋을 부모로 하는 새로운 커밋을 만듭니다. 마지막으로 생성된 커밋은 다시 HEAD가 됩니다. 이러한 커밋의 동작 원리를 잘 익히면 앞으로 나오는 다른 복잡한 명령들을 이해하기가 쉬워지므로 꼭 기억하세요.

04 브랜치 작업 동작 원리

앞서 직접 수동으로 커밋해 봤습니다. 저는 이 명령을 처음 실행했을 때 참 단순하면서도 효율적으로 만들어졌다고 생각했습니다. 이번 절에서는 브랜치 관리도 수동으로 해 보려 합니다. 처음 사용자에게 어렵고 복잡하게 느껴지는 브랜치도 사실은 생각보다 간단합니다.

git branch 명령 동작 원리 살펴보기

브랜치를 생성하면 Git 내부에서는 어떤 일이 일어날까요?

브랜치 생성하고 확인하기

```
$ git branch test # ❶ 브랜치 생성

$ git log --oneline # ❷ 생성된 브랜치 확인
7522e79 (HEAD -> main, test) 중복 파일 관리 확인용 커밋
9eae860 트리로 커밋하기
30ac460 커밋 확인용 커밋

$ ls .git/refs/heads/ # ❸ .git 폴더 내부 확인
main  test

$ cat .git/refs/heads/test # ❹ 실제 파일 내용 확인
7522e79e5a0982d2d313e4f0c4e86bfd71339bf5
```

❶ 브랜치를 생성합니다. 커밋을 지정하지 않았으므로 HEAD 커밋으로부터 [test] 브랜치가 생성됩니다.

❷ git log 명령으로 생성된 브랜치를 확인합니다. 생성된 [test] 브랜치는 7522e79 커밋을 참조하고 있다는 것을 확인할 수 있습니다.

❸ [.git] 폴더 안에 있는 [refs/heads] 폴더를 살펴보면 이전에는 main 파일 하나였는데 추가로 test라는 파일이 생성되었습니다.

❹ refs/heads/test 파일의 내용을 보면 HEAD 커밋의 전체 체크섬 내용이 들어 있는 것을 확인할 수 있습니다.

앞 절에서 브랜치는 '커밋의 참조일 뿐이다'라고 말했는데 그 내용을 여기서 확인할 수 있습니다. 벌써 눈치채신 분도 있을 텐데요, 저 텍스트 파일 한 줄이 브랜치의 전부입니다. 우리가 git branch test ⟨커밋 체크섬⟩ 명령을 실행하면 내부적으로는 ⟨커밋 체크섬⟩ 내용을 가지는 .git/refs/heads/test 텍스트 파일을 하나 생성하는 것입니다.

브랜치를 삭제하는 명령을 기억하나요? git branch −d ⟨브랜치 이름⟩으로 브랜치를 삭제할 수 있습니다. 그럼 이 명령이 수행하는 일은 뭘까요? 생성과 반대의 일을 하므로 이 명령은 단순히 .git/refs/heads/에 있는 브랜치 파일을 삭제합니다. 실제로 같은 건지 확인해 봅시다.

브랜치 삭제 및 재생성하기

```
$ git branch -d test # ❶ test 브랜치 삭제
Deleted branch test (was 7522e79).

$ ls .git/refs/heads/ # ❷ 브랜치 폴더 목록 확인
main

$ git branch test2 # ❸ test2 브랜치 생성

$ ls .git/refs/heads/ # ❹ 브랜치 폴더 목록 확인
main  test2

$ git log --oneline -n1 # ❺ 로그 확인
7522e79 (HEAD -> main, test2) 중복 파일 관리 확인용 커밋

$ rm .git/refs/heads/test2 # ❻ 브랜치 파일 삭제

$ git log --oneline -n1 # ❼ 다시 로그 확인
7522e79 (HEAD -> main) 중복 파일 관리 확인용 커밋
```

❶ [test] 브랜치를 삭제합니다.

❷ [refs/heads] 폴더에 있던 test 파일이 사라지는 것을 볼 수 있습니다.

❸ 다시 [test2] 브랜치를 생성하면

❹ test2 파일이 생기는 것을 볼 수 있습니다.

❺ 로그를 보면 정상적으로 [test2] 브랜치가 있습니다.

❻ rm 명령으로 refs/heads/test2 파일을 삭제합니다.

❼ 로그를 보면 [test2] 브랜치가 사라진 것을 확인할 수 있습니다.

git switch 명령 다시 살펴보기

생각보다 브랜치를 만들고 삭제하는 작업이 단순하게 이루어지는 것을 알 수 있었습니다. 그럼 브랜치를 변경하는 작업은 어떻게 되는 걸까요? 이것도 직접 git switch 명령을 수행하면서 관찰해 봅시다. 잠깐 아래를 읽기 전에 브랜치 변경이란 무엇인가에 대한 답을 생각하고 아래 내용을 읽어 보세요.

git switch 관찰하기

```
$ git branch test3 HEAD^ # ❶ 현재 HEAD의 부모 커밋으로부터 test3 브랜치를 만든다

$ git log --oneline --n2 # ❷ 로그 확인
7522e79 (HEAD -> main) 중복 파일 관리 확인용 커밋
9eae860 (test3) 트리 객체로 커밋하기

$ cat .git/HEAD # ❸ HEAD 파일 확인
ref: refs/heads/main

$ git switch test3 # ❹ 브랜치 변경
Switched to branch 'test3'

(test3) $ cat .git/HEAD # ❺ HEAD 파일 변경 사항 확인
'ref: refs/heads/test3

(test3) $ git status # ❻ 워킹트리 확인
On branch test3
nothing to commit, working tree clean
```

❶ HEAD의 부모 커밋으로부터 [test3] 브랜치를 생성합니다. HEAD^와 HEAD~은 둘 다 HEAD의 부모 커밋을 의미합니다.

❷ 로그를 통해 [test3] 브랜치가 정상적으로 생성되었음을 확인할 수 있습니다. .git/refs/heads/test3 라는 파일도 생성되었다는 것을 추측할 수 있습니다.

❸ .git/HEAD를 확인해 보면 ref: refs/heads/main이라는 내용을 볼 수 있습니다.

❹ git switch 명령으로 [test3] 브랜치로 변경합니다.

❺ 다시 HEAD 파일을 보면 내용이 [main]에서 [test3]로 변경되었습니다.

❻ git status 명령을 보면 워킹트리가 clean한 상태이므로 워킹트리, 스테이지 모두 [test3] 내용으로 변경된 것을 알 수 있습니다.

git switch 〈브랜치 이름〉 명령도 간단하게 수행되네요. 앞에서 확인한 것처럼 먼저 .git/HEAD

파일의 내용을 참조하는 브랜치로 변경하고, 워킹트리와 스테이지 내용을 해당 커밋의 내용으로 변경해 주는 것입니다. 정말 간단하죠?

다시 말해 git switch 명령은 '해당 브랜치로 HEAD를 이동시키고 스테이지와 워킹트리를 HEAD가 가르키는 커밋과 동일한 내용으로 변경하는 것'입니다. 많은 분이 거의 정답에 근접한 답을 작성하는데 여기서 스테이지를 누락하는 경우가 많습니다. 여러분은 정답을 맞췄나요?

수동으로 브랜치 변경하기

그럼 git switch 명령도 수동으로 할 수 있을까요? 지금부터 해 보겠습니다.

수동 브랜치 변경하기

```
(test3)$ echo "ref: refs/heads/main" > .git/HEAD # ❶ HEAD 파일 직접 수정

(main)$ git log --oneline -n1 # ❷ 로그 확인
7522e79 (HEAD -> main) 중복 파일 관리 확인용 커밋

$ git status # ❸ 상태 보기
On branch main

Changes to be committed:
  (use "git reset HEAD <file>..." to unstage)

        deleted:    cat2.txt
        deleted:    cat3.txt

$ git reset --hard # ❹ hard reset 수행
HEAD is now at 7522e79 중복 파일 관리 확인용 커밋

$ git status # ❺ 다시 상태 확인
nothing to commit, working tree clean
```

❶ .git/HEAD 파일을 직접 수정했습니다. ref: 뒤에는 공백이 하나 들어가 있으니 주의해야 합니다. 에디터로 HEAD 파일을 열어서 test3를 main으로 변경해도 됩니다.

❷ 로그를 확인해 보면 HEAD가 main으로 변경된 것을 알 수 있습니다. 사실 프롬프트 자체도 이미 test3에서 main으로 변경되어 있습니다.

❸ git status로 상태를 확인하면 스테이지와 워킹트리는 변하지 않았습니다. 워킹트리와 스테이지는 여전히 test3 커밋을 가르키고 있는데 HEAD 커밋만 main 커밋으로 변경되었기 때문입니다. 따라서 스테이지에는 기존 변경 사항들이 있는 것을 볼 수 있습니다. 메시지가 잘 이해되지

않으면 ls 명령과 git ls-files --stage 명령을 함께 수행해서 비교해 보세요.

❹ 스테이지와 워킹트리 내용을 초기화하기 위해 간단하게 git reset --hard 명령을 사용했습니다. hard reset을 수행하면 커밋, 스테이지, 워킹트리의 내용이 모두 같아지게 됩니다.

❺ 다시 상태를 확인해 보면 git switch main 명령을 수행한 것과 동일한 상태가 되었습니다.

이렇게 git switch 명령은 ❶ 직접 .git/HEAD 파일 수정하고, ❹ reset --hard를 이용해서 스테이지와 워킹트리 내용 초기화 과정을 통해 수동으로 수행할 수 있습니다. 사실 reset --hard 명령 대신에 스테이지와 워킹트리의 내용을 직접 수정할 수도 있는데 번거로우니까 reset --hard 명령을 사용했습니다.

이번 장에서 배운 것들 기억하기

이번 장에서는 저수준 명령어들을 이용해서 Git에서 가장 중요한 명령들 중 하나인 커밋과 브랜치 변경에 대해 살펴봤습니다. 마지막으로 지금까지 익힌 내용을 정리하고 다음 장으로 넘어가도록 하겠습니다.

1. git add 명령을 수행하면 워킹트리의 내용을 스테이지에 추가한다.

2. git commit 명령을 수행하면 스테이지의 내용으로 새로운 커밋을 만든다.

3. 커밋 이후 git status 명령을 내리면 clean 상태임을 표시해 주는데, 이 상태는 워킹트리, 스테이지, HEAD 커밋들이 모두 동일한 내용을 담고 있다는 뜻이다.

4. 커밋 객체는 트리 객체와 blob 객체들의 조합으로 이루어져 있다.

5. 커밋 객체는 부모 커밋에 대한 참조를 가지고 있다.

6. git branch 명령을 수행하면 단순히 커밋 체크섬 정보가 들어있는 브랜치 파일 하나를 추가한다.

7. git switch 명령을 수행하면 브랜치를 변경하면 HEAD를 해당 브랜치로 변경하고 브랜치가 참조하는 커밋의 내용으로 스테이지와 워킹트리의 내용을 변경한다.

이 장의 내용이 어려워서 이해가 힘들었다면, '아~ 이런 게 있었구나'라고 생각하고 다음 장으로 넘어가도 됩니다. Git을 더 많이 쓰다 보면 나중에 저절로 이해되는 날이 오게 될 것입니다.

스테이지는 어디에 있나요?

이번 장에서 살펴본 것처럼 Git의 내부 객체들은 다 [.git] 폴더에 저장됩니다. 그래서 [.git] 폴더를 로컬 저장소
라고 하는 것이죠. 그런데 스테이지는 어디에 있는 걸까요?

사실 스테이지는 따로 물리적으로 저장되지는 않습니다. 스테이지는 다른 말로 **인덱스**(index)라고 하는데 [.git]
폴더를 살펴보면 index라는 파일이 있습니다. 이 파일이 스테이지입니다. index 파일은 마치 과일 가게의 재고
목록처럼 스테이지에 들어가야 하는 파일들의 내용과 상태만 저장하는 간단한 파일입니다. 다만 텍스트 파일이
아니기 때문에 cat 명령으로는 볼 수 없습니다.

아래는 스테이지와 .git/index 파일의 상태를 같이 나타낸 것입니다. 잘 살펴보면 비슷한 내용(?)이 들어있는 것
을 볼 수 있습니다.

스테이지의 내용

```
00000000: 4449 5243 0000 0002 0000 0003 5bc6 5a9d  DIRC........[.Z.
00000010: 183d 5794 5c0c 89b6 04f1 69b4 0000 0000  .=W.\.....i.....
00000020: 0000 0000 0000 81a4 0000 0000 0000 0000  ................
00000030: 0000 001f f3e6 fa5c 881f fb69 2cf2 f235  .......\...i,..5
00000040: 3dc2 e90c e5a2 07f8 0007 6361 742e 7478  =........cat.tx
00000050: 7400 0000 5c0c ae2a 36dd 7e7c 5c0c ae2a  t...\..*6.~¦\..*
00000060: 36ec c120 0000 0000 0000 0000 0000 81a4  6.. ...........
00000070: 0000 0000 0000 0000 0000 001f f3e6 fa5c  ...............\
00000080: 881f fb69 2cf2 f235 3dc2 e90c e5a2 07f8  ...i,..5=.......
00000090: 0008 6361 7432 2e74 7874 0000 5c0c ae2a  ..cat2.txt..\..*
000000a0: 36ec c120 5c0c ae2a 36fb b3b0 0000 0000  6.. \..*6.......
000000b0: 0000 0000 0000 81a4 0000 0000 0000 0000  ...............
000000c0: 0000 000c ff5b da20 472c 44e0 b85e 5701  .....[. G,D..^W.
000000d0: 85bc 0769 a6ad ec68 0008 6361 7433 2e74  ...i..h..cat3.t
000000e0: 7874 0000 5452 4545 0000 0019 0033 2030  xt..TREE.....3 0
000000f0: 0abe 5bc9 1b90 7f87 fa1c a829 2d10 004e  ..[........)-..N
00000100: 31da a2f4 21b5 0f3a 541c feae 8206 924c  1...!..:T......L
00000110: 7554 8757 ca74 c5c4 e9                   uT.W.t...
```

git 명령으로 살펴본 결과

```
$ git ls-files --stage
100644 f3e6fa5c881ffb692cf2f2353dc2e90ce5a207f8 0    cat.txt
100644 f3e6fa5c881ffb692cf2f2353dc2e90ce5a207f8 0    cat2.txt
100644 ff5bda20472c44e0b85e570185bc0769a6adec68 0    cat3.txt
```

CHAPTER 10

인증 기능 살펴보기

지금까지 버전 관리와 관련한 주요 기능은 거의 다 살펴보았습니다. 이번 장에서는 Git과 GitHub에서 다양한 인증을 사용하는 방법에 대해 알아봅니다.

이 장의 **To Do List**

문어는 Git에 어느 정도 익숙해졌습니다. 그런데, GitHub의 공개 프로젝트에 참여하려고 개인용 계정을 새로 만들어 사용하다보니 인증 문제가 종종 발생했습니다.

계정을 여러 개 쓰고 있는데 이상해졌어.

회사 계정과 개인 계정 등 여러 계정을 사용하면 로그인 관련 오류가 나는 경우가 많아.

그리고 여러 가지 자잘한 문제가 점점 생기고 있어.
역시 Git은 까다로운 거 같네.

문제가 생기고 있다는 건 Git의 활용도가 높아지고 있다는 뜻이지.
좋은 현상이야. 이번 기회에 인증 관련 기능을 살펴 보도록 하자.

(애써 미소지으며) 그… 그래…

01 인증 관련 기능 사용하기

Git과 GitHub를 사용하다 보면 종종 인증 관련 문제가 발생할 때가 있습니다. 여러 가지 계정을 사용해야 하는데 계정을 전환하는 방법을 모를 때도 있고, 아이디와 패스워드를 잘못 입력했는데, 다시 입력하는 창이 나오지 않을 때도 있습니다. 이번 절에서는 인증 관련 기능을 살펴봅니다. Git에는 인증과 관련해 credential.helper 옵션이 있습니다. 이 변수의 값과 동작 방식은 운영체제마다 다르기 때문에 각 운영체제별로 차이점을 알아보겠습니다.

윈도우의 자격 증명 관리 사용하기

먼저 윈도우의 **자격 증명**credential 관리부터 살펴보겠습니다. 앞에서 작업한 [hello-git-cli] 폴더를 열고 Git Bash를 실행한 후 credential.helper 옵션 값을 git config 명령으로 확인합니다.

credential.helper 변수 값 사용해 보기

```
$ git config credential.helper
manager

$ git config --local credential.helper

$ git config --global credential.helper

$ git config --system credential.helper
manager
```

credential.helper 옵션의 값이 manager이고 시스템 옵션으로 설정한 값이라는 것을 확인할 수 있습니다. manager 값 외에도 이후에 다시 설명할 cache 또는 store 값도 올 수 있는데 윈도우에서는 manager를 사용하는 것이 일반적입니다. 이 값이 manager로 설정되어 있을 경우 Git은 윈도우 운영체제에서 제공하는 자격 증명 관리자에 사용자 인증 관련 정보를 저장합니다.

자격 증명 관리자는 윈도우 작업표시줄의 [시작] 버튼 옆, 돋보기 모양 아이콘이 있는 검색 창에 '자격'까지 입력하면 찾아서 실행할 수 있습니다. 자격 증명 관리자를 실행하면 [웹 자격 증명]과 [Windows 자격 증명]의 두 가지 메뉴가 있고 이 중에서 [Windows 자격 증명]에 GitHub 아이디와 패스워드가 저장됩니다.

위 그림의 일반 자격 증명 항목을 잘 살펴보면 현재 git, hg, sourcetree 등의 여러 사이트 정보가 들어 있습니다. 여러분은 지금까지 실습해 왔던 계정의 정보들이 저장되어 있는 것을 확인할 수 있을 것입니다. 아쉽게도 윈도우의 자격 증명 관리자는 그다지 사용하기 편리한 프로그램은 아닌데 다행히도 소스트리가 자격 증명 관리자를 더 쉽게 사용할 수 있게 도와 줍니다.

자격 증명을 제거하는 방법은 두 가지입니다. 하나는 소스트리의 [도구]-[옵션]-[인증]에서 사용자 계정 정보 옆의 V 모양 버튼을 클릭해 삭제하는 것이고, 다른 하나는 윈도우의 자격 증명 관리에서 마찬가지로 해당 계정의 V 모양 버튼을 클릭한 후 [제거] 버튼을 클릭해 계정을 삭제하는 것입니다.

이번 실습에서는 자격 증명 관리자를 통해 삭제하겠습니다. 저는 Cat-Hanbit 계정과 실습에 사용했던 다른 Git 계정을 삭제할 것입니다. 여러분도 여러분의 GitHub 유저 정보를 삭제하세요. 일반 자격 증명 중에 git: 으로 시작하는 자격 증명들을 꼼꼼하게 삭제합니다.

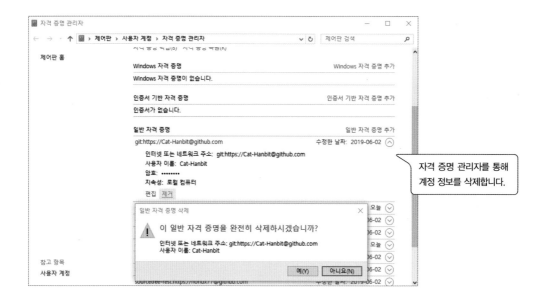

이번에는 다시 계정을 추가해 볼까요? 아직 로그인이 되어 있지 않은 상태에서 계정 정보를 입력하는 방법은 두 가지입니다. 하나는 소스트리에서 직접 입력하는 방법이고, 다른 하나는 CLI에서 git push 명령을 사용하는 방법입니다. git push 명령을 입력할 때 해당 사이트와 관련된 인증 정보가 없다면 자동으로 인증 정보를 생성하고 이를 자격 증명 관리자에 저장합니다.

계정 정보가 없는 상태(그리고 푸시할 커밋도 없는 상태)에서 git push 명령을 실행해 보겠습니다.

계정 정보가 없는 상태에서 git push 실행하기

```
$ git push # GitHub 로그인 창이 나타남
Everything up-to-date
```

💡 **TIP** 기존 자격 증명 정보가 없는 상태라면 GitHub 로그인 창이 나타납니다.

로그인 정보를 입력한 후 자격 증명 관리자를 보면 없었던 git:https://github.com 수정한 날짜가 '오늘'로 추가된 것을 확인할 수 있습니다.

이 정보를 다시 제거하고 싶다면 소스트리에서 제거하거나, 방금처럼 자격 증명 관리자에서 직접 제거합니다.

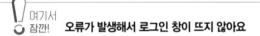

오류가 발생해서 로그인 창이 뜨지 않아요

다음 그림처럼 GitHub 로그인 창이 뜨지 않고 오류가 발생하는 경우가 있습니다. 출력된 메시지는 Oct−Hanbit 계정으로 Cat−Hanbit의 프로젝트를 푸시하려고 했기 때문에 오류가 발생했다는 의미입니다. 이런 문제는 주로 자격 증명 관리에서 꼼꼼하게 제거하지 않은 경우 발생합니다.

따라서 다음 세 가지 방법으로 오류를 해결할 수 있습니다.

1. 자격 증명 중에서 git: 으로 시작하는 자격 증명을 모두 지우고 다시 시도해 봅니다.
2. 소스트리 [도구]−[인증]−[계정]의 사용자 중 맞는 사용자를 선택해서 [설정 초기화] 버튼을 클릭한 후 다시 시도해 봅니다.
3. 소스트리 [도구]−[인증]−[계정]의 모든 사용자를 삭제합니다.

일반적으로 2번 방법이 쉬우므로 2번 방법 주로 활용한다는 것도 기억해 주세요.

맥OS에서 인증 관련 사용자 옵션

사용자의 PC가 맥OS인 경우도 앞에서 설명한 윈도우와 크게 다르지 않습니다. 기본적으로 osxkeychain을 사용하게 되는데 이 경우에는 윈도우와 거의 비슷하게 동작합니다.

맥OS에서의 git 인증 관리

```
$ git config --local credential.helper
$ git config --global credential.helper
$ git config --system credential.helper
osxkeychain
```

사용자의 PC 상태에 따라 다를 수 있지만 기본적으로 맥OS에서 사용자 인증을 관리해 주는 osxkeychain이 Git의 인증 관리에도 사용되고 있음을 알 수 있습니다. osxkeychain을 사용할 경우 '키체인 접근'이라는 앱이나 소스트리를 이용해서 인증 정보를 관리할 수 있습니다. 소스트리를 사용하면 앞에서 설명한 윈도우와 같은 방식으로 관리할 수 있으므로 맥OS 사용자도 앞의 내용을 참고하세요.

리눅스에서 cache 옵션 사용하기

보통 리눅스는 서버 OS로 사용하는 경우가 많을 것입니다. 현재 제가 서버로 사용하고 있는 AWS의 ubuntu 18.04 리눅스의 경우 인증 옵션을 확인해 보니 특별한 옵션이 설정되어 있지 않았습니다.

리눅스에서 인증 옵션 확인하기

```
$ git config --local credential.helper
$ git config --global credential.helper
$ git config --system credential.helper
```

기본 설정처럼 credential.helper에 아무 옵션이 지정되어 있지 않을 경우 매번 사용자 아이디와 패스워드를 물어봅니다. 상당히 불편하기 때문에 이를 해결하기 위해서 보통 cache 옵션, 또는 store 옵션을 지정합니다.

먼저 cache 옵션을 사용해 보겠습니다. cache 옵션을 사용하면 cache 인증 모드가 되는데 이 경우 지정한 시간만큼 사용자 아이디와 패스워드를 임시로 저장합니다.

```
$ git config credential.helper "cache --timeout=30" # ❶ 30초간 아이디 및 패스워드 저장
$ git push # ❷ 최초 1회 아이디와 패스워드 입력
Username for 'https://github.com': Cat-Hanbit
Password for 'https://Cat-Hanbit@github.com':
Everything up-to-date
$ git push # ❸ 다시 입력해 보면 ID가 저장되어 있음
Everything up-to-date
$ git push # ❹ 30초 지나서 다시 시도
Username for 'https://github.com':
```

❶ credential.helper 옵션의 값을 cache --timeout=30으로 설정합니다. 확인을 위해서 30초간 저장으로 지정을 했는데 보통 3600초, 즉 1시간 정도 저장하도록 설정하는 경우가 많습니다.

❷ 처음 git push 명령을 수행하는 경우 아이디와 패스워드를 입력합니다.

❸ 다시 git push 명령을 수행합니다. 이번에는 아이디와 패스워드가 저장된 것을 확인할 수 있습니다.

❹ 지정한 만료 시간인 30초가 지나면 아이디와 패스워드는 초기화되기 때문에 다시 아이디와 패스워드를 입력해야 합니다.

리눅스에서 store 옵션 사용하기

사용자 아이디와 패스워드를 임시 저장하는 cache와 달리 store는 한 번 입력한 아이디와 패스워드를 영구적으로 저장합니다.

```
$ git config credential.helper store # ❶ 인증 방식 store로 변경
$ git push # ❷ 처음 입력한 아이디와 패스워드를 저장함
Username for 'https://github.com': Cat-Hanbit
Password for 'https://Cat-Hanbit@github.com':
Everything up-to-date
$ git push # ❸ 이후로는 아이디와 패스워드를 물어보지 않음
Everything up-to-date
```

❶ credential.helper 옵션을 store로 지정합니다.

❷ 최초 아이디와 패스워드를 입력했는데 이제 이 저장소의 패스워드는 서버에 계속 저장되기 때문에 이후에는 아이디와 패스워드를 물어보지 않습니다.

❸ 인증 정보 없이 정상적으로 git push 명령이 수행된 것을 볼 수 있습니다.

store 옵션은 사용하기에 따라서 상당히 편리합니다. 서버에서 Git과 관련된 스크립트를 작성할 때에도 많이 사용하기도 합니다. 다만 store 옵션에는 한 가지 문제점이 있는데 사용자의 아이디와 패스워드가 홈 폴더의 .git-credentials라는 파일에 저장된다는 것입니다. 따라서 패스워드의 노출이 꺼려진다면 store 옵션은 사용하지 않는 것이 좋습니다.

저장된 패스워드를 삭제하고 다시 원래대로 매번 패스워드를 입력하려면 어떻게 하면 될까요? 이 경우에는 두 가지 명령을 수행해야 합니다.

git 인증 초기화하기

```
$ git config --unset credential.helper # ❶ 옵션 삭제
$ file ~/.git-credentials # ❷ 인증 파일 정보 확인
/root/.git-credentials: ASCII text
$ rm ~/.git-credentials # ❸ 인증 파일 삭제
```

❶ credential.helper 옵션을 삭제합니다.

❷ 그렇지만 여전히 인증 정보 파일이 남아 있는 것을 알 수 있습니다.

❸ rm 명령을 이용해서 인증 파일 정보도 완전히 삭제합니다. store 옵션을 더 이상 사용하지 않을 때에는 잊지 말고 인증 정보가 담긴 .git-credentials 파일을 꼭 삭제해야 합니다.

SSH 키 생성 및 사용하기

지금까지 우리는 GitHub에서 원격 저장소를 클론할 때 https://github.com으로 시작되는 원격 저장소 주소를 가져와서 사용했습니다. 이 주소는 원격 저장소와 통신을 위해서 HTTPS 프로토콜을 사용합니다. 최근에는 이처럼 HTTPS 프로토콜을 많이 사용하지만, 예전에는 HTTPS와 함께 SSH 프로토콜도 많이 사용했습니다. 이번 절에서는 SSH 프로토콜을 이용해서 GitHub 저장소를 사용해 봅시다.

SSH란 무엇일까?

SSH^{Secure SHell} 프로토콜은 1995년에 유닉스나 리눅스 같은 운영체제에 안전하게 접속하기 위해 만들어졌습니다. 보안상 문제점이 있었던 기존의 방식을 개선하기 위해 만들어졌기 때문에 앞에 안전한^{secure}이라는 수식어가 붙습니다. 최근에는 클라우드 등 리눅스 서버에 접속하기 위해서 주로 많이 사용합니다. 또한 윈도우에서 사용하는 putty나 secure CRT라는 프로그램에서도 SSH를 사용합니다. Git도 SSH를 이용해서 안전하게 데이터를 주고받을 수 있습니다.

SSH 키 생성하기

이전까지 사용해 오던 HTTPS 방식은 GitHub에 내가 올바른 사용자라는 것을 알려주기 위해서 사용자 아이디와 패스워드를 이용한 사용자 인증을 했습니다. SSH를 이용하면 조금 다른 방식으로 인증을 하는데 바로 **공개키**^{public key}/**비밀키**^{private key} 방식을 사용하는 것입니다. 공개키 / 비밀키 방식이 궁금하면 위키백과 등을 참고하세요. 간단하게 말하면 공개키는 자물쇠이고, 비밀키는 열쇠입니다. 내 컴퓨터에 열쇠를 저장하고 GitHub에 자물쇠를 업로드하면 열쇠와 자물쇠의 쌍을 이용해서 사용자 인증을 합니다. 아주 당연한 이야기지만 비밀키는 타인 또는 다른 서비스 등에 노출되면 안 됩니다. 나쁜 사용자가 비밀키를 사용해서 여러분 대신 인증을 받을 수 있게 되는 것이니까요.

SSH를 사용하기 위한 첫 단계로 먼저 SSH 키를 생성해 봅시다. 여러 가지 방법이 있지만 우리는 Git Bash에서 **SSH-keygen** 명령을 이용해서 만들어 보겠습니다.

SSH 키 생성하기

```
$ ssh-keygen # ❶ ssh-keygen 명령을 이용해서 SSH key를 생성
Generating public/private rsa key pair.
Enter file in which to save the key (/c/Users/cat-hanbit/.SSH/id_rsa): # ❷ 엔터
```

```
Created directory '/c/Users/cat-hanbit/.SSH'.
Enter passphrase (empty for no passphrase): # ❸ 그냥 엔터 키를 두 번 누른다
Enter same passphrase again:
Your identification has been saved in /c/Users/cat-hanbit/.SSH/id_rsa.
+---[RSA 2048]----+
¦  .*+oo..       ¦
(생략)
+----[SHA256]-----+
Your public key has been saved in /c/Users/cat-hanbit/.SSH/id_rsa.pub.

$ cd ~/.ssh/ # ❹ 키가 저장된 폴더로 이동

$ pwd
/c/Users/cat-hanbit/.ssh

$ ls # ❺ 두 개의 키 파일 확인
id_rsa   id_rsa.pub

$ cat id_rsa.pub # ❻ 공개키 확인, 내용을 메모장에 붙여 넣는다.
SSH-rsa
AAAAB3NzaC1yc2EAAAADAQABAAABAQDFK/3QY7jmts4fMAG2hGvWsWT0jUbWrYuEgoN0t1no...
```

❶ ssh−keygen 명령을 이용해서 공개키와 비밀키를 생성합니다.

❷ 키가 저장되는 위치와 파일명을 지정해야 하는데 그냥 [Enter] 키를 누릅니다.

❸ passphrase를 입력하라는 문구에서도 [Enter] 키를 두 번 누릅니다. passphrase는 비밀키를 보호하기 위한 암호입니다. 안전하게 관리하기 위해서는 적당한 암호를 넣는 것도 좋은 습관입니다. 이후에 책에서는 생략했지만 무언가 재미있는 문구가 나오면서 키 생성이 완료됩니다.

❹ 키가 저장된 폴더로 이동합니다.

❺ ls로 파일 목록을 확인하면 pub 확장자가 있는 파일과 없는 파일 두 개의 파일이 생성된 것을 볼 수 있습니다. id_rsa.pub 파일이 공개키이고 확장자가 없는 id_rsa가 비밀키입니다.

❻ 공개키의 내용을 확인해 봅니다. 이후 과정을 위해 확인한 공개키의 내용을 메모장에 붙여 넣어 둡시다.

GitHub에 키 등록하기

이제 우리가 생성한 키를 GitHub에 등록해야 사용할 수 있습니다. 그럼 공개키와 비밀키 중 어떤 키를 등록해야 할까요? 맞습니다. 자물쇠에 해당하는 공개키를 등록해야 합니다. 집 문에 자물쇠가 있는 것과 같습니다.

01 GitHub에 로그인해 오른쪽 상단의 프로필 아이콘을 클릭합니다. 드롭다운 메뉴가 열리면 [Settings]를 선택합니다.

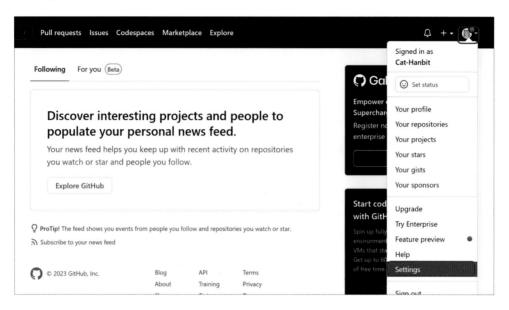

02 왼쪽 메뉴에서 [SSH and GPG Keys]를 선택하면 SSH Keys와 GPG keys를 추가할 수 있습니다. 여기서 우리는 SSH keys 오른쪽에 있는 [New SSH key] 버튼을 클릭해서 SSH key를 추가합니다.

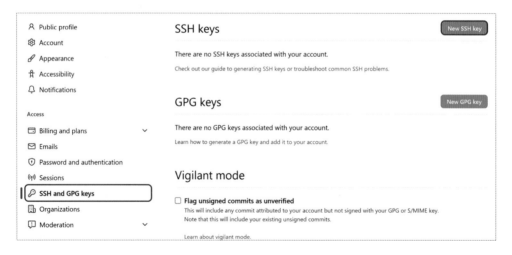

💡 **TIP** GPG Key는 여러분의 작업에 서명을 할 때 사용합니다. 중요한 서류에 친필 사인을 하는 것처럼 PC 작업을 한 사람이 진짜 여러분이라는 것을 증명하기 위해 사용할 수 있습니다.

03 [Title]에는 적당한 내용을 써 넣습니다. '내 컴퓨터 공개키' 이런 식으로 명확하게 어떤 공개키인지를 알려 주는 내용이 좋습니다. 아래의 [Key]에는 341쪽에서 메모장에 복사해 둔 공개키의 내용을 붙여 넣습니다. 그리고 [Add SSH Key]를 클릭합니다.

SSH를 이용해서 저장소 클론하기

이제 거의 다 되었습니다. 앞에서 생성한 SSH 키가 잘 동작하는지 확인해 보겠습니다. 사용자 계정에 있는 원격 저장소의 주소를 하나 복사합니다. SSH를 사용하려면 원격 저장소 주소에서 https://github.com/ 부분을 git@github.com:으로 바꾸면 됩니다. 마지막에 ':' 기호가 있다는 것에 주의하세요.

- HTTPS를 사용하는 원격 저장소 주소: https://github.com/Cat-Hanbit/hello-git-cli.git
- SSH를 사용하는 원격 저장소 주소: git@github.com:Cat-Hanbit/hello-git-cli.git

이 주소를 이용해서 원격 저장소를 클론해 볼까요? 혹시나 **이전 작업으로 현재 폴더 경로가 아직 ~/.ssh 폴더에 있다면 적당한 폴더로 이동하는 것도 잊지 마세요!**

SSH로 원격 저장소 클론하기 1

```
$ git clone git@github.com:Cat-Hanbit/hello-git-cli.git # 슬프게도 실패
Cloning into 'hello-git-cli'...
git@github.com: Permission denied (publickey).
fatal: Could not read from remote repository.

Please make sure you have the correct access rights
and the repository exists.
```

클론했더니 아쉽게도 실패했습니다. 아직 마지막 단계를 하지 않았기 때문인데, 마지막으로 SSH 설정 파일을 만들어 줘야 합니다. 다음 명령을 실행해 홈 폴더 아래에 /.ssh/config 파일이 생성합니다.

SSH 설정 파일 만들기

```
$ echo "Host github.com" >> ~/.ssh/config
```

비주얼 스튜디오 코드를 열어서 내용을 아래와 같이 수정하고 저장합니다. 설정 파일의 내용은 간단하게 github.com에서 사용자 식별을 위해 .ssh/id_rsa 파일을 사용하라는 뜻입니다. 2~3번 줄의 앞에는 스페이스가 두 칸 있다는 것에 주의하세요. 그리고 저장 후에는 cat ~/.ssh/config 명령을 수행해서 올바른 경로에 맞는 내용으로 저장된 것인지 한 번 더 확인하세요.

SSH 설정 파일 내용

```
Host github.com
  Hostname github.com
  IdentityFile ~/.ssh/id_rsa
```
두 칸을 띄워 씁니다.

이제 다시 한번 클론해 보겠습니다.

SSH를 이용해서 클론 및 푸시해 보기

```
$ git clone git@github.com:Cat-Hanbit/hello-git-cli.git
Cloning into 'hello-git-cli'...
remote: Enumerating objects: 34, done.
remote: Total 34 (delta 0), reused 0 (delta 0), pack-reused 34
Receiving objects: 100% (34/34), done.
Resolving deltas: 100% (4/4), done.

$ cd hello-git-cli/

$ git push
Everything up-to-date
```

드디어 SSH를 이용해서 클론에 성공했습니다! 그리고 푸시도 성공한 것을 알 수 있습니다. SSH 인증은 cache에 저장하는 옵션에 비해 패스워드가 노출되지 않기 때문에 종종 사용됩니다. 혹시나 비밀키가 외부에 노출되면 어떻게 하면 될까요? 그냥 GitHub에 등록된 공개키를 제거하고 새로운 공개키 비밀키를 만들어서 다시 등록하면 됩니다. 집 열쇠를 잃어버리면 현관 자물쇠를 바꾸는 것과 같은 이치입니다.

여기서 잠깐! 다양한 인증이 존재하는 이유

왜 Git과 GitHub는 이렇게 다양한 인증 방법을 제공하고 있을까요? 당연한 이야기지만 상황에 따라 다양한 인증이 모두 사용될 수 있기 때문입니다. 최근에는 DevOps(개발과 운영을 함께 하는 기업 문화)나 배포 자동화 등이 IT 회사의 트렌드인데 이런 개발 기법에 Git을 잘 적용하기 위해서는 다양한 인증 방법을 이해하고, 상황에 맞게 인증 방법을 적용하는 것이 좋습니다.

Git Cheat Sheet

이 치트 시트는 GitHub 치트 시트(https://education.github.com/git-cheat-sheet-education.pdf)를 바탕으로 만들었습니다.

환경 설정

이름 지정하기
```
git config --global user.name "Hanbit Cat"
```

이메일 지정하기
```
git config --global user.email "cat-hanbit@
gmail.com"
```

UI 컬러 설정하기(CLI에서 Git을 보기 좋게 표시합니다.)
```
git config --global color.ui auto
```

저장소 초기화

현재 디렉터리를 Git 저장소로 초기화하기
```
git init
```

원격 저장소 복사해 오기
```
git clone [저장소 URL]
```

스테이징과 커밋

현재 저장소 상태 보기
```
git status
```

작업 파일 스테이지에 올리기
```
git add [파일명]
```

스테이지에 올라간 작업 내용을 스테이지에서 내리기
```
git reset [파일명]
```

변경 내용을 완전히 삭제하기
```
git reset --hard [파일명]
```

스테이지에 없는 변경 사항 보기
```
git diff
```

스테이지에 있지만, 커밋되지 않은 변경 사항 보기
```
git diff --staged
```

스테이지에 올라간 내용 커밋하기
```
git commit -m "커밋 메시지"
```

브랜치와 병합

로컬 브랜치 목록 보기
(* 기호는 현재 브랜치를 의미합니다.)
```
git branch
```

현재 커밋에서 브랜치 만들기
```
git branch [새로운 브랜치 이름]
```

브랜치 변경하기
```
git switch [브랜치 이름]
```

현재 브랜치와 지정된 브랜치 병합하기
```
git merge [브랜치]
```

현재 브랜치를 지정된 브랜치 위로 리베이스하기
```
git rebase [브랜치]
```

특정 커밋으로 현재 브랜치 리셋하기
```
git reset --hard [커밋 체크섬]
```

로그 보기

현재 로그 보기
```
git log
```

두 브랜치의 차이점 보기
```
git log branchB..branchA
git diff branchB..branchA
```

한 파일의 히스토리 살펴보기
```
git log --follow [파일명]
```

깃 오브젝트 정보 보기
(Git의 모든 객체를 사람이 볼 수 있는 포맷으로 보여 줍니다.)
```
git show [오브젝트 체크섬]
```

임시 저장 (매우 유용)

작업 내용 임시로 저장하기
```
git stash
```

임시 저장 목록 보기
```
git stash list
```

가장 최근의 임시 저장 꺼내오기
(꺼낸 저장 내용은 목록에서 사라집니다.)
```
git stash pop
```

임시 저장 내용을 반영하고 스태시 목록에 남겨놓기
```
git stash apply
```

임시 저장 내용 반영 없이 삭제하기
```
git stash drop
```

업로드 및 업데이트

별칭 이름으로 원격 저장소 추가하기
```
git remote add [별칭] [URL]
```

특정 원격 저장소만 업데이트하기
```
git fetch [별칭]
```

원격 저장소의 브랜치를 현재 브랜치에 병합하기
```
git merge [별칭]/[브랜치 이름]
```

원격 저장소에 브랜치 업로드하기
```
git push [별칭] [브랜치 이름]
```

원격 저장소에서 커밋을 가져와 동시에 병합하기
```
git pull
```

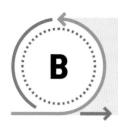

Markdown Cheat Sheet

이 치트 시트는 마크다운 가이드 치트(https://www.markdownguide.org/cheat-sheet)를 바탕으로 만들었습니다.

기본 문법

요소	마크다운 문법	출력
제목(Heading)	# 제목 1	# 제목 1
	## 제목 2	## 제목 2
	### 제목 3	### 제목 3
두껍게(Bold)	**두껍게 표시되는 글씨**	**두껍게 표시되는 글씨**
기울임(Italic)	*기울어지는 글씨*	*기울어지는 글씨*
순서 있는 목록 (Ordered List)	1. 하나 2. 둘 3. 셋	1. 하나 2. 둘 3. 셋
순서 없는 목록 (Unordered List)	– 사과 – 배 – 바나나	• 사과 • 배 • 바나나
한 줄 코드(Code)	`LearnGitFrom(cat, dog)`	`LearnGitFrom(cat, dog)`
구분선 (Horizontal Rule)	– – –	────────────

링크(Link)	[깃허브](https://github.com)	깃허브
그림(Image)	![고양이 그림](./images/cat.png)	

확장 문법

요소	마크다운 문법	출력
표(Table)	| 과일 | 맛 | |--------|--------| | 사과 | 사과맛 | | 바나나 | 바나나맛 | | 망고 | 망고맛 |	<table><tr><td>과일</td><td>맛</td></tr><tr><td>사과</td><td>사과맛</td></tr><tr><td>바나나</td><td>바나나맛</td></tr><tr><td>망고</td><td>망고맛</td></tr></table>

코드 블록
(Fenced Code
Block)
	``javascript
	const name = "Hanbit Cat"
	console.log("Hello," + name);
	``
		``
		const name = "Hanbit Cat"
		console.log("Hello," + name);
		``

취소선 (Strikethrough)	~~지구는 평평하다~~	~~지구는 평평하다~~
할일 목록 (Task List)	- [x] 밥 먹기 - [ ] 운동하기 - [x] 게임하기	☑ 밥 먹기 ☐ 운동하기 ☑ 게임하기
이모지(Emoji)	기분이 좋아요 :joy:	기분이 좋아요 😄

지금까지 기본적인 Git 명령과 다소 복잡할 수도 있는 명령들을 원리와 함께 살펴보았습니다. 아무쪼록 이 책이 여러분의 Git과 GitHub 사용에 조금이라도 도움이 되길 바랍니다. 마지막으로 여러분의 Git 실력을 향상시키기 위한 두 가지 시도를 권해 드립니다.

첫 번째는 Git과 GitHub를 많이 사용해 보는 것입니다. Git은 도구이지 학습의 대상이 아닙니다. 여러분의 뜻대로 Git을 사용해서 소스 코드 관리가 수월하게 될 때까지 자주 사용하세요. 더불어 Git 사용에 어려움을 겪고 있는 친구나 동료를 만난다면 함께 고민하면서 문제를 해결해 보세요. 점점 Git 사용 실력이 늘 것입니다.

두 번째는 『Pro Git』 책에 도전하는 겁니다. 이 책은 거의 완벽한 Git 책이라고 할 수 있습니다. 공식 홈페이지(https://git-scm.com/book/ko/v2)에서 무료도 다운받아서 읽을 수 있으니 꼭 한 번 도전하길 바랍니다. 아직 제 주변에도 이 책을 완독한 분이 많지는 않지만, 강력하게 추천하는 책입니다. 학습 도중에 너무 어렵고, 지금 당장은 필요하지 않다고 생각되는 내용이라면 과감하게 건너뛰고 읽어도 괜찮습니다.

끝으로 이 책은 3부에 해당하는 중고급자를 위한 내용을 전자책으로 무료 배포하고 있습니다. 더 깊이 알고자 하는 독자는 꼭 온라인 서점에서 무료로 배포하는 전자책을 읽어보길 바랍니다.

여러분 모두 Git Master가 되시길, May the source be with you!